思弁的実在論と現代について

千葉雅也

小泉義之
清水高志
岡嶋隆佑
A・ギャロウェイ
いとうせいこう
阿部和重
墨谷渉・羽田圭介
柴田英里・星野太
松本卓也
大澤真幸・吉川浩満

千葉雅也
対談集

青土社

思弁的実在論と現代について　目次

第Ⅱ部　現代について

思弁的実在論と現代について　千葉雅也対談集

序

本書は、二〇一三年から二〇一六年の間に『現代思想』などの雑誌に掲載された対談を集めたものです。その間に私は、博士論文を元にした最初の著作『動きすぎてはいけない――ジル・ドゥルーズと生成変化の哲学』を刊行し（二〇一三年一〇月）、また、カンタン・メイヤスーやグレアム・ハーマンといった「思弁的実在論 speculative realism」の論者を日本に紹介してきました。この対談集は、以上の二系列の仕事――ドゥルーズに発する私自身の考察と、思弁的実在論の紹介――に対応する形で、二部に分けられています。

第I部には、二〇一三年から四年にわたり『現代思想』の一月号に掲載された、思弁的実在論――より広く言えば、ポスト・ポスト構造主義――を主題とする対談を集めました（時系列順になっています）。第I部は、「思弁的実在論入門」として読めるものです。

第II部には、私自身の観点からの、現代の文化や社会をめぐる考察を集めています（時系列順ではありません）。これらは『動きすぎてはいけない』の応用編として読めるものです。また、第I部よりも応用的、具体的な、思弁的実在論に関する言及も含まれます。

思弁的実在論というのも現代文化の一面であり、私はそれに距離を取って批評を加えているので、第Ⅰ部も第Ⅱ部も両方、私の観点からの「現代論」であると言えるでしょう。

思弁的実在論とは、我々人間とは無関係に、事物がそれ自体として独立的に実在するということを論じる、現代の哲学的立場です。私は思弁的実在論を、一種の「無関係の哲学」として捉えています。人間とは無関係の、あるいは非人間的な、外部の方へ向かうこと。後にもう少し詳しく述べますが、私は『動きすぎてはいけない』において「非意味的切断」という概念について考察しました。これは、自分と他者の関係の切断、つまり、自分と他者を「無関係化」することです（そう言うと、何かひどく「冷たい」態度を言っているように思われるかもしれませんが、そうではありません、その理由は後で説明します）。思弁的実在論と私自身の考察は、無関係について積極的に考えるということで共鳴しているのです。本書のすべての対談に、この共鳴が鳴り響いています。

対談の仕事は私にとってとても重要なものです。

人としゃべると、自分一人では思いつかないことが出てくる。予想外の展開が起こる。集団即興演奏です。一人で文章を書いている最中にも、私はときどき友人に電話して、書いていることについておしゃべりをするのですが、そうすると大胆な思考の飛躍がよく起こります。対談の仕事も、友人とのおしゃべりと同じ位置づけです。おしゃべりは私にとって、仕事を先に進めるために欠かせないプロセスなのです。

ところでドゥルーズ&ガタリは、「哲学者はみな、「ちょっと議論しよう」という文句を聞いただけで逃げ出してしまう」と言っています（『哲学とは何か』河出文庫、五三－五五頁）。哲学者は議論をしないのです。

どういう意味でしょうか。これは、各人はそれぞれに固有の「問題」を大事にするべきだということなのです。各人が考えている問題はそれぞれに価値があり、置き換えのきかないものです。だから、勝ち負けを競う必要などないし、無理に合意形成をする必要もない。

でも、気軽なおしゃべりならばできるし、有意義だと私は思います。それぞれの問題にそれぞれが深く沈潜するためにこそ、ときどきおしゃべりをするのです。逆説的に言えば、さらにバラバラになるために集まるのです——そして不思議なことに、むしろバラバラになっていくからこそ、そのときには、部分的に、共鳴のような事態が起こります。同じゴールを目指さないからこそ生じる共鳴がある。根本的な無関係の上で起こる共鳴。私は、そういう逆説的な共鳴こそが、文化や社会を形作る根本原理なのではないかと思うのです。

では、内容紹介をしましょう。

第Ⅰ部　思弁的実在論

一番初めにあるのは、小泉義之さんとの対談「思弁的転回とポスト思考の哲学」です。この対談の時点は、『動きすぎてはいけない』の刊行前でした。博士論文を改稿し、本の形にしている最中です。だから、自分の立場がまだ十分に固まっていない。加えて、思弁的実在論への態度もまだ不安定な段階でした。

『動きすぎてはいけない』以後、私は「有限性」を研究の中心に据えることになったのですが、この対談はそのきっかけのひとつです。有限性の方へ向かっていくことを、小泉さんが後押ししてくれている。ここでは、他者への責任の無限性／有限性が問題にされるのですが、それは、第II部のいとうせいこうさんとの対談でも反復されることになります。

振り返れば、『動きすぎてはいけない』の元となる博士論文を提出した後に、私は『現代思想』において「アウト・イン・ザ・ワイルズ」という連載の機会をいただき、そこでメイヤスーとハーマンの理論を精神分析学と絡めながら検討しました（二〇一二－一三年）。これが、日本における思弁的実在論の最初の応用例ではないかと思います。その連載をしながら、メイヤスーらの論文の翻訳を編集者に提言するなどして、思弁的実在論の紹介を進めました。そういう過程で考えていたことが、この対談の内容です。

小泉さんは立命館大学大学院先端総合学術研究科での上司ですが、私の研究を先へと引っ張ってくれる師の一人であり、つねに何か掴みきれない過剰なことをアドバイスとして言ってくれる人です。この対談でも、小泉さんの言わんとすることを私は全部は掴めていない。そこには何か奥深いものがあり、私はそれに促されてその後の仕事を展開することになりました。いま読み返してみると当時よりはわかる気がしますが、いまでも小泉さんのセリフには謎があります。今後も、私はこの対談に立ち戻る必要があるでしょう。

次の「ポスト・ポスト構造主義のエステティクス」は、東洋大学の清水高志さんとの対談です。

清水さんもこの頃に思弁的実在論へと関心を向け始めていました。ミシェル・セールの研究から出発した清水さんは、この対談の時期から、思弁的実在論、なかでもハーマンらの「オブジェクト指向存在論」を積極的に取り入れ、また人類学の「存在論的転回」にもコミットして、独自の思想体系を構築することになります。私と清水さんの間には、ポスト構造主義以後（ポスト・ポスト構造主義）の捉え方に違いがあって、それがこの対談に表れています。各人のいわば「哲学的享楽」がどういうところにあるのかを探っている対談だと思います。

三番目は、岡嶋隆佑さんとの「思弁的実在論と新しい唯物論」です。これは、いくつか論文の翻訳も出て、思弁的実在論が話題になり始めたので、まとめて情報提供をしようということで行われた対談です。註をつけて、なるべく多くの情報を盛り込むという方針で、状況のマッピングがなされています。いまでは古くなった情報もありますが、この対談を読むことで、思弁的実在論の概要を知ることができると思います。思弁的実在論入門という目的で本書をお読みになる場合は、ここから読むことをお勧めします。

第Ｉ部の最後にあるのは、現代思想の先鋭的な論客であり、北米における思弁的実在論の紹介者の一人でもある、ニューヨーク大学のアレクサンダー・Ｒ・ギャロウェイさんと電子メールで行なった対談「権威（オーソリティ）の問題——思弁的実在論から出発して」です。ここでの課題は、思弁的実在論に対して距離を取ることです。思弁的実在論は二〇一〇年前後にブームを迎え、それ以後は、引き潮になっていったと見ることができる。最盛期を過ぎた思弁的実在論を、現代的な欲望を表している一種の文化現象として捉えようとしています。

第Ⅱ部　現代について

最初に置かれているのは、いとうせいこうさんとの対談「装置としての人文書――文学と哲学の生成変化論」です。これは、『動きすぎてはいけない』の紀伊國屋じんぶん大賞受賞と、いとうさんの小説『想像ラジオ』の「キノベス」ランキング一位を記念して行われたもの。『動きすぎてはいけない』の刊行直後です。ここでは、「接続過剰」という意識について語り合っています。

私は『動きすぎてはいけない』で、「接続過剰から非意味的切断へ」というテーマを掲げました。自分と他者の間にあまりにも多い関係性、そして、そこに生じるあまりにも多い責任を想定すると、我々は何もできなくなる。というのは、何か行為をするにあたって考慮すべきパラメータが無限化し、行為に移れないからです。言い換えれば、「行為する者としての自分」が消えてしまう。無数の関係性のなかに霧散してしまう。そうなれば、他者のために何かをすることはできません。他者のための行為、利他的な行為の条件は、行為する自分が存在すること＝他者への関係性をある程度は切断すること、なのです。自分と他者をある程度は「無関係化」しなければ、利他的に何かをすることはできない。

ですから、「好きに自分らしく生きるために、余計な人間関係をどんどん切って、無責任になろう」ということではありません。この序文の初めの方で、関係の切断、無関係化というのは「冷たい」印象を与えるかもしれないと述べましたが、それは、いま示したようなエゴイスティックな意味を想定するならば、ということだと思います。ですが、それは誤解です。

私の話では、そもそも、他者への責任を積極的に引き受けようとすること、利他的な姿勢から出発しています。その上で、引き受けすぎの状態（接続過剰）から、かろうじて自分自身に戻ってくる、ということを言おうとしている。そうでなければ、他者のために行為することはできないからです。あくまでも接続が前提の上で、かろうじて切断する、という話なのです。

いとうさんの『想像ラジオ』は、東日本大震災で命を落とした他者に対する責任がテーマです。いとうさんの文学では、デビュー作の『ノーライフキング』もそうですが、他者に取り憑かれることで、自分自身が解体されてしまうという経験がつねに問題になっている。その極端において、もはや因果関係を書けない状態にまでなったということも語られています。言語の他者性が迫り出し、もはや書けなくなる。そういう極端な状態からいかに「こちら」に戻ってくるかがこの対談のテーマです。その帰還のために必要なのが「非意味的切断」なのです。

そして、『動きすぎてはいけない』での「非意味的切断」を、その後の私は「有限化」と言い換えることになりました。

次は、阿部和重さんとの対談「中途半端に猛り狂う狂気について」です。「中途半端」というのはネガティブな印象を与える表現だとは思いますが、それもまた、接続過剰にならない、つながりすぎないという「度合い」のことを言おうとしている。ここでのテーマは、過剰さとしての狂気とは異なる、別の狂気です。これは、後の松本さんとの対談での、精神病から自閉症へというテーマとも関係しています。

それから、ここで私は、小説あるいは物語を書くことの苦手意識を表明したのですが、阿部さんは『動きすぎてはいけない』のなかにも物語性があることを指摘してくださいました。今後も、自分にとって文学とは何かを考えるために、立ち戻ることになる対談だと思います。

墨谷渉さん・羽田圭介さんとの鼎談「後ろ暗さのエコノミー――超管理社会とマゾヒズムをめぐって」では、マゾヒズムをキーワードとして、文学と現代社会の関係を考察しています。私は、人間の欲望はつねに、何らかの制限、有限性と不可分であるという精神分析的な考えを前提にしています。そのことはとくにマゾヒズムにおいて顕著です。マゾヒズムが成立するには、自己破壊をやりすぎないことが必要だからです。「ここまで」という有限性がマゾヒズムの本質です。こうしたマゾヒズム論の観点から、現代社会における規範とそこからの逸脱について考察しています。

柴田英里さん・星野太さんとの鼎談「イケメノロジーのハードコア」は、「ゼロ年代」（二〇〇〇年代）を通しての「イケメン」の表象を論じたもの。ここでは、外見の「類型性」が問題にされます。性的欲望は、何らかの類型性、ステレオタイプであることと不可分の関係を持っている――というのが私の立場としてあるのですが（ただしその論点はまだ十分に練り上げられていないのですが）、そのことを具体例と共に考えている。これもまた、有限性のテーマにつながっています。類型性というのは、特徴の偏差が、ある有限な範囲に収まっていることであり、その意味で、やはり有限性が問題にされていると言えるからです。

以上の四つでは、精神分析的な観点から有限性の問題を取り扱っていると言えるでしょう。最初のいとうさんとの対談では、他者に対する精神病的なまでの感受性がテーマであり、そうした感受性が過剰になった状態からいかに帰還するかが問われています。次の阿部さんとの対談では、過剰な狂気ではなく、ある微妙なバランスでの逸脱がテーマです。そこでもやはり有限性がキーであると言える。そして、マゾヒズムを成立させるための、自己破壊しすぎないこと。さらに、性的欲望を駆動する類型的なもの、その本質としての有限性。

松本卓也さんとの対談「ポスト精神分析的人間へ――メンタルヘルス時代の〈生活〉」では、精神分析／精神医学と現代の関係を詳しく論じています。人間の思考の本性を捉えるために、深い狂気としての精神病、すなわち統合失調症をモデルとしていた二〇世紀の後で、自閉症をモデルとするような別の人間像が始まっているのではないか、という仮説が提示されます。

最後は、大澤真幸さん・吉川浩満さんとの鼎談「絶滅と共に哲学は可能か」です。これは、思弁的実在論に依拠して現代という時間性を捉え直すものであり、総合的な内容と言えるでしょうから、最後に置くことにしました。ここでは、人類はいつか絶滅すると認め、「未来の他者のために」という大義がもしなくなってしまったとしたら、もはやどうなっても構わないということになりかねないかもしれませんが、そうならずに、我々が他者に配慮して倫理的にふるまうことは可能か、という問題提起がなされています。人類はいつか絶滅するのだとしても、それでもいま、現代において、利他的であることは可能か。

言い換えれば、人類の歴史全体が有限であるとしても、それでも倫理は可能か。無限から有限へ、という一番最初の小泉さんとの対談で示された方向づけが、こうして最後にまた反復され、この対談集は幕を閉じることになります。

若輩の私にお付き合いくださった対談者の皆様、そして貴重な機会を与えてくださった関係者の皆様に、深く御礼申し上げます。

第Ⅰ部　思弁的実在論

1

思弁的転回とポスト思考の哲学

×小泉義之（こいずみ・よしゆき）

1954年生まれ。立命館大学大学院先端総合学術研究科教授。東京大学大学院人文科学研究科博士課程哲学専攻退学。専攻は、哲学・倫理学。主な著書に『兵士デカルト』（勁草書房）、『弔いの哲学』『生殖の哲学』『ドゥルーズと狂気』（いずれも河出書房新社）、『デカルト哲学』『ドゥルーズの哲学』（いずれも講談社）、『生と病の哲学』『あたらしい狂気の歴史』（いずれも青土社）。訳書にドゥルーズ『意味の論理学』（河出書房新社）など。

千葉　僕は博論を書いている最中にカンタン・メイヤスー（Quentin Meillassoux）の仕事に注目し始めました。ドゥルーズも考えていたような、歴史のつながりを「切断」する「出来事」の哲学を、さらに後押ししてくれる論者としてメイヤスーに突き当たったという事情です。その前から僕は、ドゥルーズ／デリダ以後の哲学者としてカトリーヌ・マラブーに注目していたこともあって、メイヤスーやマラブーらの動きを連関させてクリアに把握できないかなと考えるようになりました。そこへ至るための予備考察を、精神分析論と絡めながら行ったのが『現代思想』での連載「アウト・イン・ザ・ワイルズ」です。

振り返ると、博論のなかでは、ドゥルーズの持っている立論の方向性をベルクソンの向きとヒュームの向きというふうに大きく二つに分けました。ベルクソンが世界の第一次的な実在を連続性の相で捉えようとするのに対して、ヒュームの場合は、バラバラの要素のつぎはぎ、離散的なブロック遊びのようなことが基本になっている。このヒュームのいわゆる「原子論と連合説」は、認識論の枠内にあると目されるけれども、僕はこれを何とかして存在論的に理解できないかという向きで考えていました。つまり、実在のレベルで世界を離散性の相で描く哲学が何とかしてできないかと思い、それで、切断や分離を存在論的に扱うメイヤスーらの議論に注目するようになったという経緯なんです。

メイヤスーはデビュー作の『有限性の後で』において、世界の歴史、自然史がいきなり中断されてまったく別の世界が到来するといった話をしています。マラブーの場合も、脳損傷を起こすような事故だとか、あるいは病による身体の変化を切断的な出来事として理解し、それまでの自己の経緯をぶった切ってまったく別人に変わってしまうことを肯定するような議論を立てています。これが『新たなる傷つきし者』という本のポイントですね。マラブーは切断的な変身に「破壊的可塑性」を見るわけですが、こうした議論を追っていると、二〇〇〇年代半ばぐらいからのフランスには、何というか、歴史の経緯・因果性を絶対的に振り切ってしまうとか、絶対の忘却というテーマが共通してあるというふうに見えてくる。

メイヤスーの場合は世界が忘却的に変わり、マラブーの場合は自己が忘却的に変わるというわけで、どちらも変化論の一種です。他方で、僕は、バラバラの個物が「忘却的に隣りあっている」というか、要するに「無関心」であり「無関係」であるような状態を考えるというテーマを抱くようになりました。こうした横にバラバラであるというか、ものごとの分離した隣接ということのイメージを、僕はドゥルーズの英米文学論（ヒューム主義をベースとする）から得ていました。それで、調査をしていると、やはり二〇〇〇年代に入って、グレアム・ハーマン（Graham Harman）という人が、あらゆる「オブジェクト」の存在論的に第一次的な分離、独立性を主張している。ハーマンはメイヤスーと交流していて、二人はどちらも、自分の仕事を「思弁的」と形容します。

メイヤスーの変化論は「通時的」ですが、ハーマンは「共時的」に見ていると言えます（ハーマン自身がこういう区別をしています）。そこで、仮にまとめるならば、彼らが行っている「思弁的転回 speculative turn」の狙いは、ものごとの通時的／共時的な切断や分離を、何らかの意味でポジティブに語ることではないだろうか、と思われるのです。

こうした最近の思潮は、陰に陽にドゥルーズを大きな背景にしています。僕の博士論文では、ドゥルーズのヒューム主義を再評価することで、ドゥルーズ哲学は、少なくともその半面において、縦にもズタズタ、横にもズタズタというような世界のヴィジョンを示唆していると主張しました。これまでドゥルーズの存在論は、連続的な存在の海にすべてが浸っているといったイメージで語られやすかった。これは、ベルクソン主義に由来する「ホーリズム」的なヴィジョンですが、これはしばしば、万象の「共同性」を保証している存在論として愛好されがちです。しかし、僕の解釈では、離散的な状態が先であって、バラバラであるところから共同性の準‐安定状態をどうやって仮構するかというふうにドゥルーズは考えていた、と強調することになりました。共同性はア・プリオリに保証されているのではなく、ア・ポステリオリに、準‐安定的にしか構築できないであろう、と。

小泉　メイヤスーとマラブー、ベルクソン対ヒューム、そしてドゥルーズの二面性ということですね。そのことと、構造主義からポスト構造主義への移行、もっと言ってしまえば、ポスト・ポスト構造主義への展望を関連させると、どんな感じになるのでしょうか。

千葉　構造主義は、一般的に英米の批評理論などの見方ですと、たとえば小説の分析とか神話の分析とか、視覚芸術の分析とか、多方面から切り込むけれど、最終的に人類にとって普遍的な文化構造のプロトタイプみたいなものに向かっていくという求心的な議論をしていたことになります。それに対してポスト構造主義は、ひとつには、インセスト・タブーなどの普遍的であるかのような構造ばかりでなく、構造の複数性を考えましょうということがあり、もうひとつは、ある構造から別の構造への変化を考えましょう、といったところだと思うのですね。複数の構造の変化というわけです。マラブーは「変化という概念自体が変化しなければならない」といったトリッキーな言い方をしていて、ポスト構造主義のその先にポスト・ポスト構造主義という段階があるとしたら、それはおそらく変化という概念自体をどう捉え直すか、ということになりそうだと思っています。

小泉　マラブーは degeneration（縮退・退化・脱発生）を生体の変化に確認していく点など、生物医学の後追いに見えます。それはとても重要な仕事ですけど、さほどトリッキーじゃないと思いますよ。千葉さんの方がよほどトリッキー。そこで、是非ともお聞きしたいのは、縦にも横にもズタズタバラバラということについてです。それは、平倉圭さんが、「世界のヒューム化」と言うところですね。最近、社会思想史や政治思想史でも、ヒュームは新たなしかたで読まれ出していて、ヒュームは重要な人だと改めて思うのですが、連続性と離散性の対、関係と無関係の対で考えたとき、構造主義の構造とつなげるにしてもそこから離れるにしても、もう少し手数が要ると思うのです。ドゥルーズについて言えば、たんなるベルクソン主義者ではなくて、離散的な面もあるというのはその通りだとずっと思っていて、『意味の論理学』の付録にしても、晩年の『哲学とは何か』にしても、代数学的な発想から来ていると思うのですね。『差異と反復』は主として解析学的な発想から来ていますが、後年のダイアグラムなんてファインマンのダイアグラムからの発想でしょうから、代数学的なものとして物事や世界を捉えようとしていたのは間違いない。

千葉　なるほど、代数学的と言い換えられるのですね。

小泉　手始めとして、そうですね。

千葉　解析的といった場合は、極限や無限のことになってくるのですか。

小泉　それらも、どこかで連続性を前提にしているわけです。『差異と反復』の切断にしてもデデキント由来の切断ですから、実は時間のたがは外せていない。連続的時間に回収されていくというか、あそこでは、線としての第三の時間の連続性こそが驚かれているのです。それに対して、ドゥルーズの離散的な面、切断的な面を取り出すことは、改めてきちんとやられる必要があります。

そのうえで、縦も横もズタズタバラバラだというその意味での切断や離散や断絶ということの含意をもう少し教えてほしいのですが。

千葉　そうですね、心の理解にしても身体の理解にしても、総合というかまとまりを形成するプロセスをその途上で考えたいのですね。ドゥルーズのデビュー作であるヒューム論『経験論と主体性』を見ても、バラバラの所与のコレクションからどうやって主体がシステム化されていくかについて、「コレクションからシステムへ」という言い方をしています。ジェフリー・ベルの *Deleuze's Hume* という本などでも、『経験論と主体性』にはシステム論の発想があるという読みをしている。しかし、真に重要なのは「コレクションからシステムへ」というこの途上であって、あるいは「コレクションとシステム」という間の「と」であって、システムの完成ではないと思うのです。言い換えるとドゥルーズは、システムは孔だらけというか、いつでも不完全であるということに注意を促している。

こうしたことは、実践的に捉えると一種の共同体論にもなると思います。既存の国家なり何なりに対するオルタナティブな共同性を考えるとき、その来たるべき共同性＝新しいシステムに、全員がフィットするのを予定することは不可能である、と。多様な他者性への配慮を求める理論は、最終的にみんなが幸せになるように、ということを統整的理念というか方便として言うわけですが、それを、前もって存在論的に確かにすることはできないだろう。たとえば、ハート＆ネグリの場合などが、ドゥルーズ（＆ガタリ）を下敷きとして、来たるべき民主的な共同性を、存在論のレベルで「それこそが本来的」であるかのように考えていると思われる。ざっくり言うとナンシーも似たような感じです。『フクシマの後で』に入っている民主主義論も、「共－存在」の先行性に依拠している。これらの場合に対して、ドゥルーズの「もう半面」では、そうなっていないと考えられるわけです。

小泉　私の理解では、構造主義というのはひたすらシステム論だったと思うのですね。力学系をモデルとした普遍的システム論です。その場合、自己性や再帰性や観察者性や閉鎖性・開放性が付加されたりしてきましたが、同じことだと思います。ピアジェやレヴィ＝ストロースは群論をモデルにしたと言われましたが、あの程度では代数学を使ったうちには入りません。他方、ポスト構造主義としては、数理系では郡司ペギオ幸夫さんによる突破の方向があるわけですが、人文・社会系では、構造・システムの境界や環境や起源としてマークされたものが、構造内部に回帰するだけではなく実は構造そのものを構成するのだと語られるようになってしまいました。その構造的・構成的外部が人文・社会的にあれこれと言い換えられ、大文字や小文字の他者、あるいは力の計量を外れた弱者、あるいは根源的に抑圧・排除されたセクシュアリティなどと言い換えられてきた。だから、それら不可視のものを可視化させてやりさえすればノーマルな構造そのものを攪乱・転倒・転覆させられるという展望を抱くこともできたわけです。そうして知識人は圧倒的に道徳化してきました。他者の代弁者・代行主義者になってきました。要するに、ポスト構造主義は、構造主義からの派生物でしかない。アガンベンにしてもその範囲におさまっている。

ところが、千葉さんが言いたいのは、システムそのものに、そもそも切断や空所や孔がたくさんあるということですね。そこがポイントで、ともかくシステム論は、どこか偽物なんですよね。社会システム論も自然システム論も、想像的なものでしかない。ちなみに、発生論者である限りでのドゥルーズには千葉さんの言う「途上」はあるし、そこで停める局面ってあると思うのですが、システムそのものがズタズタと捉える線って、ドゥルーズにはない気がするんですが。

千葉　ないような気がしますか。

小泉　ええ。ドゥルーズの disjunctive（離接）にしても、色々な思想家がそれに〈念〉を込めてきたけど、それは千葉さんの狙うところとは随分と違う気がする。ドゥルーズの「と」にしても、システムに包摂されている感じがする。

千葉　そうなんです。バディウによる批判はそこを狙っていたと思います。だから、課題となったのは、「と」の分離力をどこまで強調して提示できるかということでした。

因果性と神経症

小泉　それから因果性についてですが、ヒュームに引っかけて因果性を読み替えるメイヤスーのラインは大事だと思います。私なりに引き取れば、結局、我々は因果性を深く信じ、世のなかは打てば響くようになっていると信じている、その信念が問題にされる必要がある。最近の知識人がよく言いますね、「そんなこと言ったら危険だ」とか。「危険」な言説が世界の隅々まで影響を及ぼすと思っている。そう思いたい、思わせたい、思ってもらいたいわけです。「欧州のどこかの銀行がくしゃみをしたら、日本のどこかが風邪をひく」といったお話がまかり通っている。

千葉　そういうのは一種のホーリズムだと思うんですよね。

小泉　そんなことが成り立っているわけがない。それを大きな声で言おう、ということです。「諸君は嘘をついている」、と。その嘘に気づいていたのが、ヒュームですね。

千葉　なるほど。ただ、「風が吹けば桶屋が儲かる」というような因果論を本当に深く存在論的に否定できるかというのは、けっこう、難しい問題のような気がしませんか。

小泉　いや、私は昔からそれは簡単に思っています。池に石を投げるでしょう。あの波紋は岸まで届きませんよ。必ず消えます。何の影響も残さない。

千葉　それは本当に消えているのでしょうか。

小泉　消えていますよ。その説明方式は、水の粘性とかエネルギーの散逸とか色々あるでしょうが、とにかく消えている。跡形もない。

千葉　うーん、そうですか……。文化理論の場合、「因果性があちこちに及ぶことにできるだけ目を凝らせ、それが倫理的でありアカデミックなのであって、因果性の毛細血管を見る人間にならねばならない」といった倫理になっているように思います。確かに、ある種の思いやりのない人が自分の生活範囲のことしか考えないというのに対して、広く世界のことを細かく考えましょうと訴えるのは、よいのかもしれないけれど……。

小泉　よくないですよ。

千葉　よくないですか（笑）。いや、僕としては、因果性を多方向に追うにしても限度があるだろう、というくらいに思っていたのですが。

小泉　風が吹いて桶屋が儲かったとき、その間のステップは有限数ですね。風の原因性は、その有限回数分で割り引かれて薄まりますよね。風は、その分だけ責任を取ればよいのです。私の倫理的立場はシンプルで、どこかのスラム街の貧困状態が私のここでの生活に何らかの関係性を持つなら、その関係の数を数え上げる。それは因果関係かもしれないし社会的関係かも政治経済的関係かもしれませんが、そうした諸関係のなかで、原因性や責任性を問いうる数を勘定して、その割り引き分だけ責任を負えばよいと思っています。それは功利的に貨幣に換算できると思っていますし、納税分を考慮したらお釣りが来るとも思っています。倫理を脅迫的に受け止めてもしかたないのであって、倫理問題は有限責任計算問題として処理すればよい。むしろ、知識人はそんな有限責任を真面目に考えていないと言うべきでしょう。しかし、そもそも、そんなことを考えても意味がないとするのがヒュームでしょう？

千葉　おそらく。そういえば、ヒュームの有名なフレーズに、「私の指のかすり傷より世界の破滅を好んだとしても、理性に反することにはならない」というものがあったと思います。

小泉　それなのに、様々なフィクションやコンベンションが折り重なって、そうでなく見えているわけです。「世界のヒューム化」に想像が折り重なって正義が自生してくる。それは正しいしよいことなんですが、でも、ヒュームのミソは、「そんなことを言ったってさ……」というところにある。哲学者なんですから。

千葉　一方で、先ほど「池の波紋は本当に止まっているだろうか」という疑問をあえて発したわけですが、これはある種の神経症的な疑問ですよね。そこには不安が生じます。もしかするとひじょうに微細な物理が届いているかもしれないとか、さらに言えば、物理を超えた形而上学的な波紋が届いているかもしれないとか。

小泉　さざ波によって水温や風や光が微細に変化し、その微小な影響や効果が岸辺の何かに及んでいるのではないかとか。

千葉　そうです。そういうことを因果性の神経症は考えさせてしまう。

小泉　しかし、それこそ充足理由律を信じていることになる。

千葉　まさにそうだと思います。補足すると、僕としては、ヒュームの懐疑論というのは、そうした強迫的な因果のインフレーションを感じていたからこそのものだろうと踏んでいます。だからこそ、それを疑うというモチベーションも得られたのではないだろうか。他方で、懐疑的な哲学の探求をしていない日常生活では、適当な社交なりバックギャモンなりをしていればいいという話があります。鬱々とするのを避けて。それはつまり、アホになるとかボケるということに近いのではないかと思うんでよ。ヒュームにおける社交性の意義についても議論が色々あるようですが、それは社会の原理の問題というより、因果性の神経症をごまかしておくボケのような状態を必要とせざるをえない、というふうに捉えたくなるんです。

小泉　いや、ごまかしてはいないのですよ。

千葉　僕は神経症的なので、ごまかさないとやってられない感じがするのですが（笑）。

小泉　充足理由律の理解は実はメイヤスーでも多義的になっていると思いますが、いまは事実真理は個体概念を分析していくとその証明ステップは無際限になるとする原則であるとしておくと、これに対し、永遠真理の証明は有限で終わります。有限で終わるから、「これでおしまい」と言えてしまう。言うしかなくなる。上野修さんによると、これがスピノザの世界です。世のなかの真理はなべて永遠真理である。すべて有限で証明できてしまう。充足理由もすべてわかってしまう。それ以上、それ以外は、端的にない。ところが、充足理由律がなぜ神経症的かというと、事実真理の理由の探求を微細な領域にまで無際限に進まねばならないから証明が終わらない。終わらない分析ですね。そうして、どこかに過剰や過少があると思わされて、それに取り憑かれてしまう。しかし、そんなものは遮断すればよい。

千葉　そこで、実践的にどうやれば「遮断」できるのかが問題だと思うのですが。

小泉　現に遮断してしまっている。

千葉　遮断してしまっている人がいることはわかるし、そういう哲学者がいることも理解できるのですが、僕のような神経症圏の人間からすると、そこでいよいよ精神分析の出番だ、ということになるように思われてならないんですよ。

小泉　そこは別に考えたいことではあるのですが、それこそ事実性として、無際限にたどれない。人生は有限ですから。とすると、死後のその先も続きうるような分析や証明の余白や過剰によって、いまここでの振る舞いを制約されているはずがない。

千葉　実際に私たちはアクションできていますからね。もし、考えて考えて考えて……ということであれば、動くことすらできないはずですが、しかし動いてしまっている。

小泉　その問題を解いてしまっているわけです。というか、解けてしまっている。

千葉　僕は、現に動けていることについて「仮に実践的に」解けてしまっていると言いたくなるのですが、いまの「解けてしまっている」というのは、それ以上のことですか。

小泉　理論的にも解けていると思います。

千葉　実践的に解けているということは、理論的にも解けているのだと。

小泉　ええ。しかも問題とされているものは疑似問題なわけで解くも解かないもないというのが、今日のところは、反ライプニッツ主義のヒューム主義と言っておきましょう（笑）。因果性について、ヒューム研究においても分析哲学・科学哲学系においては、筋のひとつとして、「力」を表面的には想定せず、相関関係として確率的・統計的に解釈するものがありますね。そのようにして、古来の因果性概念は問題にしなくてよいかのように思われていますがとんでもないことです。そのうえで、メイヤスーは確率・統計の筋も視野に入れていますね。メイヤスーはそれも含めて、因果性は孔だらけであり、いつでも消えてなくなったり、無から何かが出てきたりする、と言う。

千葉　メイヤスーの場合は、確率空間それ自体の崩壊を言っているわけですからね。

小泉　すごいことを言っているんですよね。可能性の全体的総体はない、ひいては可能性の数の爆発を想定するものは疑似問題であるというわけです。そこは理論的にさらに詰めて議論しないといけない。今後の課題になるでしょうね。

デジタル文化と切断の魅惑

小泉　ひとつ教えていただきたいのは、切断や断続ということになぜ魅惑されるのかということです。ひとつに、道徳的な抑圧、強迫症的なものがあって、それを解除したいということはわかります。そこについては、それこそ神経症的に議論は続いていくでしょうけどね。しかし、それ以外のポジティブな理由を教えてほしいのです。平倉圭さんの「世界のヒューム化」にしても、世代的にも、デジタル文化、それが生み出すヴァーチャルなイメージの世界から発想されているように見えるわけです。私の世代では、何よりも解析学がかっこいい理論だった。世のなかは流体である、歴史は流れる、場も流線からなる、といったように。いま思えば、サイエンス・ウォーズ以前の教養ですね。

千葉 表象文化史的に言っても、それは「流線形の時代」だったということですね。

小泉 ええ。千葉さんはデジタル世代として、どうなんでしょうか。

千葉 流線形のスポーツカーよりも、8bit のゲーム機のギザギザしたグラフィックこそかっこいいという時代に育ったということになりましょうか。その後、コンピューター・グラフィックスはスムースになっていく。僕が中学生の頃が、どんどん画面がスムースになっていった時代です。いわゆるアンチエイリアス処理というものですが、ギザギザの間を補塡して曲線に見えるようにする技術が進歩して、CGが滑らかになっていく。ですから、現実認識それ自体がアンチエイリアス処理をされているといった感覚があるわけです。それは、平倉さんの映画論にしてもそうではないでしょうか。この世界も、まずバラバラのコマがあって、間が補塡されているに決まっているのだ、という感覚が共有されているように思います。

ベルクソンはバラバラのコマを連続化することなど偽の連続性だと言うけれど、偽だとしてもその連続性から出発するのがドゥルーズの『シネマ』ですよね。

小泉 映写機がどこかでカタカタ動いている。

千葉 ドゥルーズにとっては、世界が映画だったということなのでしょう。

『シネマ』に関しては、あの二巻本のなかで、映写機を回す前のフィルムの状態がどのように暗に問われているのか、という視点が必要ではないでしょうか。仮説として言うと、『シネマ2』

の「時間イマージュ」論で、これまでのアクションが中断されて宙吊りの時間が到来するという話がされますね。あれは、まさに持続の「コマへの生成変化」ではないかと思うのです。現代において、映画がアクションから脱していったとき、映像が滑らかになる＝アンチエイリアス処理をされる以前の瞬間が、もう一度露呈してくるという読みもできるのではないか。平倉さんの議論でも、『シネマ2』の核であるゴダール論を、コマをいかにツギハギするかという技術問題として捉え、具体的に分析している。

小泉　『シネマ』のドゥルーズの手付きは私にはよくわかるんです。というか、ドゥルーズの世代が、解析力学から量子力学へ、とくにコペンハーゲン解釈を経て、代数学にいわば襲われる経緯と、デジタル文化、その基礎にある計算科学・技術工学の登場を重ね合せると、『シネマ』に至る思想的歩みはわかりすぎるくらいわかる。ただね、千葉さんの世代の手付きはそうじゃないはずなんですよ。

　連続に見える世界のある種の破れや停滞という形でデジタルを垣間見るという構図は、いまだにポスト構造主義的です。そんなことはちょっと信じられない。というか、本当にそんなことに感じ入っているのか、触発されているのかと思う。私はもっと素朴に、世界そのものがデジタルだと信じている。

千葉　言い切りますか（笑）。僕は、デジタルな表象の影響下でそういう世界観になっているという弱腰の態度が捨て切れなくて、すっきりしないところがありますが……。

小泉　それから、デジタルというと、一応デリダに挨拶を送らなければなりませんね。そのあたりの見込み、使い勝手はどうなのでしょうか。

脱構築って、滑らかに読まれていたテクストや、滑らかに流れていた生活が、実はギクシャクしていることを明らかにする、あるいはその介入によってギクシャクさせるといった含蓄でもって使われてきたと思うのですが、それはこの議論と接していると思うのですが、いかがですか。

千葉　そうすると、先ほどからのデジタル存在論だと、滑らかなシステムなどそもそもないのだから、滑らかなものを脱構築するということもないのだ、という話になりますね。

小泉　ええ。とすると……。

千葉　そうなると、脱構築という営み自体が滑稽になってこないでしょうか。つまり脱構築は、「ギクシャクしていない構築性」がありうるということを前提にしているわけで、そうすると、脱構築の努力をすればするほどかえって、「ギクシャクしていない構築性」という幻想を維持することになってしまう。そんなものは最初からないのだとすると、多様にギクシャクした畸形的な構造、準-構築みたいなものがいたるところにあるし、どんなものごとに関しても、複数的な準-構築の様々な現れであるとしか言いようがないということになる。

小泉　たぶん、そういうことなんですよね。当初から脱構築など装填済みで世のなかのものは出来上がって動いていると譲歩して言ってもよいし、『シネマ』にも見られる二世界的構図も込み込みでそうなっていると言ってもよい。現在の思考水準はそこにあると私は思っています。どうしたって理論的には凡庸に見えるのですが、様々な分野でそうなっていると思います。たとえば、人類学です。従来の批判や批評、脱構築的介入がまったくダメになってきた。相対主義や多文化主義をめぐるお話にしても、アカデミック化しクリシェ化し腐臭を放ってきた。そのとき、アクション・リサーチと称して意図的に愚かになる方法が広がり、それにお墨付きを与えたのがラトゥールだと思うのです。物事をよく見直そう、物と物の関係／無関係、物と人の関係／無関係をそのまま描きましょう、学者さんたちが思ってもいない事態が、学者さんたちも人／物のひとつとしてはめ込まれている光景がありますよ、というわけです。それからヴィヴェイロス・デ・カストロの多自然主義――自然はひと色で文化が複数あるのではなく、自然こそが複数であるという議論です――もそんなお墨付きを与えている。実際の成果は凡庸に見えますが、ラトゥールやヴィヴェイロス・デ・カストロの名前に賭けられていることが大事だと思うんですね。たとえば、ここにモウセンゴケが、ここに人間の私が、といった並びに触発されるといったことです。物や人が無関係に並んで関係しているという、この異様さを捉えたいといったことです。経験論です。超越論的ではない経験論です。

ポスト・ポスト構造主義というのは、「俯瞰できない」「俯瞰してはいけない」と言っていると思うのですね。ポスト構造主義はなんだかんだ言って俯瞰的です。

千葉　俯瞰的というのは、言い換えると、「批判的」だということですね。

小泉　ポスト構造主義の批判・批評はもう救いようがない。その反省性にしても、ギデンズの再帰的近代化論に回収される程度のものです。メインストリームの人文社会系は、何が悪いかというと、端的に面白くない。下らない。お行儀がよい。市民社会内部の思考は退屈である。人類学はその仕事柄、どうしたってそこに気付かされるのですね。

ですから、ポスト構造主義のその先のポスト・ポスト構造主義の芽は、既成知識人から見ると、ときに反動的で退行的に見えるはずです。人種や本能や血族について語るだけで、既成知識人からすると「危険」なんですから。ドゥルーズ研究で言えば、『本能と制度』を誰もマジに受け止められなかったのです。とはいえ、千葉さんの世代は、別のポスト・ポストを探っていると思いますが。

千葉　メイヤスーも一見すると素っ頓狂なことを言っているようですが、では、この現実に対してどういう態度を取るのかといえば、孔だらけの諸構造の孔だらけであるさまをよく見ましょうということになるだろうと思うんですね。これもまた一種の「プラグマティズム」であると表現すると、誤解されるのかもしれませんが。

小泉　ドゥルーズ＝ガタリが「プラグマティック」について肯定的に語ったものだから、構造主義期・言語論的転回期には言語学のゴミ捨て場にすぎなかったプラグマティズムの価値が上がってしまいましたね。とはいえ、結局、ゴミ捨て場のプラグマティズムでいい。そこを呑み込むしかない。既成知識人の構造主義もポスト構造主義も紙屑・ネット屑しか出していないのですから。ともかく、物であり実践である、そういうプラグマが問題になっているのは確かです。

第四世界、あるいは死者の復活

千葉　付け加えると、メイヤスーが充足理由律を破壊するという形で因果性の神経症から逃れようとするとき、始原的な充足理由律のちょうど対蹠点にある、未来の、内容未規定の目的因みたいなものも同時になくなるわけで、とりあえず、明日まったく別の世界に変わりうるにしても現下の状況に付き合おう、という話になっているのだと思います。基本的には。これは「明日どうなるかわからない以上どうでもいい！」というニヒリズムと混同されそうですが、メイヤスー自身はそこから一線を画そうとしていますよね。

小泉　「安定性と偶発性（contingency）は矛盾しない」というのが彼のポイントですね。

千葉　そうです。ただ、メイヤスーは、「亡霊のジレンマ」という論文では、充足理由律がないがゆえに、明日突然、究極にパワフルな神が、必然的でなく、たんなる偶然として発生するかもしれない、という理論を立てていますね。

小泉　いままでのところ、いないけどね。

千葉　ええ。いままではいなかったけれど、本当の神がついにこれから登場する「かもしれない」という理論です。この発想をメイヤスーは、神学と区別して divinology と呼んでいる。それで、その神が何をするかというと、いままでの歴史で悲惨なしかたで死んできた死者たちをすべて復活させるというんですね。

小泉　それが「正義の世界」、すなわち「第四世界」なんですよね。私も深くそう思いますよ。

千葉　いや、僕はどうしてそんな理論を立てる必要があるのか意味がわからないんです。小泉さんは共感できるのですか。

小泉　共感できます。それは終末論でも黙示録でもない。なにしろメイヤスーは、神様は偶発的に明日現われるかもしれないけれどいまは存在しないと証明してしまったのですから（笑）。

千葉　あまりに身も蓋もない話ですよね。

小泉　私はイザヤ書など『旧約聖書』の空気を感じます。それに神の不在証明は歴史的に何度か出されています。ともかくメイヤスーは、すべての死者が復活しないと正義は成り立たないと言ってしまう。まったくその通りだと心から思います。不当に殺された人や、早死にした人に対して正義はどうあるべきかといったら、復活させるしかない。第二の生を生きてもらうしかない。全部の死者を復活させるとしたら、ゾンビです。いや、ゾンビ以上です。いや、ゾンビ以下ですかね。メイヤスーは人間のことしか言っていませんが、動物だって復活しかねない。たぶん、復活したら、それは生命体ではない。思考世界の次のものです。第一世界が物質世界、第二世界が生命世界、第三世界が思考世界、と偶発的に順番に発生してきたわけで、これから四つ目の世界がたまたま出てくるわけです。それを「復活」、「正義の世界」と呼んでいる。ですから思考より上のものなんです。

千葉　「ポスト思考」というわけですね。

小泉　メイヤスーは、宇宙全体、物質そのものが計算担体であると思っているフシもあるし、すべてのゲノム情報が集約されてコンピューター上に全生体が復活すると考えているフシもある。ただし、それがどういう形で現われるかわかるはずがないし、そもそも第四世界が誕生するとき、我々とその子孫はすべて死ぬに決まってる。突然、訳もわからず死ぬんです。世界と法則が変わったということを生き延びて気づく存在者すら消えてしまう。

いや、私は心から信じていますよ（笑）。ここは大事な論点になりますが、第四世界の出現を数分後とか何年後とか何億年後とかは言えないのです。天体法則も法則定数も変わるのですから。メイヤスーは、学術論文の作法で書いていますが、二〇世紀後半のバイオや情報のトンデモをマジに引き受けているのだと思いますよ。身近な人間や善人だけの復活を願っている臭いがしてちょっとひっかかりますが。

千葉　物質的でも生命的でもないし、思考でもないような新たな（ヴァーチャル・）リアリティの舞台に、すべてを載せ直すというふうに復活という出来事を解釈できる。しかしですよ、それにしてもなぜ、そこまでのしかたで正義の貫徹を要請しなければならなかったのでしょう。

小泉　デリダやレヴィナスに対する批判でしょう。あなたたちが言っている正義なんて、結局死者を復活させられない中途半端なものじゃないか、と。命を失ったものを復活させる以外に償う手立てはあるのか、と。にもかかわらず、正義を語るって、知識人の自己保身にすぎないじゃないか、と。そこに復活信仰が働いていることは間違いありませんが、その復活は、私からすると、アガンベンが内心で考えていることです。すべての動物の復活を謳うイザヤ書のヴィジョンです。

千葉　第四世界とは、「ポスト思考」的な世界の復活＝再創造である。

小泉　私がメイヤスーに感心したのは、怪物が出てきても世のなか変わらないと言っていることです。怪物はあくまでも自然法則のなかでの存在ですからね。だから怪物程度ではダメなんです（笑）。ドゥルーズは怪物に、つまり種の変化に期待していました。でも、それでは進化の法則は変わっていない。奇跡や恩寵は自然法則に回収されるんです。もっとガラっと変わらないと、とても変わったなどとは言えない。一八世紀のモーペルチュイ、反ライプニッツ主義者のモーペルチュイの現代版とも言えます。

千葉　超‐法則的な、超‐怪物化としての復活。

でも、違和感が残るのは、繰り返しますが、どうしてそういう形で正義を貫徹しなければいけないのかということです。これまで積み重ねられてきた悲惨に応えなければならないという要請はわかりますよ、しかしそれは、政治的に落とし所を探るしかないことだと思ってしまうんです。メイヤスーの場合は、正義ということを、存在論的に、原理的に貫徹したいというわけですか。

小泉　なぜ死者に正義を返すことを問題にするのかという問いにしても、この現在の世界で立てられてしまっている。それをメイヤスーが立ててしまうことについては、千葉さんの批判は当たっていると思います。本当は、第四世界を第三世界の用語で「正義」などと名付けてはいけないはずですね。でも、彼は第四世界を差し出すことで、その問いそのものも、千葉さんの言う「落し所」も失効させようともしている。その失効がこの第三世界では「正義」と名付けうるのだというその語りは、そうでしかないと本人は認めてしまう気もします。そこはともかく、問いに対する真の答えは、その問いを根こそぎにする偶発性しかない。

千葉　最終的には「すべて」という方向に向かっていく議論なんですよ。

小泉　その「すべて」は孔だらけというよりは、そんな「すべて」はないということをもって「すべて」の向こうを好きに語れるという感じでしょうか。

千葉　メイヤスーは復活＝正義と言っているけど、それはこちら側、「第三世界」との相関性においてぎりぎりそう言えるというだけのことで、実際には、突如「ポスト思考」の舞台に全存在が何の意味もなく移行するというだけのことで、その出来事について「こちら側」から倫理的な意義を問えるとしても、その出来事が起こった暁には、そんな問いなど、すべての「思考する生きた物質」もろともに蒸発するはずである。

しかしながら、どうも違和感がある。『有限性の後で』のメイヤスーを読んだときに、僕は、「未来にこの世界がすっかり消えるかもしれないならば、いまこの世界のあちこちにおいても、ものごとが突然、理由なく消えるだろうということの少なくとも「潜在性」を認めてよいのだ」というふうに考えていました。そして、ひとまずは、そういう考えに留まっておきたいと思った。ところが他方で、メイヤスーは「第四世界」を想定しており、死者が新しい舞台に回帰するという話をしている。ならばですよ、「結局世界は消えてないじゃないか！」というわけです。なぜ、真に消したくないのか、僕にはわからない。動機は「正義を返すためだ」というわけですが、ではなぜ、正義を返さなければいけないのか。消えるに任せることこそ、絶対の偶然性に服することなのではないか。

小泉　「死者はもういなくなった。無関係になってしまった」という形で無関係を言うとき、そこにはまだ相関主義が効いていますね。「無関係な死者」との関係を示してしまう。その死者は物自体のポジションに近いところがあって、経験可能ではないが思考可能なものになってしまっている。「忘却の穴」の議論がその類のものでした。「忘却の穴」と言っても、それは主観によって思考可能なものとして立てられている。指示可能でないにしても表示可能なものとして立てられている。ジャンケレヴィッチの議論もそうでした。ある少女が殺されて死んだ、何の跡形もない、それでも死んだという事実だけは残る。しかしその事実を見ているジャンケレヴィッチはいなければならない。そんな相関主義に閉塞してきたのです。メイヤスーはその相関主義も足払いしたいはずなんです。その一方で、存在者の消滅のことを、この世界での可能性や潜在性としてマークしようとするや、相関主義になりませんか。そうすると、千葉さんも足払いされませんか。

千葉　僕は、物自体としての残存も振り切ってしまうというような絶対忘却を考えたいのです。消えたという事実それ自体も、絶対的に忘却すること。

小泉　相関主義にはならないということですか。

千葉　そうです。

小泉　そこを強くというか、うまく言わなければなりませんね。メイヤスーは、「結局カント以降すべての現代思想は相関主義を逃れていないではないか。だから私が初めて足払いを食らわせてやるのだ」という構えで書いている。とすると、そもそも相関主義は孔だらけで、ズタズタになっていなければいけない。

千葉　ただし、メイヤスーは相関主義の徹底によってそこに到達する。つまりは「第三世界」的な、すべては思考であるという状況をまず徹底するということですね。
おそらく僕は、このすべてが思考可能である「第三世界」において何事かが絶対に消滅するということを考えてみたいのだと思います。それを「ボケ」と言っています。つまり、「第二世界」的な、生命を持つ身体の経験的な有限性によって記憶が失われたり、思考不全になるということではなく、思考の空間それ自体に多くの孔が開くようなことを考えたいとでも言いましょうか。メイヤスーのように、思考の「第三世界」がたまたま消えた後に「第四世界」がやって来るというのではなく、「第四世界」がやって来ず、思考の「第三世界」が孔だらけになってそれだけである、という状況を考えたいのだと思います。

思考の孔

小泉　マラブーを経由して、少し伺ってみたいのですが、私はボケに賭ける気持ちはわかるのですが、思考に孔が開いている、記憶に孔が開いているという比喩がまだよくわからないのです。そういう言い方が流通している理由は簡単で、おそらく脳画像のせいでしょう。

千葉　ああ、そうかもしれません。

小泉　昔から、そもそも思考って連続なのか不連続なのか、単位があるのかないのか、一向にわからないのです。しかも（ポスト）構造主義のポイントのひとつは、構造言語学をモデルとしていたと言いながらも、そうだからこそ言語以外の何かを主題化するということでもありました。

その際、言語ではなく思考を主題化したわけです。その思考をたとえばイマージュで捉えるなら、単位があるようにも見えます。近世哲学のイデア、イギリス哲学の観念、とくにバークリ、またカントの表象にも単位というか、単純なものという含みがあったような気がします。そのように考えたら何かが脱落しているという比喩はわからないのではないのですが……。

ともあれ、むしろ何か時代の症候のように思うんです、いい若いもんである千葉さんが忘却やボケを言いたがるというのは。

千葉　一方で僕は、マラブーも含めて現代哲学に対しての表象文化論という視点を持っていて、それはメイヤスーに対してもそうなんです。たとえばメイヤスーの英訳論文が載っている *Collapse* という雑誌はどうしてこういう名前なのか。思弁的転回は、ロンドンのニヒルなサブカルチャーと結びついている。現代のサブカルチャーの状況と哲学はどう共鳴しているのか。僕の関心は、むしろそこにあります。この同時代的なパッションの表出は何なのだろうと。大まかには、ディザスター、カタストロフィーが存在論的なレベルで起こるとしたらどうか、ということなんでしょうね。それは、テロリズムと環境破壊という二一世紀的なテーマと不可分なのでしょう。

小泉　最近のiPS細胞騒ぎを見るにつけ、素朴すぎるだろう、生命体はそんなにうまいことかないぞ、と強調したい気持ちはあるのですが、一方で私は脳神経系の病については奇跡を信じているところがあります。ただ、マラブーやサブカルのポイントはそこにはないですね。信心もないし、完璧な無神論者です。そこの味というか、そういう人たちにとって世界はどう見えているのかとか、どう理論化できるものなのかということを教えてほしい。深く現在の課題ですから。また、認知症やメンタルな病気も含めて、そこで何が起こっているのかについて、肯定的に見直したいという気持ちもあります。先ほどの物や人の関係／無関係をきちんと見るということもありますが、そのことで凡庸な見方を超えたいのです。

私の場合、ボケ老人がそのへんで徘徊していた方が楽しいじゃん、ということに尽きるのですが（笑）、千葉さんなど若い人はそういうことではないですよね。それにどうインスパイアされているのか、私は気になる。

千葉 単純に、自分はボケていると思うんです。本当に絶対に忘れてしまっていることがあるという確信です。もうひとつは、そもそも僕は、ものづくりをするところから出発したということです。美術作品を作ったり、音楽をやったりしていて、そこから批評をするようになって、哲学をやるようになったという経緯なんです。先ほどの池の比喩を想起しつつ言うと、限られた素材や状況下でないと、ものづくりはできない。そのことから発して、哲学における、そして広く人文学における有限性の問題を考えています。

小泉 自分の振る舞いや思考に、色々な隙間や孔があるのですね。

千葉 それゆえに実際、アクションができてしまっている。

小泉 孔は見えるようにはなっていないんですね。

千葉 見えないですね。

小泉 見えないからこそ歩いていられる。

千葉　ええ。そしてその孔、消えたものは、もう自分と非相関的であるだろう、と。

小泉　そのことにゾッとしますか。

千葉　いや、愛憎入り混じるものがありますね。

小泉　そのあたりは、私の場合、ウィトゲンシュタインの言語ゲーム論を通して感じた感触です。言語は一見滑らかに進んでいるけれど……という感じですね。それをヒュームにも感じます。その感触を掴めるかどうかが哲学者になれるかどうかの分かれ目だと思っているくらいです。ただ、それをうまく言葉にできない。

そうは言っても、千葉さんなど若い人にとってはちょっと違うだろうと思うんですね。しかも、デジタル文化の経験やものを作る経験などがあって、違う経験になっているはずです。

千葉　そうですね、以前、佐々木敦さんとも話したのですが、やはりインターネット上での膨大なデータベースの可視化は大きいと思っています。それ以前は、教養を得るのに遥かに労力がかかったわけで、これくらいしか勉強できないという有限性に自然にぶつかった。ところが、これだけ大量の情報が可視化されると、意図的に「ここまででそれ以上はもう見ない」とか「疲れたからここまでにする」とか、そうせざるをえない感じがあります。現在のこうしためまいを感じざるをえない研究状況のなかで、僕は、文献学的な態度と思弁的な研究との関係をよくよく考え直さねばならないと思っています。

これだけ膨大にデータベースが整ってくると、「知れば知るほどよい」ということが単純に無理になってくる。旧来の人文学が、統整的理念として「知れば知るほどよい」と教えてきたとすれば、いまの状況、いわば「ポスト人文学」の状況では、有限性の設定によって支援された制作可能性ということを、シリアスに考えなければならないでしょう。

小泉　過去のものがすべてデータ化してフラット化している……。

千葉　復活してきているわけですよ。「第四世界」の予兆なのかもしれません。いや、本来それは何の前触れもなく到来するんでしょうけれど。

九〇年代から、ポストコロニアリズムにせよ何にせよ、聞こえにくい声をどんどん増幅して耳を傾けていこうという方向に動いてきたわけです。それは、当初は希望のある方向だったけれど、あらゆることがデジタル・データになって溢れてきたとき、果たして当時と同じ倫理でこの膨大なゾンビの群れに対峙できるのだろうかという疑問があります。

そう考えると、メイヤスー的な復活って、確かにアクチュアルな話なのかもしれませんね。そんなにとんでもない話ではない。

小泉　そうなると、そうですよね。

無限／有限

小泉　つくづく最近の若い研究者は大変だろうと思うんです。デジタル化が進んで読める量が膨大に増えてしまったわけですから。全部読まなきゃと思いますよね。私たちの時代には、アーカイヴに暗黙の制約がかかっていました。ディシプリンも定まり、基本図書も自ずと定まっていた。

いまはディシプリンの枠も緩められて、むしろ教員が楽していますが、若い人は大変です。そのなかで失語症気味の文体を書こうとしている千葉さんの気持ちもわかる（笑）。

千葉　こういう状況におけるひとつの方法なんです。方法として失語的になる。それは、他者に応える、応えまくるというかつてのパラダイムからすれば、部分的に責任放棄をすることでしょうけれど、重要なのは、どのように部分的にそうするかだと思います。

小泉　文献だけでなく写真も相当見られるようになっていますね。「民衆」のよい写真もたくさんアップされています。それを見るだけで私などはジーンとしてしまって、この写真だけで十分だ、何が調査だ、などと思ってしまうのです。そういうものを早くから見て育った若者は、世のなかの見え方が全然違ってくると思います。こう言うのは学者の性ですが、その見え方をちゃんと言葉にもたらさなければいけない。

千葉　片方では、こういう情報過多の状況を俯瞰するようなメタ視点から、その状況を記述しようとする自分がいます。これは旧来の人文学者としての立場です。が、もう片方では、「細かく先行研究への目配せを注記せねばならない」といった学界のコードなど、政治的で恣意的にしか思えなくなってくる。そうすると、そこから外れていく自分がもう一方に生じてくる。デジタルな世界の海に拡がった人文学者の天国＝地獄について人文学的に語ろうとする自分と、その状況のなかで崩壊していく自分がいる。その崩壊していく自分が、失語症的になっていって、その語りはもう学的である「かのような」語りから外れていく。すると、もう「文学」になるしかないのかもしれないと思います。

小泉　ある種のフィールド調査でしょうね。

千葉　フィールドに向かうしかないでしょうね。少なくとも僕は、いまそういう二重の状態にいます。

小泉　関連しますが、最近の症例研究は全然面白くないんですよ。読むに堪えません。ところが、一九五〇、六〇年代の精神医学関係の症例報告を読むと、自由に長く書かれているし、PC的な縛りも研究倫理的な縛りもないから、もう好き勝手書いているんです。それが実に面白い。それこそフーコーの「汚辱に塗れた人々の生」に近いものがゴロゴロあります。それもあって私は人類学に、それと生態学や地理学に期待しているところはあります。研究の対象からして、比較的、掟破りを許される分野ですからね。

そのうえで、先ほど千葉さんは「デジタルな世界の海」ということを言われましたが、ただのデータベース論だと受け取られるのも嫌なので、少し言っておきます。メイヤスーにひっかけると、データベースはすでにいわば超限的なもの（transfinite）になっていると考えてみたいんですね。いまやネットにある情報量はおそらくカウントできない。無限ではないにしても、実効的に計算可能な量とはとても思えないのです。全体化も可能でないし、確定有限化も可能ではない。かといって無際限、不定有限でもない。

二〇世紀の数学史は、この一〇年くらいで明らかに書き換えられています。数学基礎論や集合論や計算論にしても、これまでの見方は通らなくなっている。ですから、旧来の数学観に依拠した否定神学にしてもその批判にしても過去の遺物になるのも当たり前なんです。そんなことも見据えて、現在のデジタルやネットを捉え直さないといけない。そういう段階に来ていると思います。

もはやシステムと言って済ますわけにはいきません。とんでもないことが起こっているはずですから。構造主義・ポスト構造主義の後のポスト・ポスト構造主義の段階であって、すでに第四世界が……。

千葉 到来しつつある、ないし潜在しているという感じですか。

小泉 そこは難しいですよね。メイヤスーは「潜在」とは言いますね。

千葉 “virtual” とは言っていますね。

小泉 そう、ややずらして言うと、潜在性も現実性の様相だといった感じですね。

千葉 しかし最後にもうひとつ返すと、そうするとメイヤスーの決定的な切断という情調が失われてしまう気がするのですが、いかがでしょうか。

小泉 そう思います。肝心要で潜在性を持ち出す議論って、まったくダメだと思います。

千葉 とすると、メイヤスー的な「第四世界」の充溢――総ゾンビ化？――を、潜在性というタームを使って「第三世界」内の漠然とした無限さに込めてしまうことには、疑問を向けるべきなのでしょうね。やはりガラッと変わるという話が重要なのだとしたら。

小泉 その通りですよ。メイヤスーになぜバディウが入れ揚げているかというと、彼は超限集合論に愛や共産主義という〈念〉を込めていたわけですが、かたやメイヤスーは超限集合論に第四世界という〈念〉を込めるからです。そして超限集合論をそのまま構造主義におけるリアルだと思いたいわけです。そのリアルが現在の潜在性や未来の可能性に投射される。それは信仰です。私は信仰ならそれとしてリスペクトしてしまいますが、それにしても、哲学は数学を勝手に使い回すものであるとするなら、その程度の勝手さでは足りないでしょう。

千葉　僕は、そこで無限概念の本当の姿を追究するという方向には、いまのところは行っていないわけです。メイヤスーはカントールに依拠していますが、僕はそもそもあのバディウからの継承自体に違和感があるのです。彼らの場合、「非－全体」というのが、より大きな無限がいくらでも考えられるという方向ですよね。しかし僕の場合は、多様な有限性があるという方向で考えたい。いまのところは、そういう意味でメイヤスーに対する距離を取っていることになります。この点、もっと理路をはっきりさせる必要がありますね。

小泉　千葉さんの歩むであろう方向は、どう見たってメイヤスーとは違いますよ。それに、構造主義もポスト構造主義も、有限性についてまったく思考してこなかったのですから。

千葉　そうですね。結局、問いは有限性とは何なのかということをめぐっているのです。

小泉　たぶん無限より有限の方が難しいんですよ。

千葉　ドゥルーズ研究では「内包性＝強度」という概念が重視されますが、内包性よりも外延性の方が難しいし、謎だと思っています。内包性というのも、無限さを言うためのマジックワードで、ありとあらゆることが入れ子状に絡みあっているという話でしょう。

小泉　内包性や潜在性がマジックワードになる時代も終わりました。忘れてしまえばいいのです。

千葉　檜垣立哉さんの『ヴィータ・テクニカ』の最後のところでは、生気論的な生命概念の神秘性とシステム論における無限とは腑分けされなければならない、と書かれています。これを読んで、東浩紀さんの「否定神学システム」という表現のことを想起しました。というのもあの表現は、システム論が想定している無限性はどうしても神秘化されざるをえないという批判だったと思うのです。そこを分けて考えようと檜垣さんは書いているわけで、小泉さんもおっしゃったように無限概念の数理哲学をきちんとやりましょうということにも見えるのですが、しかし、生命概念のマジックワード的な神秘性と檜垣さんが言うシステム論の無限って、本当に区別できるんでしょうか。どうも疑問なんですよ。

小泉　システムと単数形で語る時点でアウトでしょう。それって、グローバリゼーションや世界史と同じ程度のファンタジーですよ。これも忘れてしまえばいいのです。私自身はかなり生物機械論者でして、生気論を真面目にとったことは一度もありません。思考／物質についても、『物質と記憶』冒頭のイマージュ一元論者です。ヒュームに至るイデア・観念論者です。それを無限システムとの対で考えられるとはさらさら思っていません。というより、現在、檜垣さんが取り出していた生命系と情報系で起こっていることをそんな対では捉えられません。

実際に運用されているシステム論は、複数の有限なものです。数理科学モデルにしても、経済学のモデル、リスク社会論や情報社会論のモデルにしても、様々な数値計算技法を含め、孔だらけです。ズタズタバラバラです。まさか誤解はないでしょうが、個々のシステム論は学問的にも大変に立派なものです。個々のシステムも十二分に合理的で人間的です。ところが、それらが並んでいるその関係／無関係をよく見て下さいってことです。そこに私はゾッとするわけですが、千葉さんは愛憎入り混じりながらシンクロしているると思っているのです。そして、デジタル文化は、徹頭徹尾、工学的なシステムです。

千葉　割り切りのあるシステムですよね。

小泉　それが作動するさまをちゃんと記述しないと、アクチュアルな意味で人文社会系も立ち行かない。そして、これは真剣にそう思っていますが、千葉さんをはじめとする若い人文社会系の人が言葉でも思想でも立居振る舞いでもスタイルを与えないと、理工系の人々は絶対に救われないと思っています。

そのうえで私自身は一七世紀の哲学研究者なので、そしてメイヤスーにもそういう空気を大いに感じるのですが、無限の問題は切り離せないという気持ちもあります。有限性は、実数をどこかでネグっている。しかしそのリアルな数がどこかで効いてくる場面があると思っているのです。孔を実数が埋めているなどとはもはや言えませんし、そのリアルなものの行方はまだわからないのですが、いずれにしても千葉さんには存分にボケてもらってズタズタにやってくれないと、こちらも見通しが出てこないのです。構造主義もポスト構造主義も、私だって神経症的に理論的で思想的な総括をして成仏させてやらなければいけないと思うこともありますが、それは年寄りの責任・領分なのであって、お勉強でもなければ、若い人が口出しする謂われもない。若い人は、退嬰的な知識人など無視して、すっきり忘れて歩いていけばいいのです。

2

ポスト・ポスト構造主義のエステティクス

×清水高志（しみず・たかし）

東洋大学総合情報学部教授。哲学専攻。名古屋大学博士後期課程情報科学研究科満期退学。主な著書に『セール、創造のモナド』『来るべき思想史』（いずれも冬弓社）、『ミシェル・セール』（白水社）、『実在への殺到』（水声社）。訳書にミシェル・セール『作家、学者、哲学者は世界を旅する』（水声社）など。

―― 本日は二〇一三年一〇月に『動きすぎてはいけない――ジル・ドゥルーズと生成変化の哲学』を上梓された千葉雅也さんと、同年一一月に『ミシェル・セール――普遍学からアクター・ネットワークまで』を上梓された清水高志さんに、ポスト構造主義の臨界といわゆるポスト・ポスト構造主義の思想や感性について、大いに議論を交わしていただければと思います。もとより共通性やシンクロニシティの発見のみが目的なのではなく、お二人の思想／感性やそのバックボーンの部分的なすれ違いが明らかになることも厭わず、といった姿勢で進められればと思います。

切断と（無）関係性

清水 今回千葉さんのご本を読んで改めて感じたのは、構造主義以後のフランスの思想が、主体批判をあまりにも長くやりすぎてきたのではないかということです。実存主義の時代までのフランスの文化は、とりわけ個人主義の色彩が濃く、芸術家であれ思想家であれ書き手の個が何よりも強烈に出ていた。そこにまず個人としての若い読者を鷲づかみにするようなひねくれた魅力があったのですが、社会構造の分析が精緻になる一方で、残念なことにそうした自分たちの文化的な特色を見失ってきたように思うのです。

千葉　『動きすぎてはいけない』では、個体性の問題をもう一度ドゥルーズのなかで考えていて、個体を溶解させるような議論に抗する解釈をしています。

清水　そういう流れは無論ないわけではなく、たとえば加藤典洋さんなども「もう一度個から出発しよう」といった議論はしていたのですが、ここまでキャッチーな感じではっきりと前景化させてはいなかった。僕自身、個にもう一度戻っていくというのはとても大事なことだと思っています。社会学的な「〇〇年代の〇〇たち」という括りや、「この社会問題で連帯しよう」といった類のものは、僕は少し苦手です。それだけに千葉さんの、キャッチーに個を出しつつ、多くの人を引っ張っていくという両股をかけているスタンスがすごく面白いと思いました。

また、ミシェル・セールにあまりなくて、ドゥルーズにある魅力にも気づかされました。文化史的に、英国に起源を持つ個の美学や思想と、都市圏のフランス知識人の持っている個人主義には元々響き合うところがあり、元の英国のものより一層強烈な輝きを放つ場合があります。ロマン主義文芸の時代の「ダンディ」などもその一例だと思いますが、ドゥルーズのヒューム主義から切断の思想を導いた千葉さんの読解によって、ドゥルーズのそうした個の魅力が強く浮き出たような印象です。彼はダンディなんですね。セールではそれがもうちょっと田舎っぽい感じです（笑）。

千葉　セールには「フランスの大いなる自然に抱かれて」的なものがあるように感じますね。言ってみれば「リア充」な感じです（笑）。

清水　異様に体力もありますしね。

千葉　セールはラグビーをやっていたんですね。そして、南仏の人である。セールにおいて、多様性のざわめき、諸力のぶつかりあいを意味する「ノワーズ（Noise）」という言葉からは、海についてのヴァレリーの（ヘテロセクシャルな？）エッセイを想起しました。ノワーズは女性名詞ですね。ヴァレリー風に言うと、ざわめく海——女としての——に抱かれて、水と格闘する——男の——肉体といった感じ……。

清水　個と思想ということを考えていくと、エステティクスや詩の問題がやはり深く関わってくると思います。『動きすぎてはいけない』でも、そういう話がすごく出てくる。千葉さんには切断のテーマがありますが、そこが僕の志向と微妙に重なってくるところと少し違うところがあります。

千葉　今日はぜひその話がしたいですね。

清水　セールも彼なりに切断のテーマがあります。またその前史があって、それはエコール・ノルマルで指導教官であったバシュラールにまつわるものです。そもそもバシュラールがベルクソンを継承しつつも、その「持続」の形而上学に批判を加える形で「瞬間」や「切断」という主題を打ち出した、という経緯があります。ガストン・ルプネルの著作を注釈しつつ、『瞬間と持続』でバシュラールは「瞬間」や「切断」を強調し、ある種のライプニッツ的な多元論に近づいていきます。また「瞬間」において詩人がみずからに固有の時間を作り出すという、詩論がそこに絡んでくるのですね。こうした詩論は彼のマテリアリズムとも結びついて発展することになる。千葉さんが「切断」や個体性の話をしているところが、僕からすると幾分ここに重なってきます。

千葉　なるほど、拙著ではドゥルーズの背景においてベルクソンよりヒュームを強調したわけですが、これはバシュラール的な瞬間＝切断論に関連するだろう、と。

清水　バシュラールのこうした傾向は、アルチュセールを通じて「認識論的切断」の理論として発展し、トマス・クーンのパラダイム論にまで影響を与えますね。セールはその流れを当然強く意識していますが、そこから少し逸れていきます。セールはバシュラールを継承するかと思われながら、かなり理論的にぶつかったのです。私見ではその違いの鍵は切断のしかたにあり、またその点を掘り下げていくと、マラルメなどの詩の問題につながると思うのです。ともあれ読後の感想として、セールをここまでドゥルーズに近づけて読めるとは思っていなかったです。

千葉　ドゥルーズを、先ほど茶化した「大いなる自然に抱かれて」的な感じで読みたい人も少なくないと思いますが、僕は全然そうではないですね。

清水　僕は『ミシェル・セール』のなかで「インターセプト（intercept：切断、妨害、傍受）」という主題を取り上げています。インターセプトとは、ラグビーなどで横取りをすることです。つまり、主体とはインターセプトするものだというのがセールの考え方だし、逆に言えばセールにとって切断とはインターセプトなんです。ひとつのメディウム（媒体）があって、それに複数の主体的要素が絡んで競合し合い、相互牽制し合う。そのときに片方がもう片方を横取りする。それがセール的な意味での切断です。

千葉　ボールを取り合う。そのイメージですと、僕の考えている切断とは、違うのかもしれない。

そもそも僕は、ひとつのメディウムをめぐる競合ということからの切断を考えているように思うからです。むろん、セールや清水さんの場合「ひとつのボール」は唯一の特権的な対象を指すのではなく、ラグビーやサッカーの喩えで言うならば、ボールを追っているプレイヤーの一人一人もメディウムなのであって、インターセプト＝横取りという切断は、多中心的に――いわば「多ボール的」に――起こっているということになるのだと思います。ですが、僕の場合はそもそも、世界の作動を壮麗な球技のようにはイメージしていない。というか、壮麗な球技としての連動する時空から切断された世界（の部分）を考えたいのです。

今回、清水さんの『ミシェル・セール』を読みながら、自分のテーマを再確認したのですが、僕にとってポスト・ポスト構造主義は「無関係化」という意味での切断のリアリティをどう理論化するかであると考えています。この点、ご存知のようにメイヤスーは極端ですよね。メイヤスーの『有限性の後で』は、この世界の諸法則が、いかなる意味もなく純粋な偶然で、別のしかたに変化しうると主張する。つまり、この世界が、因果的に切断＝無関係化された別の世界に変わりうるというわけです。まさしく僕が『動きすぎてはいけない』で言った「非意味的切断」です。また、マラブーの『新たなる傷つきし者』を、メイヤスーの偶然論に重ねることもできると思います。マラブーは、脳損傷を例にしていて、たとえば、軽トラックにぶつかって頭に傷を負うといった場合、それまで持続していた脳――脳こそが、心の主な座であると認めるならば――のシステムに、軽トラックの飛び出しという、自分の人格にとって外的な＝因果的に切れている出来事が、深刻な損傷を与え、それまでの人格の持続に無関係的な変化をもたらす。これは、脳と事物のあらゆる関係に敷衍できることですね。人格の内的な因果性は、いつでもどこでも他所から飛来している偶発事の偶然性＝無関係性を織り込んで、変転していく。

清水　ポスト構造主義における関係主義の過剰をどうするか。たとえばリゾームといった概念にしても、それが全体として捉えられすぎているという危惧はあるし、それを切っていきたいというのもわかります。セールも一見すると関係というものを重視している。ただ、リゾームみたいな関係主義とセールが言っているものはスケールが全然違っています。千葉さんのご本を読んでいても、部分的リゾーム、全体ではないリゾームを認めたうえでそれをブツブツ切っていくというニュアンスが出てきますよね。リゾームなのだけれど、それを部分的に弄りまわして、結びつけていくのだけれどそれが切れていくことでもあるということは、ドゥルーズ＝ガタリだととくにガタリの方のニュアンスとしてあると思います。セールのよく使う比喩だと「パイ生地を捏ねるように」と言うのですが、混ぜることによって小麦粉の生地が均一に結びついていく側面と、だんだんダマが取れて拡散していく側面の両方がある。リゾームのなかにも両方ありますね。領土化と脱‐領土化が同時に起こっていると、とくにガタリは言っていると思います。そしてそれが主体化であると。

この切断の話が出てくるところで、「関係束」が出てきます。そしてそれを「仮固め」されたものと千葉さんは表現しています。これには僕もとても共感しました。アジャンスマン（組み換え）ということがキーワードだということにもひじょうに共感します。情報哲学のピエール・レヴィはセールの弟子ですが、やはりドゥルーズのそういった要素を取り入れて書いています。

「仮固め」された関係束があって、それに対して部分的な複数要素がアドホックな感じで関与している。それで関係束としての主体を作っているわけです。そうすると、組み換えが起こるということは、これと複数のモノとの関係が変わるということですね。

千葉　そうですね。

清水　そのとき変わったことがひとつの中間状態としてあるとして、それを重視することは僕も重要だと思っています。しかし、このとき注意しなければならないのは、主体と複数の周りとの関係において、周りが主体のたんなる構成素になってはいけないということです。それらが綜合されて主体を作っていて、しかもそれが徐々に挫折していくという図式になっていくと、ある有限な綜合を挫折させるものは綜合以上の何かだということになって、それがまたホーリズムを要請してしまう。

千葉　つまり、関係束の個体性はどのように確保されるのか、ですね。

清水　こうした綜合の挫折の図式にならないためには、部分の関係束とその複数の周りのもののなかで、相互に干渉し合っている限定的な状況において否定がすでに起こってしまうということを考えなければいけない——グレアム・ハーマンが〝緩衝因果〟Buffered Causation と呼んでいるものも、そうした綜合に還元されない諸要素の関係ですよね。このとき僕はラグビーのようなインターセプトが起こっていると思うわけです。媒体があって、それを狙って「こう行くぞ」と思っているやつらが相互牽制し合っている。そのときに否定も起こるし、アジャンスマンも変わってくる。そういう状態を考えなければいけない。そこでは関係束自体も変わり、複数要素にもフィードバックが来るわけです。複数要素間の相互性と、関係束とのフィードバックとの両方を捉えなければいけない。そうすると、そこでは一種の循環が起こっていると考えられます。こうした複雑な相互否定を「モナドロジー」からも、「アクター・ネットワーク論」からも引き出してくることで、一種の往還モデルとネットワーク・モデルを抽出することができる。このとき初めて中間性が確保できるというのが僕の考え方です。

千葉　媒体をめぐる球技的な「相互牽制」に否定性を含意させるというのは、ある事物（媒体）に注目するとして、その事物から他の諸事物への諸関係が絶えず切り替わっていると考えることですね。つまり、様々な他者への関係束としてのある事物が、様々な他者に奪い合われることで、奪い合いごとに個体化される。

この世界の豊かさと共‐不可能性

千葉　清水さんの『ミシェル・セール』は共感するところも多いのですが、違和感も否めないんです。アクセントの違いがあるというか。アクター・ネットワークとは、事物が互いを「準‐客体」として多重に狙い合っている（インターセプトし合っている）ことのダイナミズムですよね。そうした、準‐客体の狙い合いの切り替わりという否定性が、（世界において）部分的な関係束を余所から切断する。なるほど……でも、かろうじて言えば、清水さんのレトリックでは、あらゆる事物がしかるべく能動的であるというか、関わりたい者たちであるように思われて、そこに違和を感じるんですね。何しろ「アクター」のネットワークですから。複数の関わろうとすることの相互牽制から、否定性（事物の個体化に必要な否定性）を調達している。対して、僕が「非意味的切断」と言う場合には、アクターたることに「やる気のない」状態を強調している。したがって、個体化に必要な否定性を、世界‐球技におけるアクションの複数性から調達するか（セールの場合）、それとも、世界‐球技から外れてしまうことの複数性から調達するか、すなわち、非アクションの複数性から調達するか、という対比になるのだと思います。

清水　僕は処女作以来、創造的モナドロジー論という立場を採っていますから、個体が能動的でポイエーシス的であることはそれが個体として成立するための条件だと考えています。またそもそもアクター・ネットワーク論というと、それ単独で考えるとネットワークと個体（媒体）との二極論として一般化されてしまう可能性があります。だから僕も立場を分けているところがあって、今回もセールの言及対象から色々な部分をぶつ切りに取ってきて、「形として一緒でしょ」という感じで並べようとしています。つまりあちこちで実践的に循環をたどることによって、複雑な循環を作りうるメディウムをいくつかピックアップしていこうとするわけです。そのうえで、それらがバラバラにあるような世界を考える。しかもその間をつなぐ一本の「アリアドネの糸」のようなものはない。仮にあったとしても見えません。そうやって構造的なもの同士をバラバラに見たときに、それらがcompossible（共可能的）な形であるという世界を逆に考える。このcompossibilité（共可能性）という考え方ですが、それまではスピノザの近接原因にしてもデカルトのラチオにしても、その諸要素が密につながっていたのに対し、バラバラなものを持ってきて照応・調和させるという意味でライプニッツは使っていました。それを多様性が出てくる条件をどのように探していくかという方向に逆に煮詰めて、バラバラな条件の生成だけを追いながら、それら同士を compossible なものとして拾っていき、世界像を再構成しようとするプランなのです。
　そうすると、メイヤスーも採り上げている充足理由律の話なども、多様性を最も肯定するような最善律にいわば従属させる形で逆説的に使ってしまって、バラバラな離散性を肯定するために用いようということになります。ひとつの離散性を、バラバラなだけではなく、そのなかに多孔性があって、何層にもなるものとして捉えた世界を考えたいのです。
千葉　なるほど。この世界の豊かさを説明する compossibilité ですね。
清水　そうですね。まずそれを言おうとしている。
千葉　切断の概念を、incompossibilité（共不可能性）を担うものとして考える筋は、どうでしょうか。
清水　共不可能性をドゥルーズが言い出したとき、僕は「共不可能にしないといけない」というホーリズムを感じました。否定性のホーリズムを逆に compossibilité に持ち込んでしまった感じで、これはあまりイケてない議論だと思ったのです。
千葉　しかしそれは、共不可能的な外部性を単一であるかのように考えることではないでしょうか。僕のドゥルーズ解釈では、世界のあちこちで compossibilité が別々に破れているのではないか、と考えています。この世界のこの実在性が、あちこちで裂けているのではないか、と。この世界の「この」が裂けているのではないか、と。他方で、セールの場合では、この豊かな世界なのではないでしょうか。

ここで、いわゆる「否定神学的」なシステム論に対し、どのような距離を取るかを考えてみるのはどうでしょう。先ほど、共不可能性を言うことで、ある種のホーリズムになるのではないかというご指摘がありました。ドゥルーズの構造主義論には、「ゲームは空いた桝目がないと動かない」というテーゼがあります。最低限ひとつの、浮動する空白、穴をめぐってあらゆる要素の関係の変化が連動するというホーリズムですね。こうした理論がしばしば「否定神学的」と形容されている。

そこで、セールの場合、あえて言えば「空白の桝目」が複数あるということなのでしょうか。球技でも、ボール＝特権的に唯一のメディウムなのではなくて、プレイヤーも互いに別々のメディウムとして機能しているということならば……。

清水 どうでしょうね。メディウムというのは、僕の本（『ミシェル・セール』）だと後の方で貨幣論にもなりますよね。それを貨幣と価値形態といった大きな二極論にはしたくないのです。価値形態は多様にあるが貨幣はひとつで、それは消失点的なものになるといった言い方はしたくない。文化人類学者のデスコラが「ナチュラリズム」と呼んでいる議論ですが、それ自体括弧に入れられたひとつの客観的な世界があって、それに対する文化的なアプローチが複数ありうるといった感覚は西洋近代の考え方そのものです。僕はひとつの世界ということの意味を極限までなくしてしまおうと思っているのです。アニミストのような多自然論を再構成しようとしているわけです。先ほど述べたような、最善律を逆の意味にしてしまうということもそうです。それは複数のアプローチが殺到していく空白の何かですらない。空白であって何であってもいいという遍在のしかたもしない。殺到する媒体があるとすれば、それは具体的なものです。要するに、重要なのは中心性やダマができないようにするということで、それは穴を作るとか、スカスカにしていくということと同じだと思うのですが、そういうことだけをギリギリ残して、全体としての世界については何も言わないで、部分のなかで否定性やインターセプトを尽くしましょうということです。たとえばラグビーの試合はボールがゴールに向かっていく運動の失敗の連続です。それをいかに描くか。

しかし、『動きすぎてはいけない』で描かれている挫折の部分も魅力的なのですが、それは同時にアジャンスマンであって、それもまたポイエーシスという側面を持つと思うのです。そこを強調していくとセールになるのかなという気がしています。

ノワーズな具体性と文体の問題

清水　千葉さんの本でもうひとつ僕が気になるのは、contraction（縮約）についての肯定的な捉え方です。しかしメイヤスーは縮約を警戒していますよね。「減算と縮約」でも、縮約をデタント（弛緩）していってもモノには達さないということを主張して、それとの区別で相関主義批判を持ってきたりする。彼が重視しているのは最初に流れというか、ホワイトノイズ的な関係の過剰の世界があり、それに対してどれだけ流れ去らない中間的な迂回・遅延を作っていくかということとですね。メイヤスーで僕が面白いと思ったのは、遅延にヴァリエーションを持たせてルクレティウス的迂回にまで持っていくところです。

千葉 その点は、実は細かく言うと厄介なんですよ。メイヤスーが批判するのは、ベルクソンの『物質と記憶』で言われる、質化する働きとしての縮約で、他方の拙著における縮約は、ドゥルーズが『差異と反復』の「時間の第一の綜合」でヒューム的な連合を縮約ないし「観想」と見なしているそこのところのみを指しているつもりなのです。そこで、縮約＝観想は、関係のたんなる束化（連合、連言）のことです。メイヤスーの「減算」論は、飽和している諸関係、要するにナマの実在において、諸関係が部分的に迂回させられる――飽和から部分的に諸関係が減算される――という事態を、飽和のうちに溶解しない部分的な関係束の個体化と見なす、というような議論だったと思います。僕の考えている縮約＝観想論は、飽和（接続過剰）から「切断」された部分的な諸関係に注目することであり、ここでの切断の概念がだいたい「減算」に相当すると見るなら、メイヤスーに近づくでしょうね。

清水 そのあたりは面白いのですが、縮約といった場合、ルクレティウス的迂回としての減算にはやはりループする要素があるのですね。それが下手をするとあまり出ないかもしれない。しかし、鉱物やダニなど色々なものが観想していて生存戦略を持っている、なんて言われると、ノン・ヒューマン好きな僕はとても魅力を感じてしまう。

千葉 ドゥルーズ的には、岩もテーブルもコップも観想しているという。プロティノスの『エネアデス』とホワイトヘッドをミックスして得られた発想ですね。

清水　ドゥルーズのその話にはひじょうにポエジーを感じるのです。あの辺から逆にマテリアルや観想の問題を持ってきてバシュラールまで接続すると、まさしくそれが詩の問題だということがわかる。詩は自分の瞬間を作り出し、詩人は複合的な瞬間を作り出す、とバシュラールは述べていましたが、観想する鉱物やダニの生存戦略などもまさにそうしたポエティックな主体だと思うのですね。

メイヤスーも偶然性のテーマからマラルメの詩の具体的な読解にまで踏み込んでいます。詩論にまで発展しうるような精読というのは、今後いよいよ大切になってくるのではないか。千葉さんの本も、たとえば『ニーチェと哲学』を読んでいるあたりなど、ドゥルーズをきっちり表現のレベルで精読していて、そこがひじょうに魅力的です。ああいったセンスはみんな持っていませんでしたね。

千葉　これまでのドゥルーズ研究は、内容重視であって表現の些末なことをあまり気にしてこなかったのではないかという不満があるんですよ。

清水　文学的なレベルでドゥルーズを読んでいる。みんなそれをしないで、中途半端に「メタファーだ」と言ってきた。それで「ポストモダンはこんな出鱈目な詩のような文章を書いている」と批判されるけれど、微妙で精緻な表現を駆使して詩のようになってしまった部分はちゃんと解釈をすればいい。それをやる能力がないだけです。

千葉　詩論のようにテクスト分析をするべきところもあるわけですね。

清水　それでまた毛嫌いされてしまうところがある。それがもったいないと思ってきたのですが、千葉さんはそこを効果的にやっているので、なるほどと思いました。

千葉　セールも多彩な比喩や例を駆使して語る人ですから、そういったテクスト分析ないし修辞学が必要だし、それをしなければそもそも読めないですよね。

清水　そうですね。それにスタイルとして自分もそういうものが好きなんだということがやはり出てくる。東浩紀さんの『存在論的、郵便的』が出たときには、「デリダの修辞的なスタイルとは別に、けっこうアカデミックにやれるんだ」という新鮮さが確かにあったのですが、僕自身は表現としてはフランス的なスタイルがどうしても好きなんですね。

千葉　僕の場合は、基本的にテーマ主義的な分析が癖になっていて、作者がどう考えていたかはともかく、テクストの表面において言説の布置がどうなっているかを捉えようとしています。しかし、古典的な哲学史の人は、「この背景は実は誰々で……」とか、「そもそも一九世紀にこういう議論があって……」といった読みを性急にやってしまうことがある。それで、レトリックのことは二次的にしてしまう。僕は、哲学テクストに関しても、まずその「表象」をフォーマルに分析したい。

清水さんが引用されているセールの断片から思ったことですが——そしてそれはグレアム・ハーマンにも言えることなのですが——、短い文章のなかでもこれだけ具体的なイメージや比喩を繁殖させているというのは、まさしくノワーズな具体性を捉えようという意図と文体が一致しているということなのでしょうか？

清水　繁殖させるのだけれど、ブツブツに切っていくんですよね。それで句読点が多いとよく言われる。

千葉　句読点が多い！　なるほど、細切れに飛躍していくんですね。

清水　ドゥルーズのように「と」とすら言わなくて、句読点を打って並置していく。

千葉　「と」とすら言わない、面白いですね。

清水　ですから僕も節タイトルでそういうのを多くつけてしまって、編集者に句読点を取れと言われてしまう（笑）。それで「と」と直されてしまうのですが、「と」だとそれはそれで意味が深いだろうと思ってしまうのです。

千葉　ああ、「と」ですら「意味が深い」と。もっと「ブツブツ」にする。確かにドゥルーズにおける「と」は、究極の存在論的な磁石であると言うことが可能で、それは、先ほどの「空白の桝目」としてすべてを媒介する「否定神学」的な中心になりうる――こういう解釈を拙著で行いました。その上で、あちこちで＝複数的に作動する「と」の具体性を分散的に考えるというのが、僕の話の要になっています。

ところで、今回の特集（『現代思想』二〇一四年一月号）に初翻訳が載っているハーマンですけど、彼はスポーツライターをやっていたんですよね。おそらく、個々の選手の異なるプレースタイルに別々の魅力を見て取るというようなことが、彼の姿勢としてあるのではないかと思うんです。ハーマンの本を読むと、具体的なモノの名前がたくさん出てきて面白い。アメリカン・フットボールのチームだとか、洗濯機とかメロンとか。ハーマンの「オブジェクト指向哲学」というのは、諸々のオブジェクトをたんに「オブジェクト」という一発の抽象概念で論じるだけではダメなんでしょうね。哲学の記述においてオブジェクトを氾濫させる。たんなる例示としてではなく。哲学の書き方をオブジェクト指向にしているのだ、ということなのではないでしょうか。

清水　千葉さんのトンカツみたいな（笑）。

千葉　そうです（笑）。僕の文章のそういう箇所は、ちょっとハーマンを意識していますね。具体的なオブジェクトの姿をゴロッと出す。ハーマンの場合、とくにメロンが印象的で、メロンはカットされる以前に、その内側に充実した汁気たっぷりの肉を内蔵していて……といった描写がある。そしてそれを切断することで汁気たっぷりの秘められた内側が露わにされる、という。あいった「メロン的充実」のようなことを、冷蔵庫にしても金塊にしても、彼はありとあらゆるオブジェクトのなかに感じている。オブジェクト指向の書き方は、物づくし的になっている。

清水　セールにも特殊な語彙が多いんです。船乗り言葉や稀語までふんだんに用います。たとえば気絶した後に意識が戻るときというのは、視覚か聴覚のどちらかが先に目覚めるのですね。語彙がある程度制限されたメイヤスーの本の後にセールを読んでいると、そのときのように感覚がノイジーに一気に拡大されるようなところがある。それが面白かったので、『作家、学者、哲学者は世界を一周する』のような本をまた読み返して、それで今度の本の六章を書いたわけです。

千葉　ありふれた言い方ではありますが「文学と哲学の際」という問題を、改めて考えさせられます。哲学は、少ないボキャブラリーでどれだけのことが言えるかというチャレンジになりがちですね。語彙を増やしすぎると、いかがわしいと思われやすいような気がします。

清水　着想そのものが、「オッカムの剃刀」でなければいけないとか言われますよね。ドゥルージアンはストイックというか、限られた語彙を使う人が多かったですよね。僕としては、もっと繁茂してもいいかなと思うのですが。

千葉　僕の本は、かなり語彙が少ない本だと思いますよ。

清水　でもイメージはたくさん出ていたでしょう。

千葉　そうですね、多少はイメージを操作しましたが、論述の根幹は少ない語彙で処理するという方針でした。僕はあまり文学的蓄積がないので、日本語表現で「こういう言い回しを知っていればうまく抜けられる」というテクニックをあまり持っていないんです。なので、不器用に見える箇所もあるんじゃないかと思います。そもそも慣用表現的なものに頼るというのが、あまり好きではない。少ない語彙をベースにして、自分専用の慣用表現を作ろうとする傾向がありますね。

清水　シンプルで多彩さを出す方向ですね。

往還か、複数の一方向のすれ違いか

清水　ところで、『動きすぎてはいけない』ではレヴィ＝ストロースは割と簡単に扱われていますね。人類学に思い入れがないというか。ポスト構造主義を超えるというとき、それはやはりポストモダンでもあったわけで、ポスト構造主義よりもさらに近代を超えていくぞという意識があるべきだと思うわけですが、それはブラジルの人類学者ヴィヴェイロス・デ・カストロにもあると思います。そちらの方はセールの弟子筋でもあるラトゥールから来た流れもあります。彼らの話は先ほどのインターセプトの話なのですね。パースペクティブの「中心」になる〈目〉を動物と奪い合うのです。そしてその可変的なボールを持っているという状態が、拡大された意味での「人間」なんです。とりわけヴィヴェイロスは、アメリカ・インディアンの話から、目や肛門などの器官を奪い合っているというような世界像を出してくる。

千葉　ある種のパースペクティブ主義ですか？

清水　ヴィヴェイロスはそれをモロに「パースペクティヴィズム」と呼んでいます。しかし一般的にパースペクティブ主義というと、ひとつのモノがあっていくつかのパースペクティブがあるみたいな感じですが、そうではなく、パースペクティブを持ちうる立場自体がもう可変的なボールのようになっていて、それを奪い合っている、という感じです。そしてややもするとすぐ他人のパースペクティブに引き込まれてしまうというのです。奪われてしまって、それに組み込まれてしまう。そういうある種の挫折を考えているわけです。

千葉　なるほど。しかし……僕と清水さんに共通の問題意識があるのは確かなのですが、清水さんが巧みに僕の議論を清水さんの世界観に取り込んでいくことにやはりどうも違和感がありますす(笑)。その核心は、多における相互性や往還やフィードバックといった事柄への違和感かもしれません。僕の場合は、複数の一方向がいたるところですれ違っているというヴィジョンで考えたいのだと思います。

清水　他者を世界観に取り込んでいくというのは、まさにパースペクティヴィズムなんですが(笑)。おそらく千葉さんはメイヤスー的なんですね。

千葉　そうかもしれません。そこがリア充じゃない感じなんですよ（笑）。

清水　僕には限定されたなかにいかに否定性を持ち込むかというテーマがあって、そこで考えているのはひとつには西田哲学なんです。「個は個に対して始めて個である」という考え方があって、個を否定するものとしての残余を出してロジックを作り、そうした残余を対象論理的に語ったらおしまいだ、とするのが西田の考え方です。個自体が否定性を持つ関係を現実的関係として見ようということですね。だから、多と一の関係をまず考えてしまって、一から多も考えないし、多から一も考えないのだけれど、両者をペアで考える。一の多にあらず、多の一にあらず、をループさせながら考える西田をタイムラグつきで読み直し、西田が晩年にライプニッツ的なところへ落としていこうとしたラインを継承しようというわけです。西田はインターセプトの否定性もあるけれど相互性もそこから出てくるような世界像を考えようとしました。それは一種のポイエーシス論だったのですが、それをもっと普遍的な形で洗い直して読み込みたいというのがあるのです。普遍と個の関係というのは、通常は大きくて包摂的なもののなかから特殊を経てだんだん個が出てくるという、いわゆるツリー状のモデルになっていく。木の枝の先として個が出ているという話ですね。そうすると個同士＝枝先同士ですから、触れ合えないし、離れていく。それはおかしいだろうと西田は考えます。現実の世界においては、先同士が接触し合ったり、否定し合ったりしていなければおかしいではないか、と。そこでいったんもう少し包摂的なところへ戻ると、個同士が並存的に角突き合わせている状況が考えられるし、個体＝主語、普遍＝述語とした場合に、それが述語のエリアなんだということですね。

セールのライプニッツ主義を補強し、また否定性にまつわるその独特のロジックを使ったうえで、このようにさらに西田の方からも理論を補強していけば、ポスト・ポスト構造主義に関してもフランスでなされている議論よりもっと強い論理が作れるのではないかと思っているのです。

千葉　僕の場合、一方通行の、すれ違いのテーマはどこから来ているのだろう。

ハーマンに関しても、確かにアクター・ネットワーク論から影響を受けているにしても、彼の原着想は、オブジェクトがそれぞれ閉じたプライバシーを持っていてバラバラに乱立しているという、すこぶる単純なことですね。彼によれば、オブジェクトにどのように関わるにしても、オブジェクトはその諸関係から逃れるプライベートな内奥を有しているとされる。ところで、関係の奪い合いが起こっている状況で、奪い合われている媒体のプライバシーはどう考えられるのでしょう?

清水　奪い合っているものがボールなら、ボールが孕んでいる多様性を考えます。セールの『自然契約』でも中心化する問題なのですが、そこではボールが「自然」なんですね。それに対して科学者集団なり何なりが色々なアプローチをすることの相互牽制があって、そのなかで初めて自然の色々な側面が徐々に出てくるという考え方です。逆に言うと、そういう言い方をしないと自然の多様性は導き出せないというのがセールの考え方です。「自分こそが自然に耳を傾けたのだ」と言い切ってしまうのはショートサーキットで、悪しき独善です。たとえばホッブズ－ボイル論争などをめぐってエディンバラ学派とラトゥールの関係についても本で書きましたが、それはやはり複数と多の関係で考えた方が、中軸になっているメディウムの多様性も出てくるということです。

千葉　様々な他者が、ある事物（ボール）の豊かさを異なる面から引き出していくのですね。しかしハーマンの着想のポイントは、オブジェクト個々の絶対に払拭されない孤独を認めているところで、この独特の感性、オブジェクト指向の感性論が気になるのです。これは、他者の到達不可能性を言おうとするフランス的な他者論に似ています。レヴィナスの「全き他者」は、唯一神と不可分ですけれど、僕の読みでは、ハーマンにとってオブジェクトは、脱‐ヒューマニズム化され、そして複数化された「全き他者」でしょう。冷蔵庫もメロンも「全き他者」である、と。

清水　それは極端と極端をつないだ議論で、複数性の問題を考えるには、抽象的であってあまり具体的ではないですよね。ハーマンの方が中間というか、具体的です。

千葉　ええ、そうなのですが、しかし、くりかえし強調するとハーマンの初発の関心は、事物の絶対の孤独なんだと思うんですよ。このテーマは、「事物の有する多様性が色々な関わりにおいて引き出される」という豊かさのディスクールに抗しているのではないか。オブジェクト個々の散在としての世界を、アクセス、アクションの及ばない別々の秘密の散在として考えているように思われます。これが、従来の関係の哲学にぶつかる、ハーマンに独特の感性ではないか。僕はそこに豊かさのディスクールではない哲学を感じ取っていて、そのことの意義を考えています。

清水　やはり感性でしょうかね。

千葉　ポスト・ポスト構造主義では、哲学のエステティクスの変化が起こっているのかもしれません。僕はそこに反応しようとしている。ハーマンが示しているような孤独のテーマや、極端なニヒリズムにもなりうるメイヤスーの偶然性のテーマをドゥルーズのなかにすでに読み込めるというのが、僕の議論のポイントです。

清水　それを課題として読み込んでいって、ハーマン以上の魅力を出しているということは確かにその通りですね。ただ僕は関係束と複数の項の関係がたんなる足し算、つまり構成要素とその綜合になってはいけないという気持ちがあるのです。個の話が大事だということもわかるし、エステティクスとしても、文学的な意味でも感じるところはあるのですが、ただそれを有限なる綜合とその挫折の物語にしてしまうと、文字通りそれはキルケゴール的な絶望の物語になる。千葉さんがその中間をあえて言おうとしていることもわかるのですが。

千葉　もう少し多様性の話を続けると、先ほどのインターセプトのし合いというのは、やはり球技をやっているイメージなのでしょうか。僕は球技が苦手だし、乗れない感じなのですが（笑）。

清水　集団スポーツが好きじゃない？

千葉　大嫌いですね（笑）。個人的なことで恐縮ですが、球技をやっていて乗れない感じ、どうしてみんなでひとつのボールを追いかけているのかわからないという感じが僕の根底にあります。「空白の枡目」をめぐって椅子取りゲームをしている構図の魅力がさっぱりわからない。そういう意味で、空虚な椅子＝貨幣だとすると、貨幣をめぐって組織されるファルス的な男社会の「成り上がっていこう」ゲームも、まったく理解できない。ボールを複数化することしか考えられないわけです。

清水　ボール目がけてみんなで一斉に走っていってしまうのは子供のサッカーですよね。大人のサッカーはボールを取ったとしてもそれを仲間のプレイヤーの方に巧みに拡散させていく。ただ確かに、ホッブズにしてもスピノザにしてもラカンにしても、社会論や欲望の心理の分析はひとつの椅子を取っていくゲームをモデルにしていると思います。ちょっと違うのはルソーで、彼の「自然人」はバラバラに森にいるわけです。その他は基本的に社会のなかでひとつの椅子を争っている構図で考えている。それをなんとか変えられないかと思ってあえてそういうモデルを出しているのです。ボールはあるのだけれど大人のサッカー、というか。

千葉 わかります。ひとつのボールだけでなく、潜在的なボールがあちこちにあるということになるし、アクターが実はボールに成り変わっており、いたることでインターセプトがなされている。

僕も「大人のサッカー」の魅力は分からないでもないのですが、それにも乗れないところがありますね。そもそもゲームに乗るということ自体に違和感がある。

清水 闘争的ではないですよね。

千葉 僕も攻撃的になることがありますが（笑）、それは、競争や闘争に巻き込もうとする人間を拒絶するタイプの攻撃性です。ドゥルーズ的な不動性——たとえ出歩いたとしても、映画に行って、椅子に座ってファンタスムを観ているだけというような——、ああいうメンタリティに対する共感。他方、セールはあちこち旅行しまくって、「動く人」なんですよね。南の屈強なセールの動きまわる哲学。

清水 僕の本のなかにも「ザイルで登山するセール」という写真があるのですが、五〇歳を超えてまだあんなことをしている（笑）。

千葉　セールはフランスですごくポピュラーな人気があるんですよね。おそらくフランス的な充実感の何事かと、セールは不可分なところがあるように思います。

「飛ばない飛行機」

千葉　日本でここまでセールにコミットしているのは清水さん以外にいないのではないですか。どういうところに惹かれたのでしょう？

清水　僕は元々インド哲学が好きでした。中学校に上がる前からです。『ラーマーヤナ』の翻訳を阿部知二さんの名訳で何度も読みました。その頃から『バガヴァッド・ギーター』や仏典も読みましたが、哲学と詩がミックスされた世界が好きなのですね。セールを最初に読んだのは二〇歳のときです。そのとき、「ドゥルーズやデリダじゃダメだ！」と思ってしまった。

千葉　その「ダメだ」という感覚の決定的なところはどういうところですか？

清水　『差異と反復』でたとえばヘーゲルとライプニッツを一緒に論じていたりするところと、セールがライプニッツを論じているところを見ると、やっぱりセールだと思いました。すべてのモナドとただひとつの調和的な世界が相互に前提し合っているようなものとしてしか、ドゥルーズはライプニッツを捉えていない。そのベルクソン主義とも相まって、当時の僕には「ドゥルーズのように差異性を語りつつスパイラル状にズルズル続いているものはダメだ。それを断ち切らないとダメだ」というふうに思われたのです。一方でセールは同じライプニッツに依拠しながら『コミュニカシオン』で、複数のアナクロニックな時間的連結が遍在し、星座のようにバラバラに散らばっている「天空のような」モデルによって科学史を考察しようとしていた。その構想に惹かれたのですね。もうセールしかないと。もちろん漠然とした直感でしたが、いま考えると意外に当たっているところもあるのかもしれない。

千葉さんはどうしてドゥルーズを？

千葉 高校のとき、普及し初めのインターネットで、匿名のチャットに夢中になったことがあって、そのときにリゾームという言葉が響いたのですね。家族や地元に根ざした自分のアイデンティティから逃れ、それこそ「減算」された存在としてネットの世界に入り、そうした「貧しい」者たちに一時のつながりができる。そのつながりが、訳もわからず切れる。翌日に突然、いままでチャットルームにいた人がいなくなってしまったりする。どこに行ったかわからない。そういうことに、抒情性のような感じを得ました。つまり、ヴァーチャルなリゾームの非意味的切断に……何と言ったらいいか、ある種の美なのか崇高なのか、ここはまだよく考えていないのですが、ともかくもエステティクスの問題を感じ取ったことになります。非意味的切断のエステティクス。この問題をずっと抱えていることが、世界が偶然に途絶することはありうるというメイヤスーの議論に惹かれたひとつの背景なのでしょうね。

清水 メイヤスーってけっこうデカルトに近いのではないでしょうか。

千葉 小泉義之さんも一七世紀哲学の匂いがするとおっしゃっていました。

清水　いわゆる永遠真理すら神の被造物であって、神によって変更されうるとしたデカルトの永遠真理被造説と通じるところがあって、メイヤスーの問題意識そのものが、日本で言うと意外とデカルト・スピノザ研究の福居純さんに近いのかもしれない。

近世哲学ですでに出てきたパターンですが、現代の哲学においてもやはりスピノザ的に大いなる連続性を語るか、デカルト的に不条理な切断まで考えようとするか、ライプニッツ的に異なる理論の軸足を空間的に複数並存させるか、の三通りの方向性が考えられるのではないか。現在では、切るとメイヤスー、並べるとハーマン、と考えられそうですが、さらに哲学史のなかから色々と着想を得て縫い合わせたりもできそうです。その結果どうかするとグロテスクな世界像が出てくる可能性もありますが、千葉さんはメイヤスーたちよりももっと美学的なのかもしれないですね。今日話したことも美学的なところで考えられているような感じがあります。

千葉　そうですね、稲垣足穂から出発しているということもあります。高校のときに足穂論を書いていたことが、批評と哲学へ向かったきっかけでした。

清水　「飛ばない飛行機」が好きなんですね、きっと。アジャンスマンが変わるということが、用途を失うとか、飛ばなくなるとか、「トマソン物件」になるとか、そういう世界なのですね。

千葉　以前、クリスチャン・ラッセンの俗っぽい海の絵について書いたのも、あれを「トマソン物件」の類として鑑賞しているのに近いかもしれませんね。

清水　廃墟とかはどうですか?

千葉　いや、廃墟趣味ではないんです。澁澤龍彦みたいな、秘められたものへ向かうみたいなのは、違いますね。足穂の場合に重要なのは、都市のささいな部分に惹きつけられ、そしてすぐ忘れてしまうといった、奥行きのない断片的な経験です。

清水 足穂の目的論的なものの挫折のテーマとか、現代的ですよね。あそこからメイヤスーに行くというのは、なるほど、面白いですね。

千葉 足穂は、映画のことにしても、持続よりむしろ切断ですね。フィルムの切れ端。足穂の好きな映画は、日露戦争の記録だったか何か、兵士が突然一斉にやられてバタバタっと倒れるシーンが短く流されておしまいとか、そういうものでした。

清水 『一千一秒物語』もブツブツ切れて。

千葉 メイヤスー的な世界の瓦解かなという気がしますね。文字通り、一千と一秒のところでの瓦解であり、忘却である。

ハーマンは、オブジェクトの孤独を強調しますが、それは、オブジェクトに秘められた無限のポテンシャルを言いたいという欲望とセットであって、豊かさのディスクールになっている。対して僕は、むしろ貧しさのディスクールを工夫してきたわけです。おそらくそれは、足穂的な表層性、断片性のテーマと連関している。

清水 個の問題に再び戻ると、たとえば少年期に三島由紀夫の文庫本を手に取ってみても、異常な心理や異常な犯罪について克明に書いてあったりして、それが面白かったんですよね。心理学や社会学といった大きな括りではなく、そういう異常な個の物語を読んだ方がより深く何かがわかるという意識がないと文化としてダメだと思う。

千葉　僕は「浅さに関して深い」作品が好きなんです。この観点から言うと、現代の文化状況に対しては、アンビヴァレントな気持ちがあります。きわめて浅薄な文化商品がマスに生産され、それらに囲まれて生活をしていると確かにバカになるわけですが、そのバカになることにある種の美を感じているところがある。言い換えると、現代の徹底的にスカスカになった都市生活こそ足穂化に他ならないと思うところすらあるのです。僕はそういう感じで都市を享楽していますね。

清水　いい感じで堕落してますね（笑）。でも実際に生きている人たちは表層だと思っていないですよね。

千葉　このスカスカの現代を充実したものだと思って生きていたらそれはただのバカであるわけで。

清水　セール論をやっていて思ったのは、先ほどの椅子取りゲームの話もそうだけれど、色々なものの文化的な理解の根幹はかなり古くから変わっておらず、それが様々な領域を覆っている。今日に至るまで色々な近代憲法が主張していることも、ホッブズから何も変わっていないとも言えるのではないか。もしああいうものが変わってくると、ドミノのように全部が一気にバーッと変わっていくのではないかという期待があるのです。たとえば外的なオブジェクトを媒体にして起こる「間接的創発」を視野に入れ始めている最近のロボティクスの動向などを見ても、複数の要素の競合が、たんなる奪い合いとしてではなくより具体的に考察されており、それが認知の構造自体の解明に寄与している部分がある。そもそも生命現象を入れ子的な創発システムとして見る立場そのものに、そうした複雑な競合関係への眼差しがある。そんなふうに自然科学の分野で起こっていることも睨みつつ、人文科学も「こうじゃないといけないよ」ということを考えたい。そうすると、やや話が全般的になって、実存だとか個だとかエステティクスという意味ではちょっと曖昧になってしまうのですが。

千葉 僕にとっての課題は、エステティクスの問題をどう社会性につなげるかなのだと思います。

清水 社会的文脈で発言している人もたくさんいるなかで、ノンポリ的に見えてしまう。

千葉 ええ、そう見えるかもしれないとしても、政治性はあるわけですよ。「合意」や「透明な公共性」をベターに成立させていくというよりは、いわば「飛ばない飛行機」をいかに社会のなかで擁護するか。なかなか難しいことですが。

セール的な観点からの学問論に対しては、諸学の連繫の建設性から外れて思考することの肯定を、くりかえし強調する必要があると思います。

清水 個の居場所を個の理論のなかでどう作るかですね。

千葉 ライプニッツ的な学際活動はそれはそれでいいし、僕も参加していますが、個によって煮詰めるしかない思考を、たとえ「飛ばない飛行機」になるかもしれないとしても、社交性によって溶解させてはならないという思いを強くしています。

清水 ものすごく逆説的なことですよね、個が知に、あるいは学になりうるというのは。セールは自然科学でやっていることと文学でやっていることはつながるとはっきり言い切ってしまっています。ゾラやモーパッサンのような作家がやっていることは自然科学の営為とつながってしまうのだ、と。それは相当危険なことを言っているわけですが、たとえばメイヤスーのマラルメ論があって、足穂があって、あるいは千葉さんの本があって、そして僕は僕でこの本のようなことをやって、こうした多方面での試みがまったく異質のものとしてでなくミックスされていくと、多少状況が変わっていくのかなという気はしています。

そういえば、文学について語るセールには、穴に落ちるとか、「転落」のテーマがあるのでした。それから「跛行」のテーマも。何か別の空間に落ちていくというテーマを文学のなかに読み込んでいく。その背景にはルクレティウスやウォルカヌス神話など、色々あります。こういうところをさらに論じていくと、もっと近くなるかもしれないですね。

僕はしかしもうひとつ、ポスト構造主義とクリアに線を分けたいという気持ちがあります。先ほど出た相互性など、そのあたりできっちりと理路を分けて、離散性を哲学的に定義する。いざとなれば西田哲学からアイデアも持ってくる。そういう感じで僕は考えています。

3

思弁的実在論と新しい唯物論

×岡嶋隆佑（おかじま・りゅうすけ）

1987年生まれ。慶應義塾大学大学院文学研究科哲学専攻博士課程単位取得退学。同大学通信教育部他非常勤講師。論文に「ベルクソン『物質と記憶』におけるイマージュ概念について」（『フランス哲学・思想研究』22号、pp.100-111、2017年）など、訳書にグレアム・ハーマン『四方対象』（監訳、人文書院）、カンタン・メイヤスー『亡霊のジレンマ』（共訳、青土社）がある。

千葉　これまで『現代思想』では、カンタン・メイヤスーやグレアム・ハーマンといった、いわゆる「思弁的実在論 Speculative Realism」（以下SR）あるいは「思弁的転回 Speculative Turn」の哲学者を日本へ紹介してきました。[1] 僕も含めて対談でも何度か言及しています。今回は、SR周辺の論点について、人物・テクストの紹介をしながら話したいと思います。お相手は、慶應義塾大学大学院でベルクソンを研究しつつ思弁的転回の観点も導入している岡嶋隆佑さんです。まず、岡嶋さんがSRの状況をどのように把握しているのかということから、お話いただけますか。

岡嶋　ではまず、いまSRと呼ばれている動向がそもそもどうやって始まったのか、という話から始めましょうか。中心人物であるハーマンの回想録によると、[2] もともとアラン・バディウの英訳者であったレイ・ブラシエが、[3] 二〇〇六年に、メイヤスーの『有限性の後で』[4] をハーマンに紹介したことがきっかけのようです。これに大いに刺激されたハーマンは、翌年、ブラシエと通じていた英国のシェリング研究者、イアン・ハミルトン・グラント[5] とともに、ゴールドスミス・カレッジでワークショップをオーガナイズします。これをもって、SRなるムーブメントの開始時点とし、メイヤスー、ブラシエ、ハーマン、グラントの四人をその初期のメンバーとするのが現在では通例となっていますね。それぞれの思想的背景として、メイヤスーにはバディウ、ブラシエにはセラーズなど、ハーマンにはハイデガー、グラントにはシェリングを、まずはそれぞれ念頭に置くことができるでしょう。

さて、この二〇〇七年、イギリスで始まったムーブメントは、まずは主要媒体 *Collapse* などによって、英語圏で、比較的若手の大陸哲学研究者たちに受容されたわけですが、その後各国に紹介され、現在では、狭義の哲学に限らず、芸術や政治哲学など、多方面に普及しています。とりわけ大きな流れとしては、SR以前に、すでに九〇年代半ばから発展しつつあった、「ニュー・マテリアリズム New Materialism」（以下NM）との合流を挙げることができるでしょう。実際、今年（二〇一四年）半ばに刊行された『思弁的実在論——問題と展望』[6]で、政治哲学を出自とする

（1）思弁的転回という呼称は、次の論集の題に見られる。この論集の pdf は無償配布されている。*The Speculative Turn : Continental Materialism and Realism*, eds. Levi Bryant, Nick Srnicek and Graham Harman, re. press, 2011.

（2）次のメイヤスー紹介の「思弁的実在論」の項目を参照。Graham Harman, *Quentin Meillassoux : Philosophy in the Making*, Edinburgh Universtiy Press, 2011.

（3）Ray Brassier（1965-）は、レバノンにある、ベイルート・アメリカン大学准教授。『有限性の後で』の英訳者でもある。主著として、*Nihil Unbound : Enlightenment and Extinction*, Palgrave MacMillan, 2007.

（4）Quentin Meillassoux, *Après la finitude*, Seuil, 2006. 二〇〇八年に英訳が出版された際、議論の補填（第一章後半）がされ、二〇一二年に出た仏語第二版ではそれが反映されている。（カンタン・メイヤスー『有限性の後で——偶然性の必然性についての試論』千葉雅也・大橋完太郎・星野太訳、人文書院、二〇一六年）

（5）Iain Hamilton Grant は、西イングランド大学の上級講師、主著として、*Philosophies of nature after Schelling*, Continuum, 2006.

（6）Peter Gratton, *Speculative Realism : Problems and Prospects*, Bloomsbury, 2014. メイヤスーの議論を中心に、ここに挙げた論者たちの主要な概念・理論がコンパクトに紹介されている。雑な部分もあるが、それも含めて、現在のSRの概観を得ることができる。

著者のピーター・グラトンは、NMの代表的な論者であるジェーン・ベネット[7]を、SRの初期メンバーと一緒に紹介しています。

こうしたわけで、成立の経緯に比べ、いま現在SRとは何かという定義の問題は、正確に答えるのが難しい状況にあります。グラトンは、（メイヤスーによる）相関主義批判への大筋での同意、というかつてのハーマンが提案した案を踏襲して、現在そうした定義に当てはまる論者として、いま紹介した人々に加えて、ジェンダー研究で有名なエリザベス・グロス、またすでに多くの邦訳書のあるカトリーヌ・マラブー[8]の名前を挙げています。しかし、当初の四人から大きく拡大してしまったいま、そうした定義がどれほど有効かはわかりません。

千葉　狭義で言えば、当初の四人と彼らの影響を受けた人々（しばしばブログを書いている）がSRの中心ですね。グラトンの見方では、最近の実在論／唯物論的傾向の人々を大きく括っていますが、SRにマラブーまで入れるのは違うでしょう。とはいえ、メイヤスーとマラブーは共にヘーゲルを足場にしていますね。こうした新傾向のガイドブックとして早かったアレクサンダー・ギャロウェイ『新しい実在論者たち』では（その元になった講演は二〇一〇年[9]）、メイヤスーと並べてマラブーや、近年再評価が盛んなフランソワ・ラリュエルも含めていますが[10]、この場合では「実在論」を広義に使って（つまり「思弁的」を付さずに）、言語・テクストからモノへという流れ——デリダ亡き後の——を想定しているようです。

岡嶋　そうですね。ハーマンのプロデューサーとしての手腕もあって、あまりに拡大してしまっている。たとえば、メイヤスーもフランス国内では、『有限性の後で』の出版当時はもちろん、英訳が出版された後も、ほとんど評価されていなかった。それが最近では逆輸入されて、宗教研究雑誌 *ThéoRème* で特集が組まれるまでになっている。

千葉　相関主義批判がSRに共通のテーマだというのは、多くのSR論でそう書いていますね。今年 *ThéoRème* は「思弁的実在論——無神論とメシアニズムの間で」という特集でした。(二〇一四年)のもので、冒頭では「本誌は流行を追いかけるものではないが、神に関するメイヤスーの議論は真剣な検討に値する」というような但し書きをしていた。

岡嶋　隣のドイツでは、ボン大学の哲学教授に弱冠二九歳で就任したマルクス・ガブリエル[11]が、

(7) Jane Bennett (1957-) は、ジョンズ・ホプキンズ大学教授で、専門は政治理論。以下の著作はNMの主要文献とされている。Jane Bennett, *Vibrant matter : a political ecology of things*, Duke University Press, 2010.

(8) すでに多くの邦訳があるマラブーであるが、以下にあげる最新の著作で、カントのテクストを詳細にたどりながら、「超越論的なものの後成説 (épigenèse)」を擁護しつつ、時間という観点から、メイヤスー批判を展開している。Catherine Malabou, *Avant demain : Épigenèse et rationalité*, PUF, 2014.(『明日の前に——後成説と合理性』平野徹訳、人文書院、二〇一八年)

(9) Alexander R. Galloway (1974-) は、ニューヨーク大学准教授、メディア理論の著作が多い。『新しい実在論者たち』は、ギャロウェイが二〇一〇年に行った連続講演 "French Theory Today : An Introduction to Possibe Futures" (その英語のテクストは無償配布されている) を元にした仏語版の論集である。Alexander R. Galloway, *Les nouveaux réalistes*, trad. Clémentine Duzer et Thomas Duzer, Léo Scheer, 2012.

(10) François Laruelle (1937-) は、元パリ第一〇大学教授、哲学者、独自の「非哲学 non-philosophie」で知られる。主な著作に、François Laruelle, *Principes de la non-philosophie*, PUF, 1996.

(11) Markus Gabriel (1980-) は、狭義にはドイツ観念論を専門とするが、すでにオリジナルな著作を多数出版している。とくに次の著作は、哲学書としては異例のベストセラーでもあり、複数の翻訳がある。Markus Gabriel, *Warum es die Welt nicht gibt*. Ullstein, 2013.(『なぜ世界は存在しないのか』清水一浩訳、講談社選書メチエ、二〇一八年)

論集 *Speculations* に寄稿したりしています。自分の立場は「新しい実在論」だとも言っている彼は、メイヤスーの議論を踏み台にしていたりしますし、シェリング研究者でもあるので、グラントともつながりがあるようです。そうした流れもあって、ドイツにも、SRの紹介と翻訳がされていますね。

千葉　二〇一一年にパリのエコール・ノルマル・シュペリウールで、メイヤスーは『有限性の後で』をふまえた講演“Répétition, itération, réitération”を行いました（その英語版は二〇一二年にベルリン自由大学で発表）。これは正式にはパブリッシュされていませんが、相関主義批判の再定式化をした上で、メイヤスー流の記号学を試している重要なものです。また、はっきりハーマンへの批判を言ってもいる。

岡嶋　総合すると、いま現在、思弁的実在論者を自称しているのは、ハーマン周辺の人々くらいで、SRなるものは、彼らを中心に、周辺部に拡がっていくように色々な人が位置づけられていくといった括りでしかない、ということになるでしょうか。

千葉　そして英国という媒介。いわゆる「フレンチ・セオリー」の更新を、グローバル英語圏へ向けて英国が媒介している。SRの最初のワークショップはロンドン大学のゴールドスミス・カレッジだったわけで、またその後、ナンテールの所属だったマラブーも、ロンドンにあるキングストン大学ヨーロッパ現代哲学研究センター（CRMEP）に教授として移籍した。このセンターには、やはりナンテールを退職後のエチエンヌ・バリバールもいるし、ドゥルーズの弟子、エリック・アリエズもいます。

ゴールドスミスのSRワークショップで司会を務めたのは、同校の社会学部に所属するアルベルト・トスカーノでした。彼はバディウ『諸世界の諸論理』の英訳者で、マルクス主義の理論家です。ブラシエもバディウの英訳者でした。この点から言うなら、デリダ／ドゥルーズに代表される前世紀末のポスト構造主義から、存命のバディウを支えにしてデリダ／ドゥルーズ以後（のポスト・ポスト構造主義）へ、という動きでもある。

オックスフォードやケンブリッジのように分析的伝統が主流であるところ、ではない大学からSRの提案が起こってきた（ハミルトン・グラントは西イングランド大学）。SRは二方向に差別化を図っているように見えます――すなわち、英語圏でメジャーな分析的伝統の（論理‐数学的）規範から距離をとり、かつ、テクスト解釈に淫する従来の大陸系人文学に比べるならもっとアーギュメント提起的な態度によって、という第三の道です。

岡嶋　テクスト研究は日本の哲学研究でもオーソドキシーとしてあると思うのですが、たとえば、論集『思弁的転回』の冒頭では、それは専門的すぎる、閉じこもるのはやめよう、というスローガンが暗に示唆されているように思います。

千葉　SRにはテクスト主義への反抗という面がありますが、とはいえハーマンはハイデガー論から出発しているし、古典の読み直しがないわけではない。総じてSRに、実証主義にしても脱構築にしても「テクスト・クリティークこそ人文学の本分である」というような傾向に嫌気が差している雰囲気があることは否めないでしょう。

岡嶋　そうですね。ただ、僕自身はそうした雰囲気にはまったく同意できないです。確かに、個別の研究対象だけで話が閉じてしまうのは残念ですし、その点で、文脈や領域を限定せずに、事柄として、色々な問題を取り上げよう、という彼らのモチベーションは理解できるのですが……。

千葉　SRはそれぞれのアイデアを明確に出そうとする点が清々しい。

岡嶋　その観点とテクストを精読するという観点は反するものではないと思うんですよ。ここまではテクストから言えるけど、自分はそれ以上のことを言いたい、だから、そこは修正する。そう書けばいい。当たり前のことだと思うのですが、現状SRやNMには、批判者も含め、玉石混淆状態で、そうしたことをまったく無視しているようにしか見えない論者も散見されますよね。

千葉　僕もそう思いますよ。ところで、英語圏のいわゆる「フレンチ・セオリー」のポスト構造主義理解では、デリダの磁場がきわめて大きい。『グラマトロジーについて』の衝撃です。つまり、「すべてはテクストである」、「すべてはテクスチュアルな解釈の戯れを通してしか考えられない」という姿勢ですね。SRは、デリダ的テクスト主義をポスト構造主義の主流として捉え、それに反発する、というトーンを帯びているように思う。

そこで、デリダ派 vs ドゥルーズ派の対立になる。ドゥルーズ派はテクスト主義ではないということになっている。こういう構図が一因で、SRはデリダよりドゥルーズに結びつけられる。アカデミアの政治に関連したことでもあるでしょう。すなわち、「言葉は多様に解釈できるし、あらゆる学問は言葉を使う」ということをもって、文学・批判理論、すなわち英文学科・比較文学科などを実学化や理系化のプレッシャーに抗して延命させるために、ポスト構造主義＝もっぱらデリダ派を支えにする、というような。もちろん分析哲学への抵抗でもある。つまり、言葉をどう使うか＝レトリックの、それ固有の取り扱いをいかに延命させるか。その後にいま、新種の実在論や唯物論が出てきている。分析哲学でも、実証科学でも、レトリック＝従来の大陸系でもないが、しかし人文学であるという第四のポジション、これこそをSRやNMが後押ししているように思われます。ですから、SRやNMは、突き放して見るならば、文学部的なもののポスト・デリダ的なアップデートであると言えそうです。

かつてデリダは「テクストの外部はない」と喝破したわけですが、英語圏においてそれは「英文学科の外部はない」に変換されたとある人が皮肉を言っていました。対して、テクスト外の実在を対象にするメイヤスーの哲学は、文学部＝テクスト主義の安心感を揺さぶるかもしれない。[12]しかしそうでしょうか。むしろ、文学部で語るべきことを増やしてくれたんじゃないですか。テクスト外の実在に、分析哲学でも実証科学でもなくアクセスし、かつレトリックでもない、という新しい語りの権利要求をしているのだとすれば。

テクスト vs テクスト外の実在という対立が、英語圏では、デリダ派 vs ドゥルーズ派の対立に重ねられている。また、批評理論やフェミニズム、クィア研究の文脈では、それがジュディス・バトラー派とそれ以外のとりわけドゥルーズ系の人たちという対立に重なる。バトラー派がジェンダー／セクシュアリティを、人間の、主として言語実践におけるコンフリクトの分析で扱ってきたのに対し、身体・物体をどう考えるかというマージンが問題にされてきた。もちろんバトラー

（12） Christian Thorne, "Outward Bound : On Quentin Meillassoux's After Finitude," *Speculations*, III, 2012, pp. 274–275.

自身もそれを課題に含めていますが、非言語的な次元をメインにしたいという傾向が、九〇年代からすでにドゥルーズ派のフェミニストなどにあって、NMの根っこになっている。ロジ・ブライドッティ[13]などですね。

NMには、ダナ・ハラウェイの議論も関与しているように思われます。サイボーグ論以後、ハラウェイは、犬との共生について本を書きました[14]。人間の言語実践ではなく、というかそれに加えて、身体と身体の出会いの諸相を問うている。概してNMでは、ドゥルーズ＝スピノザ的な身体論、すなわち「身体は何をなしうるか」を語ること、さらに言えば、その豊かさを語ることが目立つように思われる。こういうNMの傾向に寄せてSRを捉える場合もあるようですが、僕としては区別していて、SRの方には、ニヒリスティックに人間のいない世界を考えてみたいという徹底的な人間疎外への欲望があるように思うんですね。これはブラシエに色濃い。SRにはホラーやSFの研究も絡んでいる。対して、NMの方では、人間と非人間が「共に」どうこうする、という「共」の求心力が強いように思います。

SRの少なくともオリジナルメンバーは、NMから自分たちを分けたいでしょうね、おそらく。しかし、NMの側はSRを取り込みたいように見えます。

岡嶋 New Materialism という名称は、ドゥルージアンで『現代思想』にもいくつか翻訳がされているマニュエル・デランダが一九九七年[15]に使い始めたのがきっかけのようです。同名の論集[16]では、いま名前が挙がったブライドッティとデランダに並べて、メイヤスーのインタビューをとっていますから、確かにそういう傾向はあるのだと思います。二〇一二年に出たその論集冒頭では、現状のNMの「新しさ」は、アイデアというよりもむしろ領域横断性にある、といったことが示唆されていますね。

千葉　繰り返しになりますが、その「新しさ」には、ポスト・デリダのポスト・ポスト構造主義というトーンがあるように思いますね。デリダ、およびポール・ド・マン以後をどうするか、です。ド・マンは「文字の物質性」という論点を提起していました。それを、文字（さらにテクスト）において間主観的に意味作用が作動する（作動させられる）際に、同時にその意味作用から逃れる非意味的な「それ自体」の位相が文字にはあるという、だいたいそういった事柄であると理解しておくと、ド・マン的な物質性は、あくまでも人間の間主観性のシステムに相関する非意味性――いわば、人間の「裏箔」――である、という見切りをして、さらにもっと外へ！　という話にもなりうると思います。おおよそこういう意味で、NMやSRの観点からは、文字やテクストの物質性というデリダ／ド・マン的なテーマも十分に非人間的ではなかった、依然として相関主義的であった、と批判されるのではないでしょうか。

（13）Rosi Braidotti（1954-）は、ドゥルーズの影響を受けている哲学者、フェミニズム理論家。主な著作に、Rosi Braidotti, *Nomadic Subjects : Embodiment and Sexual difference in Contemporary Feminist Theory*, Columbia University Press, 1994.

（14）Donna J. Haraway, *When Spiecies Meet*, Minnesota University Press, 2007.（ダナ・ハラウェイ『犬と人が出会うとき――異種協働のポリティクス』高橋さきの訳、青土社、二〇一三年）

（15）Manuel De Landa（1952-）は、『現代思想』誌にもいくつかの邦訳が掲載されている、哲学者（メディアアートなど他領域でも活躍している）。NMの出発点と言われる著作として、*A Thousand Years of Nonlinear History*, 1997.

（16）Rick Dolphijn and Iris van der Tuin (eds.), *New Materialism : Interviews & Cartographies*, University of Michigan Library, 2012.

ところで、NMに対しては、*The Red Critique*というウェブ・ジャーナルで、マルクス主義フェミニズムからの批判を見つけました。NMが主張するモノ＝非人間のポテンシャルという話はあまりに抽象的で、それでもって何をしたいのかわからない。結局、NMで言っているmatterなりmaterialは、社会のコンフリクトから目を逸らすための「ブルジョア的」概念にすぎないのではないか、という批判です。[17] むしろ、いまマテリアリズムと言うのなら、マルクスの唯物論に立ち戻るべきなのであって、つまりグローバル資本主義における不公正、カネの問題という意味での物質的問題をこそ考えるべきなのであって、ブルジョア的抽象論を云々している暇はないのだ、と。

モノそれ自体の豊かな／不気味なポテンシャル

岡嶋　哲学や社会的観点の他には芸術の方面への波及も見られますね。二〇一四年の台北ビエンナーレが、明確にSRやNMと関係するものであることは比較的話題に上がっていたかと思います。僕もちょうど台湾に行く機会があったので観てきましたが、一見して影響関係を見てとれる作品で溢れていました。[18]

これまでの話の流れで言うと、ニューヨークを拠点に活躍しているミカ・ロッテンバーグ[19]の映像作品はなかなか面白かったです。ロトの抽選という出来事を軸にした作品なのですが、ただ機械に抽選させるというのではなくて、抽選のプロセスに、月や氷河など、本来なんの関係もなさそうな媒体を介入させる。これだけだと、バタフライ効果みたいな話になってしまうのですが、彼女は人間の身体を強調する。たとえば、髪の毛を巻いたり、人の顔にクリップをはさむといった出来事を誇張しながら、抽選が行われるプロセスに組み込む。そうした様々な出来事は最終的に女性の超能力に集約され、ひとつの数字が選択される。まさに『メディウム・オブ・コンティンジェンシー』[20]としての身体、もっと言えば、偶然性を生み出す身体というわけです。

千葉　いまのお話は「オブジェクト指向存在論 Object-Oriented Ontology」（以下ＯＯＯ）の文脈に関係しますね。ＯＯＯはハーマンやレヴィ・ブライアントなどの立場で[21]――ハーマン自身はObject-Oriented Philosophy（ＯＯＰ）と言っています――、メイヤスーはそこには含まれない。ＯＯＯは最近、美術業界に絡んできていて、台北ビエンナーレにもその現れが見られるのだと思います。しかし、非人間的なオブジェクトがイニシアチブを取るというコンセプトが現代美術史に

（17）Julie Torrant, "It Is Time To Give Up Liberal, Bourgeois Theories, Including New Materialist Feminism, And Take Up Historical Materialist Feminism For The 21st Century," *The Red Critique*, 15, 2014.

（18）本誌にも寄稿のある池田剛介氏による紹介を以下で読むことができる。http://realkyoto.jp/article/report_ikeda-kosuke_taipeibiennial2014/

（19）以下のサイトで日本語での紹介が見られる。http://www.takeninagawa.com/past/2011/MikaRottenberg/MR_1_jp.html

（20）*Collapse* の出版元でもある Urbanomic 主催のイベントをまとめたもの。最近邦訳も出版されたため、ＳＲの芸術方面への波及について、日本語でアクセスできるものとして貴重な資料となっている。Robin Mackay (ed.), *The Medium of Contingency*, Ridinghouse and Urbanomic, 2011（『ザ・メディウム・オブ・コンティンジェンシー』カイカイキキ、二〇一四年）

（21）Levi R. Bryant は、コリン・カレッジの哲学教授で、ラカン派の精神分析家でもある。ブログ Larval Subjects で多く発言。Object-Oriented Ontology という名称は彼によるもの。Levi Bryant, *The Democracy of Objects*, Open Humanities Press, 2011.

おいて面白いかと言えば大いに疑問であり、そのことは仲山ひふみさんも指摘していました。関連する動きとしては、*Speculations* 誌の二〇一四年の特集「二一世紀の美学」があります。これはウェブで読めます。

強調しておくと、SRとOOOはイコールではない。メイヤスーやブラシエはOOOには入らない。ハーマンは二〇〇〇年代初めから、非人間のオブジェクトに立脚する哲学を現象学から発して構築してきました。僕としてはOOOを、デリダやドゥルーズによって動物が問題にされて以後の、動物から非有機的なモノへという他者論の拡張、たとえば、犬に加えて洗濯機も考えなければ、といった動きとして捉えています。ハーマン以外にも似た方向性の人がいて、代表的なのは、ブライアントや、ビデオゲーム研究者でもあるイアン・ボゴストなど。(22) SR／OOOの応用に関しては、メイヤスーやブラシエよりは、OOOを応用する動きの方が活発なように見えます。教育学に応用するとか、「オブジェクト指向文学理論」だとか……。

岡嶋　台北ビエンナーレのキュレーターは、「関係性の美学」のニコラ・ブリオーだったのですが、彼もOOOは支持するけど、メイヤスーには反対だ、という立場を取っていますね。人類が地質や生物などの環境に大きな影響を及ぼすようになったアントロポセンで問題になっているのは、人間が自然を支配するといった単純な図式ではない。人類全体の力が大きくなればなるほど、個人としての人間は身の回りの現実への無力さを感じるようになるという逆説的な事態なんだ、ということがステートメントで指摘されています。アートの文脈で言うと、これは、アンゼルム・フランケのアニミズム展などに対するアンチ・テーゼでもあって、人間の魂や意識をたんにモノや物質へと押し付けるだけの、一方向性を問題にするだけではダメで、モノと人間あるいはモノ同士の循環的な関係を問わなければならない、という主張です。

とはいえ、人間的な何かを即自の側に持ち込んでしまうという点では、メイヤスー的にはアニミズムと大差なくなってしまう。だからブリオーは強い相関主義批判は受け入れないわけですが、ちょうどこれはハーマンのメイヤスーに対するスタンスと同じだと思います。

千葉　メイヤスーのハーマン批判は、"Répétition, itération, réitération" のなかで明言されていますね。すなわち、ハーマンのオブジェクト指向哲学も相関主義のヴァリアントである。ハーマンによれば、オブジェクトはそれ自体としてそれぞれ無限に多様な力能を有するとされるのですが、この主張は実は、人間とモノとの多様な相関性をモノの側に投射して実体化しているにすぎない、といった批判です。

ハーマンはブルーノ・ラトゥールを参照していますが、OOOは、「アクター・ネットワーク・セオリー Actor Netwok Theory」（以下ANT）の人たちを巻き込んで、文化論の新しい流れを成している。日本では清水高志さんのミシェル・セール論がそれに近接した仕事ですね。OOOおよびANTは、デリダ／ドゥルーズ以後の「非人間の哲学」を文化論に実装する方法としてわかりやすいというか、人文系においてメジャーである「さらなる多様性へ」というようなスロー

（22）Ian Bogost は、ジョージア工科大学教授、ビデオゲーム・デザイナーであり研究者。哲学的な著作としては、Ian Bogost, *Alien Phenomenology, or What It's Like to Be a Thing*, University of Minnesota Press, 2012.

ガンに難なくフィットするのだろうな、と思います。

岡嶋　そうですね、ただそれと同時に、あらゆるモノ、オブジェクトを同じ水準に置いてしまうことへの批判もある。ハーマンは、ブライアントと同様、自分の立場をフラット・オントロジーと称していますが、たとえばアレクサンダー・ギャロウェイなどは、それでは規範や倫理を語れなくなってしまうのではないか、と言っていますね。SRの影響をほとんど受けていない日本にいると、そうした指摘は性急であるように思えますが、実際、先ほどのブリオーもこの流れを汲んでいますから、英語圏では実感を伴うほどには拡大しつつあるだと思います。

千葉　OOOはエコクリティシズムのような立場と結びつくでしょう。OOOはモノのざわめき＝他者性の肯定という話ですから、人間中心的にではなく、自然／人工環境の多様な観点や立場を大事にしようという倫理になるのではないでしょうか。この洗濯機もまた特異な他者として遇されるべきだ、というような。だとすれば、これは「ケア」の外延のインフレーションになるのかもしれない。

言い換えるなら、レヴィナス的な他者論の拡大のように思えるんですね。僕は『動きすぎてはいけない』でも、『現代思想』の連載「アウト・イン・ザ・ワイルズ」でも書きましたが、ハーマンにおける、それ自体に引きこもっているモノというのは多様な「全き他者」であって、実際ハーマンはレヴィナスも参照しているし、レヴィナスの英訳者であるアルフォンソ・リンギスも彼にとって重要な背景です。洗濯機も受話器も、人間に知りえない彼岸であり、この世界には非人間の彼岸が多様にひしめいているという話は、ヒューマニズムであるレヴィナス主義を脱ヒューマニズム化して拡張したものとして理解できる。ところでレヴィナスの議論では、他人の無限なる他者性に神性を見ていたわけですが、ハーマンの拡張されたレヴィナス主義としてのオブジェクト指向哲学は、もっと多神教的な感じがします。ハーマン的なオブジェクトは、洗濯機でも何でも、異教の神々みたいなものなのではないか。

岡嶋　他人との関わりのなかで、一定の規範が生じる、というのはわかる話なのですが、ハーマンのように拡張した場合、モノに対する倫理的態度とは、具体的にどういったことになるのでしょうか。すべてのモノに対する配慮を認めてしまうのであれば、規範を語るのは難しくなってしまいますよね。

千葉　個々に対する特異な応答、プログラムなき応答責任でしょうね。レヴィナスにしても、他人をどう遇するかについては、根底に「殺すなかれ」という命令があるのみであって、規範命題のセットを提供してはいないでしょう。社会で具体的にどうするかの処方箋があったわけではないと思う。広く言って、ポスト構造主義における倫理学は「こうすべき」という明示的な規範は示していないでしょう。

岡嶋　それを、モノ、オブジェクトの水準まで拡張するとどうなるのでしょうか。

千葉　まあそれは、漠然とした「大切にしましょう」というメッセージに収まるんじゃないですか。少なくともそういう解釈可能性はあるんじゃないかと思います。「オブジェクト指向倫理学」って、悪し様に言うならば、「地球を大切に」とか「みんな宇宙船地球号の一員だ」とか、そういう漠然としたエコなフィーリングに包まれてしまいやすいと思いますね。たとえば、

「我々は普段、利害関心によってモノに粗雑な扱いをしているがそれはよくない、洗濯機にしても我々に役立つ洗濯機能を超えたもっと豊饒なる力能を持っていて、それらを探索するようなしかたで新たに洗濯機に応答するならば、その出会いは芸術的でもあるだろう」……というような。

他方で、無限に彼岸である洗濯機のその遠さ、引きこもりぶりに直面し、それにどう応答したらいいかわからなくなるという経験が重要であって、つまり、不気味なものとして洗濯機が現れることへの着目もOOOの要であるはずです。OOOの周辺では weird や bizzare などの形容詞がよく使われる。「物体のホラー」とでも言うべきテーマ。実際、ジャンルとしてのホラーの研究もSR／OOO周辺でなされています。OOOでは、オブジェクトの不気味さ、異他性が重要なのです。これを先に言ったエコロジー的な読みに拮抗させる必要がある。この世界には、人間中心的にではなく多種類の大切さがひしめいていて、かつ、多種類の不気味さがひしめいているということになる。

岡嶋 ハーマンは、日常的な対象、オブジェクトには、人間によるその使用には汲み尽くせない性質がある、という議論をしていますよね。(23) たとえば、犬や蚊が見出すような性質は決して人間には与えられない。そうすると、不気味なものというのは、そういう意味での他の存在者の視点にとっての所与ということになるのでしょうか。

千葉 それはつまり、モノの（人間にとっての）不気味さというのは、人間以外の視点に現れるモノの別面だということでしょうか。だとすると、相関主義批判のターゲットになるのではないか。つまり、人間との相関性は相対化されても、人間以外の視点とモノが結局は別の相関性を結んでいるわけでしょう。実際ハーマンは『ゲリラ形而上学』などでも、同じオブジェクトを異質な視点から見たときに絶対的に違う現れをする、という説明をしている。でも、そこはレトリックが微妙なところで、ハーマンが言いたいのは、別の視点に対して開かれるモノの新たな姿はモノそれ自体の内奥から発しているのだ、ということなのでしょう。しかし、ある種の「遠近法主義」に思えますよね。

岡嶋　それと関連して、よくある批判としては、そもそもどうして、特定のパースペクティブに依存したオブジェクト＝個体を、第一義的なものとして認めなければならないのか、というものがありますね。シェリング研究者として「生成」の観点を強調するグラントによる批判です。ごく一般的なベルクソンやドゥルーズの理解からしても簡単には受け入れられないと思います。

千葉　それはそうでしょうね。しかしそれこそがハーマンの面白さでしょう。きわめてシンプルに、コップはコップとして、洗濯機は洗濯機として、くっきり他から切り離されていると断定してしまう。存在論的に。二〇世紀の諸々の思潮では、存在者は互いのグラデーションに内在しているとか、関係性に埋め込まれているといった見方が支持を集めていたから、急に素朴なことを言い出した感じがハーマンの主張にはある。でも逆に、そのようにあえて素朴なことを言い出したところに彼の野心があったわけですよ。

（23）Graham Harman, *The Quadruple Object*, Zero Books, 2011.（グレアム・ハーマン『四方対象――オブジェクト指向存在論入門』岡嶋隆佑監訳、山下智弘・鈴木優花・石井雅巳訳、人文書院、二〇一七年）

岡嶋　だからハーマンは、メイヤスーのドゥルーズ＝ベルクソン論を好意的に受け入れているわけですね。『物質と記憶』は、確かに、日常的な対象＝イマージュから議論を始めている。もちろん、第四章では、そうした対象がどのように構成されるかという議論があるわけですが、「減算と縮約」は第一章だけあえて切り出すことで、イマージュ論の離散的な側面を誇張すると同時に、存在者の階層性を排除してしまっている。その結果、OOOのヴァリアントとしても読めるようになっている、と。

「減算と縮約」とハイパー・カオス

千葉　岡嶋さんはメイヤスーの「減算と縮約」というベルクソン／ドゥルーズ論を訳されましたが[24]、こちらは専門の立場から見てどうでしたか。

岡嶋　冒頭でストーリーを仕立て上げたり、「註釈的でなく再構成的」と断っていることからもわかる通り、ドゥルーズ論、あるいは少なくともベルクソン論として読む必要はないと思います。またこれはハーマンも指摘していることなのですが、メイヤスー自身の哲学をどこまで反映しているか、というのも微妙なところです。ただざしあたり、縮約概念の批判のしかたには、メイヤスーの本音が出ていると言ってよいと思います。

千葉　その点は独特の大胆さですよね。

岡嶋　そうですね。まず、あれは議論としてはけっこうナンセンスなことをしています。引かれているテクストはどうやってもメイヤスーのようには読めないからです。僕もあれを最初に読んだとき、たんなる誤読なのではないかと疑ったのですが、彼の他の議論を一通りフォローしてみて考えが変わりました。おそらくわかってやっているのだろう、と。たとえば、彼は「無からの発生」を独自のしかたで肯定していますが、当然、『創造的進化』の無の観念の批判を知らないわけではない。それどころか、もうひとつ、短い論文で、ベルクソンの批判を取り上げつつ、「事実論性 factualité」の原理という自分の議論に接続しています。[25] 同じように考えることができるなら、縮約概念は批判されつつも何らかのしかたで取り込まれているのではないかとも思います。

千葉 いまのお話をさらにメイヤスー的関心に近づけてみるなら、どうなるでしょう。

岡嶋 「減算と縮約」は、生物における感覚質の発生という議論で、縮約(contraction)の概念を取り上げていますが、ベルクソンの『物質と記憶』や『思考と動くもの』ではその議論の延長線上に、人間よりも「より緊張した意識」という表現が出てきます。それ自体では何世紀もかかるはずの厖大な光=物質の振動が、私たちにとってはごく一瞬のうちに縮約される。そうだとしたら、人類の歴史も、人間より緊張した、神に近い存在にとっては、ごく一瞬のうちに凝縮された形で経験されるのではないか、という議論です。仮にメイヤスーの言う「ハイパー・カオス」の力に

(24)『亡霊のジレンマ——思弁的唯物論の展開』岡嶋隆佑・熊谷謙介・黒木萬代・神保夏子訳、青土社、二〇一八年に収録。
(25) Quentin Meillassoux, "Question canonique et facticité", *Pourquoi y a-t-il quelque chose et non pas rien?*, Francis Wolff (éd.), PUF, 2007, pp. 137–156.

相当するものがベルクソンのうちに見出せるとすれば、そうした凝縮の極致以外にはないと思います。もっともそれはメイヤスーにとっては生成でも意識でも質でもなくただ思惟可能なものでしかないはずで、共通項があるとすればそれは、その産出力の程度、ということになるでしょうか。「質は単独では新しさの指標とは言えなくなる」、だから「潜在的なもの」を質でなく、ドゥルーズ的な意味での「地質学」と結びつけようという主張や、「物質に対して持続のあらゆるリズムを与えてしまおう」といった主張は、そういうふうに読めると思います。

千葉　ハイパー・カオスとは、そこでは"anything is possible"な状況ですよね。それが、神の視点において最高度に縮約された世界に対応するかもしれない、と。

岡嶋　そうですね。

千葉　もうひとつ気になるのは、有限な身体、というか身体の有限性の発生機序があの論文には書かれていないということです。四方八方からイマージュが押し寄せる「流れ」のなかに、有限な身体がそれらイマージュを部分的に遮蔽するフィルター的なものとして存在している、という場面。この場面はそもそもどのように実現されたのか。フィルター＝身体の発生について知りたいのです。メイヤスーのあの「第何世界」という話では、物質→生命→思考→全人類の復活というふうに四つの世界の「アドベント」が起こることになっていますね。この議論はこれから精密化されて出版されるようなので、身体の有限性の発生について説明がどう深められるのか、気になっています。

岡嶋　『神の不在』に近づけるなら、という話ですが、終盤で思考についても語っているので、

「減算と縮約」は、第三世界がすでに誕生した世界を描いている。こう言うと大げさですが、元の『物質と記憶』第一章が、私たち人間の日常的な世界を問題にしているのですから当然ですね。同じように、そこでは生物や身体の存在は前提となっていますから、確かに、その発生は問われていない。

千葉　ともかくも、フィルター＝身体の有限性もまた、それを本質的に含むような段階の世界の、まったく偶然的であり理由のないアドベントによって生じる。

「亡霊のジレンマ」と神の不在

千葉　今回翻訳されたメイヤスーの「亡霊のジレンマ」に移りましょう。(26) この論文は、ハーマンによるメイヤスー論のなかに一部の抜き出しが載っているメイヤスーの博士論文「神の不在」(*L'inexistence divine*) の核心に関わるものです。「神の不在」は、改稿されて今後出版されると言われている。

岡嶋　解説を付けなかったので、簡単に要約してみましょう。メイヤスーは、亡霊の定義から議論を始めています。真の亡霊とは私たちが弔うことができなかった死者のことだ、と。具体的には、早世したり、無惨な死に方をした人々のことで、二〇世紀の戦死者などもこれに含まれてい

(26) 前掲『亡霊のジレンマ』所収。

る。そうした人々と、私たちは穏やかな関係が築けていない。だから、ときに私たちは、亡霊に取り憑かれてしまう。

そしてその亡霊の存在をめぐって、宗教と無神論の間でジレンマが生じることになるとメイヤスーは言います。宗教的な立場を取れば、将来的な死者の救済は認められるが、その場合、残忍な死を放置した神が、ひじょうに背徳的なものになってしまう。そもそも神を認めない無神論者にはそうした困難はないが、その場合反対に、無惨な死を遂げた死者の救済も叶わなくなってしまう。

しかしこのジレンマは、同時に、亡霊の喪を実現するための条件も含んでいる。死者の救済と神の現実存在の否定の二つです。この二つを同時に満たすことができ、亡霊の喪の実現のための条件とされるのが「神の不在」で、これまでのお話にもあった「どんなことでも可能だ」というメイヤスーの主張がこれにつながる。自然法則の偶然性を支えるこの主張に従うなら、いま現在は存在しないが、今後現れる「かもしれない」、そうした「来たるべき神」であれば、生きている人々と死者に平等に正義をもたらし、そのとき亡霊の喪が実現されることになる、というわけです。

千葉　大前提としてメイヤスーは、弔われなかった、惨い死に方をした人に正義を返さなければならないと思っている。きわめて倫理的な態度だと思うし、すべての人を、という人類に対する普遍性要求をしている。しかしながら、そもそも、ありとあらゆる人が正当に弔われなければならないということ自体の正当化は「亡霊のジレンマ」ではしていないですよね。

岡嶋　そうですね。「亡霊のジレンマ」は『神の不在』の第三部「神の倫理」のプロレゴメナ的な論文なので、もちろん、あれだけで議論を済ませているわけではないのですが。

千葉　ともかくもあの倫理は、理性の要請として論じられているのだと思います。そして復活するのは人間であって、おそらく動物などは関係ないんですよね。

岡嶋　それは人間に限定されていると思います。相関主義批判をしておきながら、結局人間中心主義ではないか、という雑な批判があるのもそのためです。

千葉　OOO的に、洗濯機にまで正義を返さなければならないと言ってみるなら、解体された全存在者をすべて復活させるという話もありうるのでしょうか……。

メイヤスーの神の文脈については、浅田彰さんも僕との会話で批判をされていました。浅田さんは、イエズス会士で自然人類学者のテイヤール・ド・シャルダンによるキリスト教的進化論を挙げて、メイヤスーの発想はその一種の神秘主義に近いという見方をされている。それは、生命の領域に思考が誕生し、さらに神的な叡智へ向かって飛躍し、究極の「オメガ点」に達するという理論で、メイヤスーにおける世界の突然変異も、結局はこの手の話の焼き直しにすぎないのではないか、というわけです。

岡嶋　結論だけ取り出して結ぶと、単線的な進化論のようにも見えてしまう。確かにそういうところはあるかもしれません。ただメイヤスーにとって、それは宗教的立場のヴァリアントでしょう。「亡霊のジレンマ」に出てくる「世界の神化」なんて表現は、そうした文脈を意識しているかもしれない。現実の世界において無惨な死が生じてしまっている以上、どんな形であれ、神はまだ存在しない。それでも帰結は同じじゃないか、と言われれば、それでも構わないということになるのではないでしょうか。メイヤスーは、一九九七年の博士論文から一貫して、潜在的な神についてのテーゼを、信仰ではなく、証明によって擁護しようとしているのですから。

千葉　ええ、理性的に考えてそうなるのであって、何か啓示的にそう言っているのではない。演繹的に言っている。メイヤスーは「神の不在」プロジェクトについて、これは神学ではなく「神論 divinologie」だという区別もしていますからね。

メイヤスーにおける神については、博士論文の改稿決定版が出ないことには曖昧にしか言えませんが、それが出る前に『有限性の後で』が出て、英訳され、SRの筆頭のようになった。僕にとっては、著作としては『有限性の後で』がまず出て、神に関しては短く「亡霊のジレンマ」でのみ出ているという状況が重要なのです。この出版状況のために、メイヤスーをまずは「ラディカルな偶然性と突然の変化の哲学者」として読むという筋が第一の筋として与えられたからです。しかしこれから本格的に「来たるべき復活の神の哲学者」という顔が明確になってくるのでしょう。僕は復活論には抵抗を感じていて、もしそれが書物として先に出ていたら、もっと受け入れづらかった気がする。『有限性の後で』には「来たるべき神」の論証は出てこないので、充足理由律の消去などについてのみ検討できるのです。充足理由律の消去＝この世界の偶然性と、来たるべき神の論証を不可分にしてメイヤスー評価をする方が正しいのかもしれないですが、僕はそこを切り離して評価してきた。しかし、神のことこそが、実は本丸なんでしょうね。

岡嶋　そうすると、千葉さんの立場は割とブラシエなどと近いのかもしれませんね。

千葉　ええ、ブラシエが考えている極端なニヒリズムに近いかもしれないですね。ブラシエは、何の意味もなく人間が絶滅することについての哲学という方向に行く。

岡嶋　ただ、「亡霊のジレンマ」にしても『神の不在』にしても、死者への正義、あるいは不死を語るとき、メイヤスーが、「過去」の身分について、どう考えているのか、僕はこの点がまだあまりよくわからないです。

千葉　なるほど。絶対的偶然性は、世界の、もっぱら起源と未来に適用されていることであって、起源と未来の間の持続における過去のステータスがわからない。

岡嶋　少なくとも未来の実在をあらかじめ認めてはいない、ということは言えると思います。その上で、成長ブロック説のように、現在と過去の実在を端的に認めるのか、そうでないのか。「なんでも起こる」という主張は、見方によっては、極端な現在中心主義にも見える。けれども、彼の言う「ハイパー・カオス」であっても、過去を改変したり、なかったことにすることはできないでしょう。

千葉　過去に起こった出来事がどこかに保存されていないと死者の復活もできない。その論点において、過去の人々がどこかに残っていることになる、のだろうか……。

メイヤスーの議論は、見る角度によって、不十分に思えるところが色々ある。復活の話から見ると、過去の議論はどうなるのかと気づきますが、偶然性の話から見れば、世界の諸法則という枠組みのことだけを言っていて、その枠組みのなかで流れている時間の持続における過去・現在・未来の関係については何も言っていない。その部分は、法則性の大きな枠組みを問題にするという視点では、抜け落ちてしまう。
それから『有限性の後で』の主な課題である相関主義批判についても、厳密さに疑問が示されていますね。様相概念を使った推論の妥当性を調べる試みもなされている。

潜在性、あるいは非確率論的偶然

岡嶋 これに関連してもうひとつ気になる点は、メイヤスーが潜在性の概念を議論の核となる部分で使っていることです。[27] 一昨年（二〇一二年）の小泉義之さんとの対談でも話題にされていましたね（本書1）。これはもちろん、ドゥルーズ（のベルクソン解釈）に由来する概念ですが、元をたどれば、『物質と記憶』（の逆円錐図）において私たちの（純粋な）記憶のあり方を示すものでした。つまり、潜在性は、見出されたときには、明確に過去の存在様態を指示する概念だったわけです。しかしその後この概念が、ドゥルーズ自身の哲学、そのバディウによる解釈などを経てメイヤスー（「潜勢力と潜在性」など）に継承されたとき、果たして同程度に明確な規定を伴っているかどうか。たとえば、「すべては可能的である」というテーゼの帰結である来たるべき神を語るために、潜在性という概念を使ってしまうのは、元のドゥルーズ的な理解に反することにならないでしょうか。

千葉 メイヤスーが可能性という言葉を使うときには、二つの意味があるのではないでしょうか。まず、潜在性と対立する可能性とは、確率的な可能性（probability）で、潜在性の方は、純粋な偶然性（contingency）に対応する。後者は非確率的な偶然です。その意味において何でも起こりうる。この場合の起こり「うる」のpossibleは、確率的な意味でのpossibleとは区別されている、ということではないでしょうか。

岡嶋　なるほど。神の到来の可能性は確率によっては規定されない、と。ただやはり気になるのは、来たるべき神に対して、一定の輪郭が与えられてしまっていることです。この点は、ドゥルーズ的な潜在性よりも、むしろベルクソンが批判したような可能性様相の理解に近いと思います。たとえば、このインタビューのお話は少なくとも一ヶ月前には頂いていたので、その時点でこのインタビューは可能だった。だからいま僕がこうして実際に千葉さんと話をしていることは、その可能性の現実化にすぎない。同じように、来たるべき神も、すでに可能であって、あとはただ現実化するだけなのではないか。もちろんそれは起こらないかもしれない、というのがポイントでもあるわけですが。

千葉　なるほど、来たるべき神が可能性として先取りされていることに注目してみるのですね。確かに、ベルクソンやドゥルーズでは、予見不可能性と潜在性はセットになっているように思われる。そのことに対してメイヤスーの潜在性はどうなのか、と。

岡嶋　そうですね。偶然の場から神が生まれるかもしれない。ただ、彼がその神を潜在的と形容

（27）もともとベルクソニアンでもあり、現在ではラリュエルの紹介者ともなっているジョン・マラーキーは、次の著作で、ドゥルーズ的な潜在性から距離を取りつつベルクソンを解釈することで、大陸哲学の大胆な総括を試みている。John Mullarkey, *Post-Continental Philosophy : An Outline*, Continuum, 2006.

するとしても、事柄として、ドゥルーズ＝ベルクソン的な潜在性理解とは相容れないとするのではないかな、と。先ほどの例に戻ると、ベルクソン的には、たとえこのインタビューが予定されたものであったとしても、その内容などの詳細までは決定されていない。だから、このインタビューは、一ヶ月前から可能であったのではなくて、今日その実現と同時に可能になったのであり、その可能性が過去に投射されることで、遡及的に可能であったことになる。来たるべき神は、死者と生者双方にとっての正義をもたらす、とメイヤスーは言いますが、これは神についての最も本質的な規定だと言えるでしょう。しかしそうだとすれば、いくら潜在性を持ち出したところで、これからやって来るかもしれない神の肝心な部分はすでに決まってしまっている。それでは結局、可能性＋存在＝現実化の枠に収まってしまって、ベルクソン的な意味では、何も新しいことは生まれないように思える。あるいはあくまでそれを新しいとするなら、日常的な出来事が持つ新しさはどうなってしまうのか。

千葉　たとえば「明日僕が長崎にいるかもしれない」という世界内の出来事は、メイヤスーの枠組みでは、諸法則にもとづく確率的に possible なことであって、この世界が無から発生するという意味での virtual なことではない。この世界まるごとの（リ）セットについて絶対的にコンティンジェントと言っているのですから。『有限性の後で』に関しては、世界に内属する事柄と、世界全体の枠組みの話を分けているように思います。基本的に、世界内の変化に関しては『有限性の後で』の射程外なのではないでしょうか。

岡嶋　潜在性は世界それ自体の変化にのみ関わるということでしょうか。

千葉　まずは、世界それ自体の変化に関してでしょう。雑駁に言いますが、「明日の僕の行方がどうなるか」の予見できない多様性について潜在的と言うのはベルクソンやドゥルーズですよね。その意味での潜在性をメイヤスーが問題にしているかどうかは、議論の余地があると思います。基本的には、突然に世界の諸法則が変わりうるというのが『有限性の後で』の主張です。たとえば「明日僕が長崎にいる可能性」は、メイヤスー的な意味でコンティンジェントなのではなく、確率的であると見るのが、基本的な理解でしょう。六面のダイスが明日の朝に八面に変わっていたら、メイヤスー的な出来事が、つまり、世界全体に及ぶ潜在的な変化が起こったことになるでしょうけれど。しかし、これはひとつの解釈ですが、明日僕が急にワープしたりせずに新幹線で長崎に行くこと、あるいは、これから五分後にスマホに手を伸ばすこと等々、あらゆる通常の可能的な出来事は、根源的には偶然的なこの世界に属する出来事であり、ゆえに、その根源的な偶然性に属して「も」いると言えるのかもしれない。すなわち、世界全体の根源の偶然性が、世界内的な諸可能性の底にいつでも響いている、と言えるのかもしれない。とはいえ、世界全体が絶対に偶然的に新しくなる変化を、世界内の諸可能性からはっきり分けて考えるのが、少なくとも『有限性の後で』の基本線であると思われます。

岡嶋　『銀河ヒッチハイクガイド』の世界観ですね。新しさに程度があるという話ではなくて、世界が変わるか変わらないかだけが問題だと。

千葉　ええ。ベルクソニアンの観点で言うと、世界全体の変化と日常的な世界内の変化をつなげて考えていた部分があったのでしょうか。

岡嶋　そうですね。もちろん、ベルクソンにとっても生命の誕生や種の進化など世界を大きく変える出来事は、特権的に創造的で新しいわけですが、それ以外の出来事、たとえば芸術家による創作、あるいはただの会議にさえも、それぞれに新しさがある。そうした出来事も、その実現以前には可能ではなかったからです。メイヤスーの哲学は、変化についてのこうした考え方と相容れないところがあると思います。

千葉　そこがマラブーとの対立点でもあります。マラブーがメイヤスー批判をしている講演があって、そこでは、メイヤスーの変化概念はある意味で古いと言われている。マラブーによれば、突然ガラッと変わるというのは、古いタイプの変化概念であって、進化論以後、我々はジワジワと、変化のスピードが変わったり、変化のしかたが変わったりしながら変化していくという考え方になったはずだ、と言うのです。逆にメイヤスーの場合では「変化が変化しない」、つねに無からの突発なのだから。マラブーの「プラスティック」な変化論では、変化するプロセス自体が変化することを考えている。

　こういう立場はベルクソン寄りですね。一定でない発酵のプロセスのように変化するというような。穏当な発想です。でも、メイヤスーが面白いのは、突然の理由なき変化という、まあ、身も蓋もない話を、宗教的・神秘的にではなく言っているところです。その身も蓋もなさを手早く批判するのではなく、何らかの角度から積極的に「味わう」のでなければ、現代文化におけるメイヤスーの位置づけを考えることはできないでしょう。

時代の不安との共振――優しさのNM、残酷さのSR

千葉　そもそもどうしてメイヤスーはこんなに人気になったのだろうか。ひとつの解釈としては、世界全体が崩壊し変身するということが、時代の不安とマッチしていたのではないかと思います。リーマンショックのように突然の金融危機が起こって世界中がパニックになるとか、気候変動で生活が激変するかもしれないとか、大地震と津波、原発事故……急に大異変が起こることへの時代の不安が、どうもメイヤスー受容と関係しているように思われるのです。

しかし、先ほどの可能性／潜在性の区別から言えば、いま挙げたのはどれも世界内の可能的な出来事で、確率の問題ですから、どれほど大変なことであっても、世界全体の諸法則レベルでのコンティンジェントな変化ではないわけでしょう。『有限性の後で』の視野で言えば、世界内的な大事件は、世界それ自体の大事件から区別されなければならない。

ところが、少なからぬ読者は、時代の不安をメイヤスー的な途方もない偶然性の話に（別のことわかってはいても）共振させてしまうのではないでしょうか。そういうこともあって、これほど話題にされているのではないか。

岡嶋　先ほど話題にした、ブリオーはまさにそういった指摘をしていますね。[28]ガブリエルも、マーケットの危機とメイヤスーの思想とを結びつけたりしています。[29]

千葉　投資の世界では、カネはきわめて複雑な計算と予測しがたい投機性によって動いており、市場のふるまいはブラウン運動を使って考察されてきたわけで、そういう観点から言えば、まさに投機的＝スペキュレイティブな偶然性が経済的（マルクス的）唯物論の核心である現状において、その破綻の不安を、ある種の比喩として、世界全体の物理法則まで変わってしまうメイヤスー的な破綻に重ねる、というイマジネーションが働くのかもしれません。

ただ、市場が破綻したからといって物理法則が壊れるわけではないので——人間の生活は壊れるとしても——、市場が破綻して人間の生活が破綻するということがあたかも物理世界のすべての破綻であるかのように直結させられているのは、まさしく相関主義的なイマジネーションではないだろうか。我々＝人間にとっての生活が破綻したら世界は終わりだというのは、人間に相関する限りでの世界の終わりを世界それ自体の終わりと混同しているわけですから、メイヤスーが最も避けたい話なのではないか。その意味で、時代の不安をメイヤスーの偶然性の哲学に投射することは、反メイヤスー的だと思うんですね。一瞬先が闇である「投機的唯物論」という意味でのスペキュレイティブ・マテリアリズムと、メイヤスーが言う意味でのスペキュレイティブ・マテリアリズムは、実は真逆なのだけれど、引き寄せあうという構図があるのではないか。

岡嶋　なるほど（笑）、面白い。

初めにも言いましたが、僕自身はもう少しプラグマティックに考えているところがあります。メイヤスーを筆頭に、ＳＲに絡んでいる人たちの議論は、基本的に明瞭でわかりやすい。もちろんブラシエのような例外はあるし、単純化・図式化しすぎる嫌いがあることも確かです。ただ、大陸哲学において、異なる背景を持った論者が、自説を闘わせたり、いくつかの論点を共有し合ったりする土壌が増えるのは端的によいことではないでしょうか。「相関主義」という基準は、そうした枠組みを設定することへの批判も含めて、ひとつのものさしになっている。様相や時間といったトピックにしても同じで、メイヤスーの哲学がプラットフォームになっていることを利用して自分の立場を明確にしてきたヘグルンド[30]やマルクス・ガブリエルの議論にはとても刺激されるところがあります。もっともガブリエルなどは、SRと独立に早く日本にも紹介されることを願っていますが。

千葉　明確にポジションを出す、アーギュメントを出す、これは分析哲学から学ぶべきところで、その部分を大陸系に採り入れた動きとも言えるでしょうね。

また、個人的に興味があるのは、ゲーム文化との関係です。OOOの人たちがとくにそうで、イアン・ボゴストはゲーム・スタディーズの人でもある。ジョン・コグバーンは分析系・論理学

（28）台北ビエンナーレのステートメント。以下のサイトで全文を読むことができる。http://www.seismopolite.com/nicolas-bourriaud-notes-for-the-great-acceleration-taipei-biennial-september-13-january-4

（29）Markus Gabriel, "The Mythological Being of Reflection : An Essay on Hegel, Schelling, and the Contingency of Necessity", Markus Gabriel and Slavoj Žižek, *Mythology, Madness, and Laughter : Subjectivity in German Idealism*, Continuum, 2009.（マルクス・ガブリエル「反省という神話的存在――ヘーゲル、シェリング、必然性の偶然性について」、マルクス・ガブリエル&スラヴォイ・ジジェク『神話・狂気・哄笑――ドイツ観念論における主体性』大河内泰樹・斎藤幸平監訳、飯泉佑介・池松辰男・岡崎佑香・岡崎龍訳、堀之内出版、二〇一五年）

（30）Martin Hägglund, "The Arche-Materiality of Time : Deconstrucion, Evolution and Speculative Materialism", Jane Elliott and Derek Attridge (eds.), *Theory after 'Theory'*, Routledge, pp. 265–277.（マーティン・ヘグルンド「時間の原物質性――脱構築、進化、思弁的唯物論」星野太訳、『思想』、二〇一四年一二月号、岩波書店）

の仕事とSRを両方やっていて、ゲーム研究もしており、『ダンジョンズ・アンド・ドラゴンズと哲学』という本の編者もしている。[31] そのコグバーンが『有限性の後で』の論理的ステップを整理する試みをしたりしている。このあたりの文脈がこれから日本にどういう影響を波及させるか。立命館のゲーム研究センターをマネージしている吉田寛さんにボゴストの件を話したら、Atari2600の歴史研究では知られていても、『エイリアン現象学』というOOO系の本に関してはゲーム・スタディーズの側からはよく理解されていないようだ、と言っていました。僕は逆に後者からボゴストを知った。

若い世代の動きも垣間見えてきていますね。ノルマリアンのラファエル・ミリエール（九〇年生まれ）とティボー・ジローが『有限性の後で』に関し、コグバーンによる論理分析をふまえて、推論の不備を指摘するという試みをしていました。[32] その原稿は以前ネットにあったのですが、何か問題があったのか、残念ながらいまは削除されています。

岡嶋　ミリエールは、バークリの議論を形式化して、現代的な形に書き換えるなど、アクロバティックなことをしていますね。最近出た『メイヤスー事典』[33] でもいくつか書いていて、「無矛盾律」の項目で、未出版の『神の不在』をとりあげて、古典論理の爆発原理（矛盾からは何でも導ける）をメイヤスーは誤解している、と言い切っています。

千葉　もう『メイヤスー事典』なんて出ているというおかしな状況なんですよね。ハーマンによるメイヤスー論の単著も異様に早かった。広くSRの話題維持については、ハーマンの戦略は大きいと思います。ハーマンに対して「スペキュレイティブ・バブル」だとか揶揄もされていますが、これは当然ながら投機的という意味ですね。人を集め、思弁的実在論という株を競り上げていく。投機的－思弁的実在論というわけですよ。

僕自身は、これは以前から言っていますが、現代の文化現象としてＳＲに興味を持っている。ＳＲと、時代の不安との連関に興味があるのです。復活のテーマについても、情報技術の状況と無縁ではないように感じます。これは小泉さんとも話しましたが、ライフログが常時記録されるようになり、過去の遺産のデジタル化も進んでいる状況は、ある種の不死を目指しているようでもある。先日、ソルボンヌ広場のカフェでメイヤスー氏に会って、「あなたの復活論からは、過去の全人間がデータベース上で存在し直すということを連想します」と言ったのですが、「そうじゃない、それじゃナイトメアだよ」という答えでした。しかし、たとえば、Twitter でシオラン bot の呟きがポンポン出てくるのを僕は好んで読んでいるのですが、シオランのひねくれたニヒリズムを読んでいるといまの時代にひじょうにマッチしていて、まるでシオランが生きているように、復活したように思える。日本でシオランがこんなに読まれている時代はかつてなかった

（31）Jon Cogburn は、ルイジアナ州立大学准教授、哲学者。
（32）Thibaut Giraud et Raphaël Millière, "After Certitude : On Meillassoux' Logical Flaws," 2012.
（33）Peter Gratton and Paul J. Ennis (eds.), *The Meillassoux dictionary*, 2014. メイヤスーの哲学の様々な概念について、Ａ（Absolute）からＷ（World）まで、事典の形式にまとめたもの。ただし、参照テクストは英訳のあるもの（＋博論『神の不在』）に限定されている。また、ハーマン・グラント・ブラシエといったＳＲのメンバーの名前がそのまま項目となっていたりすることから、メイヤスー個人の思想の事典というよりは、ＳＲについての現時点でのガイドブックとして考えた方がよいだろう。

でしょう。ついでに言えば、シオランのニヒリズムは時代の不安に共振しているみたいで、シオランの英訳にユージーン・タッカーというSR系の論者が解説文を寄せてもいます。[34] そんなことを考えるにつけ、情報的に復活する、botになって復活するというのも、これは誤解なのでしょうけれど、メイヤスー受容のひとつのフックなのかもしれない。

岡嶋 では最後に、SRとNMについて、今後の展望をお聞かせ願えますか。

千葉 SRに関しては*Speculations*という査読ジャーナルまで出てきましたが、でも僕は、いつバブルが弾けるんだろうと思っています。一方で、NM、ニュー・マテリアリズムは、従来のカルスタ／ポスコロ／クィアを焼き直して延命させる措置のひとつで、これはしばらく多くの人を惹きつけるでしょうね。人間から動物へ、さらにモノへの配慮の話をするしかなくなった。あえて粗略に言いますが、人文学的な態度というのは「ものごとをひとつひとつ大切にしましょう」という態度ですから、その態度を延命させる方途としてNM的な試みはしばらく続くのではないでしょうか。これに対して、SRには、人間のいない世界、人間の絶滅といった「残酷」なモチーフがあることが重要でしょう。NMは「優しさの人文学」のアップデートで、そちらの方へSRの残酷さを馴致する動きがあるように思われる。控えめに整理するならば、不安定な政治経済状況下において、優しさを細やかに行き渡らせなければならないという切迫が一方にあり、同時に、どれほど気を遣っても明日どうなるかわからないという不安の方に大きく振れることもある、という振幅を、NMとSRの双子状態が反映しているように思うのです。

ハーマンの議論は、「普段そっけなく見過ごしているモノも、実は無限に豊かであることにもっと気づきましょう」みたいな、いわば「リア充」的なものとして読めると思うのですが、僕はそういう読みにはあまり興味がないのです。ハーマンで面白いと思うのは、オブジェクトが絶対的に別々であるという断定です。メイヤスーで面白いと思うのは、復活＝救済ではなく、無人の世界との隣合わせの肯定です。僕としては、ＳＲをヒントにして、不気味さやすれ違いといったテーマを自分なりに考え続けたいと思っています。

（34）Eugene Thacker は、ニュースクール准教授、作家、哲学者。主な著作に、Eugene Thacker, *After Life*, University of Chicago Press, 2010.

4

権威（オーソリティ）の問題
——思弁的実在論から出発して

×アレクサンダー・
ギャロウェイ

（Alexander R. Galloway）

1974年生まれ。ニューヨーク大学メディア・文化・コミュニケーション学部准教授。哲学者、プログラマー、アーティスト。主な著作に Gaming: Essays on Algorithmic Culture（University of Minnesota Press）、The Interface Effect（Polity）、Laruelle: Against the Digital（University of Minnesota Press）。邦訳に『プロトコル』（北野圭介訳、人文書院）。

質問1

千葉　日本で思弁的実在論（Speculative Realism : SR）に関する議論が真剣に取り上げられるようになったのは、だいたい二〇一〇年前後からです。この『現代思想』には、メイヤスーやハーマン、ブラシエ、タッカーなどの重要論文の翻訳が掲載されてきました。こうした文脈と共にあなたの『プロトコル』における管理社会の図式も紹介されました。また、私も含めた三人の訳者により、メイヤスー『有限性の後で』の日本語訳をすでに終えたところです。これは二〇一六年の初めに出版予定であり、それとだいたい同時期に、我々のやりとりも公刊されることになります。

SRをめぐるコメントや論文はすでに数多く出されており、それに、あなたがブログで書かれていましたが、SRはすでに退潮していると言えるでしょうから、いまや我々は、醒めた距離を取ってその歴史的な位置づけを考えられる段階にある。私としては、どのようにSRの「欲望」を捉えたらいいか――我々の社会のある段階（過剰に情報化された）において必然的に表現されているものとして――に関心があります。そこで質問なのですが、ギャロウェイさんの観点からは、現時点でSRの特殊性を語るとすれば、どういうタイプの語りに生産性がある、意義があるとお考えになりますか。

ギャロウェイ（AG） 思弁的実在論という名の欲望——これは素晴らしい問いですね。この点についてはまず、次の二点が最も重要だと思われます。第一の点は、欲望それ自体のステータスです。つまり、欲望はそれ自体の歴史と特殊性を持っていると認めなければならない、そのようなことです。私が考えているのは、二〇世紀の間に、最初は精神分析や政治理論やフェミニズム理論によって、次いで、より切迫した形でドゥルーズとその周辺によって、欲望がゆっくりと権利回復していった次第です。ここで言う欲望とは、理性や合理性に対立的ではあるけれども、しかし非合理性や愚かさなのではなく、世界のなかの正当な力として理解されるものです。ドゥルーズ＆ガタリは、「地層化も形態化もされざる強度的な質料」という考えでもって、今日ではごく当たり前となったことの基準を定めた、すなわち、欲望する諸機械の群れによって合理的な人間主義的主体が簒奪されるということです。そういうわけで、複雑な歴史がありはしますが、私としてはいま、欲望を社会や文化における次のような一般的動向と結びつけています。すなわち（感情や情緒から離れて）情動＝変様へと向かう動向、（垂直性やヒエラルキーから離れて）水平性へと向かう動向、（孤立から離れて）相互作用へと向かう動向、（形而上学から離れて）自然学＝物理学へと向かう動向です。このように、現代思想におけるそのような諸動向について、欲望の観点から語ることは自然なことだと思います。欲望とはそのような強力な構造化する力なのですから。

それで、個別的な欲望〔思弁的実在論の欲望：訳者註〕については——これが二つめの点ですね——、思想家によって様々なしかたで分節されてきました。カントやカント主義の遺産を捨て去ろうとする者もいる。ポストモダン理論の救いがたいほどに文化主義的な諸傾向に見えるものを、テクストや言説や主体性やイデオロギーや認識論への傾倒もろとも乗り越えようとする者もいます（この試みはときに、やや鈍い受け取られ方をして、正しかろうが正しくなかろうが文化そのものを捨て去ろうとする欲望として解釈されることがあります）。さらに、動物や非人間への欲望によって衝き動かされている者もいます。概して、たいがいの思弁的な思考は、権威を人間の彼方の場所へとアウトソーシングしようとする欲望によって衝き動かされています。かくして私たちは、哲学的理論における、根本的にではなくとも本能的＝直感的にマゾヒズム的な時代を扱っているのです。私たちは何者でもなく、ただ諸々の分子やリゾームが音をたて繁茂しているだけである。ラカンが言ったように、別の主人が欲しければ、あなたはそれを得るだろう！ というわけです。

千葉 そうですね、私も、今日の理論は一種のマゾヒズムを呈しているのだと思います。脱主体化や疎外を「自覚的に」引き受けることの喜びを呈しているように思われるわけです。そこで、あなたは「権威」という語を出された。これを私からの応答のキーワードにしましょう。我々の文脈におけるマゾヒズムの問題は、ある単純なしかたで機能するような権威をどう扱うかに関係しているのではないか。このことは、権威の概念の純粋な形（形式性）を再考することに帰せられる。私はこれを精神分析的な角度から言っています。さて、権威とは何でしょう。それは、私たちの思考や行動を外から規定するものであり、そして否定的に定義するならば、それは、様々な可能性を縮減するものです。諸可能性に何らかの有限性が与えられる。質問3の論点を先取りして言うならば、権威とは諸可能性のプールを貧しくする［impoverishes］ものです。このような定義によって、私は「去勢」概念のことを考えようとしています。非人間的なものをめぐる最近の賑やかな議論は、私には、いかに去勢の機能を再検討できるかということに関わっているように思われるのです——こうした精神分析的な言い換えに同意なさるかどうかはわかりませんが。

相関主義の枠内で問題にされるのは、間主観的な反省（メタ－反省の重畳）において作動する因果性です。社会構築主義にもとづく文化・批判理論は、もっぱらそれを扱ってきました。他方で、相関主義のまったくの外部を考えるならば、それは、間主観的な反省に関わらない、我々の「思考停止」において作用するラディカルに無意味な因果性を真面目に取り扱うことになるでしょう。たとえば、二つの地域の間に山脈があれば、交流の速度はスローにならざるをえないわけです。特定の物理的環境が前もって規定されていれば、それは、思考・行動の可能性を、世界をめぐる我々の絡み合った反省とは無関係に、単純に制限する。これは、「なぜこんな制限なのか」と問うても完全に無駄な、純然たる去勢としての有限性の強制であると言えるでしょう。こうしたタイプの理由なき、意味なき権威こそ、今日の理論が実在論や唯物論という形で取り組んでいるものである。

ひとまずはここで中断するとして、権威の問題はまた質問3で取り上げます。

AG　あるいはむしろ、徹底的に意味に満ちているのですよ。我々は今日、あなたの言う「可能性を貧しくすること」が主要な罪であるような時代に生きています。強制や去勢といった事柄を議論の遡上に載せる必要があるのは間違いありません。私は、可能性という概念よりも、たとえば決定［determination］という概念の方がより重要だと思っています。「可能性」ということで私が思い浮かべるのは、モバイルアプリや、新しいクレジットカードを勧めるTVコマーシャルです！　そして私が奇妙だと思うのは、可能性の時代――私たちの時代――に、最も重要な諸可能性に対するかくも強力な禁止があるということです。すべてが可能である、ただしそれが資本主義に反さない限り、国家を排除しない限り、レイシズムを終わらせない限り、気候変動を逆行させない限り、というわけです。ここには、デジタルではないとしても何か二進法的なものがあります。

質問2

千葉　私の理解では、SRの評価において主に問題になるのは――これは多くのSR的な議論に共通のことと思いますが――、「絶対的無関係 absolute non-relation」の想定をどう考えるかであると思うのです。メイヤスーの「大いなる外部」はまさしく、我々＝人間の質的認識にとって絶対的に無関係なものであるわけです。また、ハーマンにおけるオブジェクトは、各々の深さにおいて互いに絶対的に隔絶されており、あらゆる関係性から引きこもっている。

他方で、非人間的なものを取り扱う多くの議論、広く「新しい唯物論」と呼ばれるもの（これを私はSRとは区別しています）では、しばしば、非人間的な情動＝変様がいかに、非言説的なしかたで人間的・社会的な関係性に侵入したり、それを支えたりするかについて何かを言おうとしている。そうした議論から見れば、SRにおける無関係へのこだわりは、SRを社会的行動へのコミットメントの源として考えることを妨げるものであり、ゆえにそれは、SRのある重大な欠点と見えるかもしれない。しかし私はそうは考えないのですね。というよりむしろ、SRについて評価されるべきポイントは、まさしくその欠点であるのではないか。

思うに、SRのポイントは、むしろ、まったくの外部を、つまり、非‐コミュニケーション的であり、無解釈的であるものを、「単純に」我々の前に置くことです。この点から発して、我々は、ある種の「非‐コミュニケーション」の政治の形を考えることができるかもしれない（すなわち、ドゥルーズが管理社会についての対談の最後の方で示唆していたことです）。以上については、いかがでしょうか。

AG 絶対的無関係は、確かに私を思弁的思考へと引き寄せているものです。メイヤスーはそのようなラインに沿って何かを成し遂げました。彼の言うハイパーカオスは、近代的ニヒリズムから引き続くニヒリズムの進化を表しています。そこにおいては、最も一般的な意味における因果性が、その古典的および近代的でさえある形態から、ポストモダン的な形態へと進化してきました（カオスというギリシアの神々のなかで最重要のものにちなんでそういうニヒリズムの状況を名づけようとする奇妙な決心については、まあ措いておきましょう）。徹底的偶然性への執着が、メイヤスーをホワイトノイズやブラウン運動の哲学者として無類の者にしている。しかし、それらはまた、日常生活のますます多くの部分を支配する偶然性や不安定性と共に、我々の時代の主導的な原理でもあります。私は、ジル・シャトレが『豚のように生きて考える』のなかで、このような類の考えを、その「ロビンソン‐粒子」〔あたかも自然状態でランダムな粒子のようにアトム化された現代の人間像を表すシャトレの術語：訳者註〕や、一切をなまのランダムな相互作用へと還元する隠れホッブズ主義と共に、すでに酷評していることを注記しておこうと思います。メイヤスーはとてもクレバーな哲学者です。しかし、カオスと不安定性の違いを知ることは難しい。彼の専門的な妙技には、ある情熱が、すなわち、根底で作動している諸力への気配りや注意が欠けているように思えます。彼はときおり、いかなる立場の真理についても論じることができるであろうギリシア的対話者のように見えることがあります。しかしその対話者は、十分な知的軽快さを備えてはいますが、問われている当の立場の諸条件については十分なまなざしがないのです。

比較として、フランソワ・ラリュエルの仕事に目を向けてもいいでしょう。私の考えでは、彼はあなたが言及した「絶対的無関係」について最も徹底的に思考してきた哲学者です。彼の相関主義批判――彼はこの相関主義という言葉を用いているわけではありませんが――は、メイヤスーのそれよりもはるかに射程が広く徹底的なものです。そして、あなたはメイヤスーの「大いなる外部」に言及し、彼の仕事を無関係の観点から枠づけていますが、彼の仕事――とりわけハイパーカオスとそのランダム性あるいは擬似ランダム性――は、別様に解釈することができます。つまり、そのようなカオスは関係の不在ではなくむしろ関係の過剰を指し示している、と。ハイパーカオスとは、あらゆるものが他のあらゆるものに潜在的に関係するような空間です。この意味において、メイヤスーはきわめてドゥルーズ的です。それとは対照的に、私はラリュエルのことを「避妊的」あるいは「自閉的」でさえある思想家と呼んできました。なぜなら彼は、非‐哲学〔ラリュエルが自称する理論的立場：訳者註〕のすべてを絶対的な無関係という一者をめぐって構造化してきたからです。これについて考える方法は数多くありますが、おそらく最良のものは、内在です。内在とは、何かが自分自身を実現するために自分自身の外部へと出ていく必要がないような状況を指しています。ラリュエルは徹底的内在を、自身の非標準的という方法の中心に公理的に据えてきました。彼の無関係の用い方はそれゆえ「構造的」です――そのように言うことができればの話ですが！　関係の構造的な禁止（正直に言うと、私は自分の主張を通すために誇張しています。ラリュエルは実際には、私たちが注意深く「関係」と呼ぶことができるであろうものを認めています。その最も鮮やかな例が一方的決定［unilateral determination］という概念です）。ラリュエルが魅力的なのは、そのような構造が真に非世界的で非人間的である点です。それは、メイヤスーのハイパー不安定性がどんな通り過がりの警察官にも金融市場にも見い出すことができるものであるのとは異なっています。このような理由で私はラリュエルのなかに、他の思弁的思想家にはない、あるユートピア主義を見ているのです。

千葉　メイヤスーにとっての偶然性は自然法則のそれであって、世界内的な出来事の不安定性（それは我々にとって有意味である）ではないですよね。にもかかわらず、多くの人が彼の理論に惹かれているのは、存在論的な意味での偶然性（ハイパーカオスの）と、存在的な意味での不安定性（たとえば、金融市場の不意の変動など）との混同のゆえなのでしょう。後者は我々にとっての世界の事情ですから、まさしく相関主義の枠内のことである。メイヤスーの理論がまるで、我々がつねに不安を抱いている存在的なレベルにはほとんど無関心に見え、存在論的なレベルに話を絞っている、ということからは、わざとアパシー的な態度を取っていて、そのことの一種の享楽（ラカン的な意味での）があるのではないかという印象を受けます。

あらゆる関係を拒否するようなラディカルな内在性ないし自己充足へという理論的な方向づけに関しては、これは日本でも、自閉症スペクトラムとの関係でよく議論されていると言えるでしょう。ラリュエルにおける一者-実在はまさしく、そうした方向づけの最も明らかなケースであり、私としては、絶対的無関係に対する彼の体系的なこだわりが、これから日本の読者の関心を惹けばと期待しています。

ドゥルーズに関して少し付言します。確かにメイヤスーのハイパーカオスを関係過剰として捉えることはできるし、それをドゥルーズ的であると呼ぶこともできる。しかし、ドゥルーズ（&ガタリ）にはもっと自閉的な面を見つけることができると思うんですね。日本の研究者の一部は、ドゥルーズ（&ガタリ）の分裂病に関する主張は、むしろ自閉症的なものとして読まれるべきではないかという立場を示しています。つまり、ひじょうに制限された欲望の流れの回路を作る、というようなことです。もちろんドゥルーズのテクストは曖昧なところがあるので、読解方針に依存することではあります。しかし、ドゥルーズにおける無関係あるいは非-コミュニケーションのテーマを再強調することは重要だと思います。そうすることで、あなたがジャーナル *Theory, Culture & Society* での対談において、「網状」の楽観主義であるとしていた多くの「オーソドクス」なドゥルーズ主義者に対し、決定的に距離を取ることができる。

AG まさにその通りです。そして「非コミュニケーションの空洞」について語ったのは老ドゥルーズでした。問題の一部は、最近ドゥルーズがとても都合のいいように読まれていることにあります。脱領土化するリゾーム的なドゥルーズ――はっきりさせておきましょう、それはガタリの影響です！——が、彼の仕事のいたるところに織り込まれている他の諸言説を制圧する傾向にあります。私が好きなのは、たとえば、彼のフランシス・ベーコンに関する後期の著作に出てくる「運動技能性 athleticism」という概念です。他には、彼が生涯を通してたどったマルクス主義の論脈でしょうか。

質問3

千葉　理論における非人間的なものというテーマの流行は、より遠くの、より隠された他者性を問題化することのどん詰まりであると皮肉に解釈できるでしょう。二〇〇〇年代には、動物論の流行がありました——デリダの晩年の講義、アガンベンの「ゾーエー」の理論、生命倫理に関する様々な懸念などです。そして日本では、ポピュラー文化——とくにオタク文化の文脈——のコジェーヴ的な「動物化」について活発な議論が、東浩紀の『動物化するポストモダン』によって引き起こされました。さて、あたかも、ハイデガーのあの三幅対のテーゼをより非人間的な方向へと進むかのように、すなわち「人間は世界を作る」から「動物は世界が貧しい」へ、そして最終的に「石には世界がない」へ、というふうに、現在の人文学における流行は、極端な貧しさとしての他者性のデッドロックを症候的に示している。そのような、極端な貧しさを（存在論的に）何らかの肯定的なものへと転化させるという戦略は、ついに終わりを迎えたのでしょうか。

ＡＧ　我々にはまだこの極度の貧しさから学ぶことがたくさんあります。私は先ほど、思弁的思考のマゾヒズム的欲望について、すなわち真理を何らかの他の裁定者へとアウトソーシングする欲望について話しました。最近の『マッドマックス』の映画で、「俺たちに非難されるいわれはない！」と叫ぶときのウォーボーイズのことを思い出しましょう。極度の貧しさは、この問題に応じ、この問題を解決する方法のように思えます。応じる、と私が言うのは、たんに問題が消え去るようにと願うことよりも、問題を受け止め、解くことの方が重要だからです。もちろん、政治についても宗教についても考えることなしに貧しさを論じるのは難しいことです。政治は権利を剥奪された者の苦境に立脚し、宗教は禁欲を通して精神的な救済を模索するわけですから。しかし、思考の貧しさ、あるいはより的確に「貧しくなることに添った思考［thinking according to impoverishment］」と言ってもいいでしょうけれど、このような思考は私には決定的に重要なものに思われます。大切なのは、裁定者の存在を否定しないことです。それでも、それと同時に、私たちは裁定者の権能については厄介払いしなければなりません（あるいはむしろ、裁定者を権能なきものとしてあらかじめ定義しなければなりません）。「プロレタリア独裁」という古めかしいスローガンは、極度の貧しさの意味を申し分なく捉えています。それはある「極端な」あるいは過激な状態（結局のところ独裁）ですが、しかしそれはジェネリックな、あるいは不十分な人間性（プロレタリア）による独裁なのです。

あなたもＧＮＵ〔コンピュータ・ソフトウェアを無償で普及させる思想および運動〕のジェネラル・パブリック・ライセンス（ＧＰＬ）――リナックスや他のオープン・ソース・ソフトウェアの背後にある法的枠組――のことはよくご存じと思います。ＧＰＬは著作権を放棄しようとはしません。

ＧＰＬは著作権のまさにその構造を用いながら、しかしそれを転倒させて、「自由なままの（無料のままの）」法的状態を確保しているのです。ＧＰＬは、その構造を制限されることから逃れ、ある種の自由を永続的に確保するために、現存する法的インフラを利用しているのです。ジェネリックという概念は、現存する形而上学的インフラを、その構造の制限から逃れるために利用するのです。

私は、私たちがそこにおいて存在論の構造を存在論の構造そのものに抗して用いるような、ある種の「形而上学のためのＧＰＬ」を構想しています。存在論と不可分である基礎づけ主義は、存在論的思考が持つ諸々の危険や過剰を絶えず弱めるために用いることができるのです。もちろんそれは、私たちが特別な気配りをもってこの「基礎づけ」を選べばの話ですが。極度の貧しさの基礎づけは、リベラリズムのような――つねにより自由をといったような――ナイーヴな基礎づけではありませんが、他の実に多くの社会形態のようなシニカルなあるいは先祖返りしたようなものでもありません。極度の貧しさは、ある絶対的なものの存在を立てますが、その絶対的なものをジェネリックな不十分さのもとに位置づけるのです。

千葉　ここで、改めて権威の問題を取り上げます。私は、非人間的な（あるいは無意味な、形式的な）、たとえば「山脈」の権威を、我々＝人間一人一人のなかに投射して考えてみる必要があると思うのです。ならば、次のように二重に言うことになるでしょう――人間の関係は、ある程度までは合理化可能なネゴシエーションであると同時に、我々は、各々の絶対的な秘密ないしは特異性のたんなる散乱状態に耐えているのだ、と。概してリベラルでは前者を強調しますが、ＳＲ

の社会的な用法を考えてみるならば、後者を強調する必要がある——それが何かリベラルでないコノテーションを持つにしても、です。これは、結局は、人間そして事物の特異性の、根源的な「理由なし」に直面することです。

私自身は、メイヤスーの理論のように世界全体を扱うのではなく、世界内的な事象の断片的な出会いや分離に興味がある。メイヤスーは、有限性の範囲外に、超限的な諸可能性のハイパーカオスを、理由なしの実在的なものとして措定していますが、私の哲学的関心は、世界内的な複数の事象それぞれの有限性の無意味さにあります。

このように権威（去勢）の問題を扱うにあたり、私はドゥルーズの『マゾッホ紹介』を念頭に置いています。あの本でのマゾヒズムとサディズムの区別は、メイヤスーの理論を捉え直すのにも役立つでしょう。ご存じのように、ドゥルーズによればサディズムとは、あらゆる法（自然法則）の無根拠を認めた果てに、純粋否定が実現される「第一次的自然」を真なる理念として措定することです——第一次的自然とは、あらゆる出来事の可能性の解放区に他なりません。他方でマゾヒズムとは、経験的に与えられている諸々の法を仮に承認し、その権威を破壊することなく、それらの非規範的な新しい用法を発明することです。ここで私は、権威［authority］と規範性［normativity］を区別したい。あなたの提言する「形而上学のためのGPL」というのも非規範的権威として作動するものでしょうし、またはおそらく、非規範的権威という概念自体について考える必要性を示唆されているのだと思います。これは私の文脈では、極端に貧しくされた（あるいは純化された）去勢それ自体についての再検討を意味します。

他方でメイヤスーの場合には、先ほど言ったサディズムの定義がよく当てはまりますね。というのも、彼のハイパーカオスはまさしく、そこで無数の可能性が解放される「第一次的自然」なのですから。しかし同時に、もうひとつの面が重要なのであって、つまりメイヤスーは、この世界が究極の理由なしに与えられているという事実性を絶対化し、このたんに事実的な世界における自然科学の有効性を擁護しようとしている。この面は、事実性の非規範的権威（ないし絶対性）の、マゾヒスト的受け入れであると思うのです。しかし、とはいえ、サディズム的な絶対の外部を措定するのが、メイヤスーにおいて核心的な欲望なのでしょう。これに対して、今回の我々の議論のポイントは、ハイパーカオスの理念的肯定に訴えることなしでの、たんなる所与のマゾヒズム的変形をどう考えるかということだろうと思います。

AG　そのことはメイヤスーとラリュエルのそれぞれをうまく際立たせてくれますね。メイヤスーにとっての「第一次的自然」はハイパーカオスですが、ラリュエルにとってのそれは、ハイパーデターミネーションです。

権威は重要な近代的主題のひとつです。権威はどこからやって来るのか。それは保証されているのか。正当なものなのか。権威にはいくつもの危機がありました。そして第二次世界大戦後の何十年かで、権威は新たな危機を経験することになりました。その時期には、二つの際立った言説がありました。一方の言説は権威を主体の道徳的危機として扱い、他方の言説は権威を構造的な、あるいはアーキテクチャ的なと言ってもいいような問題として扱いました。たとえば、家父長制批判は権威を個人的で政治的な抑圧のひとつの形態として扱いましたが、ドゥルージアンたち（やその他の者たち）は領土も権威もないようなラディカルな諸空間を構想し直しました。あなたが指摘するように、ひとつめの言説は規範的な権威概念に関わっていますが、二つめの言説はより一般的な権威概念に関わっています。

私はいずれの企図も認めていますし、それらが有効だとも思っています。しかし今日、ひとつめの企図を焚きつけている反道徳的な姿勢が、しばしば二つめの企図にも覆いかぶさってきて、本来相応しくないであろう正当性の承認を二つめの企図に貸し与えています。要するに、不正義としての権威と構造としての権威が混同されているということです。権威はそれ自体としては恐れられるべきものではありませんし、実際にはとても必要で有益なものです。「黒人の生活が問題にされるべきだ」や、モンサントは悪質だ、以外にどのように言うことができるでしょうか。このような権威の徹底的な批判の要求は、しばしばリバタリアンたち――私がプロトコルについての本のなかで示そうとしたように、彼らはたんに新しい組織形態で広まっているだけです――と見分けがつかなくなります。この点において、本質的にすべての権威は必ずや不当で抑圧的なものだと主張する精神分析のいくつかのこじつけは疑わしいものです。そして「おむつが取れない〔お子様な〕ドゥルージアン」たちこそ、世界を、欲望を抑えつけようとする父たちの系列と見なし、欲望が妨げられるときにはいつでもぶつくさ言って喚いている張本人なのです。権威を破壊しようとする訴えは理解できます。しかし、「ポスト権威」的な状態はたんに、様々な長所と短所のある、権威の別のアーキテクチャにすぎません。それでも権威は実に多くのしかたで必要かつ価値のあるものなのです。たとえば、自己の権威（私はある、私は思考する、私は話す）、政治活動家の権威（主体的活動の誠実さ）、恋人や親の権威（責任とケアの権威）などがそうです。

不正義や家父長制や国家による圧制がない世界を想像することはできます。しかし権威がない世界はどうでしょうか。私たちはすでにそのような世界に生きていて、それを失いつつあります。それゆえ、重要なのは、権威を減退させ続けることではなく、権威を不正義から切り離すことなのです。これが、あなたが言うような、非規範的な形の権威なのかもしれません。そしてそれは、超越論的なものへと、つまりある種の超越論的な人間性へと再び陥ることなしに、権威について考えるひとつの方法なのです。

質問4

千葉　フランソワ・ラリュエルの「非‐哲学」を現代社会のなかに位置づけるあなたの読解はひじょうに参考になるものでした。私は、ラリュエルにおける、現実の絶対的内在性、真なる秘密の存在といった考えは、本質的に解釈学的なものである人文学の基本的努力に、鋭く対立するのではないかと考えています。すなわち、ディルタイらによる人文学（精神科学 Geisteswissenschaften）の定義を想起するならば、です。そうすると、人文学のただなかにおいて、そうした秘密の審級を肯定するというのは、我々に、非‐哲学の可能性ばかりではなく、いわば「非‐人文学 non-humanities」の可能性を考えさせるものではないかと思うのです――それは「ポストヒューマンの人文学 post-humanities」とは異なるものでしょう。これについてはいかがお考えになりますか。

AG　あなたが指摘する通り、解釈学は残念ながらラリュエルの非標準的な方法とはずいぶんと相容れないものです。私は解釈学に強い関心を持っているので、それはちょっと悲しいのですが（なぜならイデオロギーやフェティシズムのような事柄を理解するのに解釈学はいまだとても役立つからです）。それでもやはり、ラリュエルは、とりわけ哲学そのものを解釈学的な企てと見なす点では一貫しています。哲学は、自分自身をひとつの世界へ向けて絶えず方向定位し、その結果その世界を解釈するかもしれない、そんな試みなのです。

ポストヒューマンの人文学という言葉は、曖昧ではないとしてもわかりにくい言葉です。それはサイバネティクス的特異点のユートピア的希求から、質的研究方法への意地の悪い攻撃まで、あらゆるものを包括しているわけですから。ポストヒューマンの人文学の良いところを見きわめるのはときに難しいことですが、もしそのようなものがあるとすれば、超越論的真理と超越論的主体（それは「権威者」や「権威」とはきわめて異なるものです）を絶えず格下げし続ける点に、そして、それによって与えられる象徴的なものもそうでないものも含めたあらゆるダメージに、利点を見い出すことができます。超越論的人間と呼ばれる怪物を膨張させ続けること、それにむさぼり食わせ続けることをやめましょう。その代わりに、有限な実在のために、公理的にそして徹底的にそれを減算しましょう。ここにこそ、非標準的人文学［non-standard humanities］、あるいはあなたの言い回しを再び用いるなら、非規範的な権威と呼ぶことができるであろうものへの鍵があるのです。

(小倉拓也+千葉雅也訳)

*

ここに読まれる議論は、二〇一五年一〇月から一一月にかけて電子メールによって行われたものである。急な申し出を快諾してくださったギャロウェイ氏に改めて深く感謝申し上げる。氏のブログ(http://cultureandcommunication.org/galloway/)には、近年の人文学の動向について新鮮な考察が投稿されている。ぜひ参照されたい。また、フランソワ・ラリュエルに関する氏の近著は、ラリュエルの問題意識を「いかにデジタルな二元性に抗するか」というテーマを軸として、独自に敷衍するものである。Alexander R. Galloway, *Laruelle : Against the Digital*, University of Minnesota Press, 2014.[千葉雅也]

第Ⅱ部　現代について

5

装置としての人文書
——文学と哲学の生成変化論

×いとうせいこう

1961年生まれ。編集者を経て作家、クリエーターとして、活字・映像・音楽・舞台など多方面で活躍。『ボタニカル・ライフ』（紀伊國屋書店、のちに新潮文庫）で第15回講談社エッセイ賞、『想像ラジオ』（河出書房新社）で第35回野間文芸新人賞を受賞。主な著書に『ノーライフキング』（河出文庫）、『鼻に挟み撃ち』（集英社文庫）、『どんぶらこ』（河出書房新社）、『「国境なき医師団」を見に行く』（講談社）、『小説禁止令に賛同する』（集英社）など。

千葉　僕は『ノーライフキング』に大きな影響を受けて育ったので、今回お話しできること、とても嬉しく思っています。それで改めて『想像ラジオ』を読んで、泣いてしまいましたね。体にきました。それほどこの本は危険な本なんですが、まずは『想像ラジオ』は一言で言えば、死者への喪ですよね。そして、これは深く「関係する」話なんですね。

今回、『想像ラジオ』と『動きすぎてはいけない』が同時に賞をいただきましたが、一見すると真逆の本なんじゃないかと思うんです。もちろん最終的には結び合うと思うんですが、表立っているテーマとしては正反対になっていると思うんです。

いとう　生わかりのまま質問を投げたら面白いかな、と思って言うけど（笑）、それって「接続」っていうことですか？

千葉　はい、『想像ラジオ』ではすべてのものを関係させていきますね。

いとう　そういうところはあると思います。ＤＪアークという主人公があらゆる死者からのメッセージを受け取る。それはつまり放送がつながるという意味ですよね。これは千葉くんの『動きすぎてはいけない』に出てくる「接続」と「切断」という対比に当てはめるなら、「意味的接続」

だよね。

千葉　そうですね。ＤＪアークは様々な他者からの声を受け取りますが、これは哲学的な背景で言うと、レヴィナスやデリダみたいなユダヤ系の哲学者に近い。彼らは自分が能動的にやるのではなく、他者からメッセージが届いてしまう、あるいは憑依されてしまう、という言い方をします。憑依はフランス語で〝オンテ〟と言いますが、我々はオンテされて動いている、他者の方にイニシアチブがあるんだ、というわけです。どんどん他者につながり、他者に対する責任、他者のつらさを無限に引き受け、共有する。ある意味で僕の本は、そういう〝引き受けすぎ〟を、「接続過剰」と呼び、注意を喚起した。「つながりすぎ」の状態を、どこかで意味もなく放り出してしまうことを、ドゥルーズは「非意味的切断」と呼んでいますが、それを「接続過剰」に対置させました。「接続」というと、ネットの「つながりすぎ」に焦点を当てて読まれがちですし、もちろんそれもあるのですが、そういう他者論の背景を念頭においています。

いとう　いま図らずも僕は「それは千葉雅也で言えば、意味的接続でしょ」って言っちゃいましたけど、これがこの本の優れたところだと思うんですよ。優れた人文書って、すべての内容を理解したわけではないのに、使えるんです。千葉くんのこの本は、ものすごく難しい本ですよ。でも僕は、優れた「人文書」や「哲学書」っていうのは、「わからない」ということが重要だと思っています。千葉くんのあとがきに、松浦寿輝さんから、文学をやったらみたいに言われたと書いてあるけど、やはり哲学を含めて文学と言ってもいいし、文学を含めて哲学と言ってもいいと思う。それはロラン・バルトが言う「記号学と言語学の関係」みたいなもので、どっちがどっちに入るのかを変えるたびに発想が変わるような問題じゃないかと思うんです。僕は、千葉くんが『動きすぎてはいけない』を、本人が文学と意識して書いているんだと知ったとき、なるほどと思いました。僕はこの本を文学的にしか読めないし、厳密に哲学的に読むことはできないけど、ここから何かを得ています。『動きすぎてはいけない』は、僕の小説よりよっぽど文学ですよ。動きすぎてはいけないようにしてはいるけど、ぷるぷる微細に震えている。文学として読めない批評って面白くないでしょ。ドゥルーズだって詩みたいなものを書いてる人って、僕は思ってますしね。

千葉　母国語のなかで外国語を作り出す、母国語を外国語化すること。ドゥルーズによれば、マイナー文学やマイナー言語とは、そういう内的なズレのことでした。いとうさんの作品もそれだなと思うんです。小説といっても、ジャンル的なものとまったく違うところで作られているんだと思っています。『ノーライフキング』も『想像ラジオ』も小説なのかと考えると、小説と言えば小説かもしれないけど、いとうせいこうという人が繰り出してくる「何か」でしかない。それは……「装置」と言ったらいいんですかね。

いとう　ああ、僕は「装置」好きですからね。

千葉　あるいは、ソフトウェアと言ってもいいかもしれません。『ノーライフキング』は伝染していくソフトウェアだった気がしますから。

いとう　『ノーライフキング』をもし多感な子供が読んだら、とくに当時読んだら、ものすごく危ない影響があったとは思います。

千葉　僕は受けましたよ。まさにあれは「装置」だったし、すごく伝染性の高いソフトウェアだったんです。当時のゲームはカセットだったでしょ。『ノーライフキング』はカセットでした。ガチャって頭に入っちゃったんですよ。あえて「文学」という言葉を狭めて言うと、文学は鑑賞するものではなくて、プラグインするもの、ジャックし、憑依して、身体を別の「関係束」に再構成してしまうものだ、という感じがします。そして思想書は意図的にそういうものであろうとしている。だから、いとうさんの小説は思想書と似ていますよね。

いとう　そう、確かに装置であることは完全に心がけていましたね。千葉くんの本も完全に「装置」だよね。ぷるぷると震える文学的「装置」。そして震えるための「装置」。つまり、人文書っていうのは、小説と哲学とか、フィクションとノンフィクションという対比じゃなくて、「装置」とか「ソフトウェア」として区別する方が面白いのかもしれない。で、使ってるつもりで使われてたりするのに気づいたり。

いとうせいこうによる「接続過剰」体験

千葉　『想像ラジオ』はまず、震災という出来事に含まれる多様な声に向き合うことなく、アベノミクス的経済優先主義で行こうという「忘却」の力にどう抵抗するか、そこにあったはずの多様な「声」を聞き、多様な他者たちに取り憑かれるという作業をやらなくてはいけない、というメッセージとして聞きました。死者の声の反響は、ソフトでコミカルなタッチに書かれてはいるんですけど、僕は読んでいくうちに体が侵蝕されて、ダメージを受け、何かを「切断」せざるをえない気持ちになりました。いとうさんはこれを書いていてつらくありませんでしたか。

いとう　つらかったですよ。精神的にも調子が悪いし、なかでも出てきますけど、自分の悲しみに侵蝕されてしまって、心臓がバクバクして動悸が上がっている状態がずっと続いていました。けれども千葉くんが言うように、〝オンテ〟されなければならないという前提のもとで書いたことは事実としてあります。それ以外にこれを書く手立てがないだろうと思っていました。「あなたにその資格がありますか」とつねに突きつけられ、今後も突きつけられ続けるであろうけど、しかし小説を書くという作業には、ある面そういう「接続過剰」は必要だろう、と思い切って飛び出した。

千葉　なるほど……。

いとう　『ノーライフキング』という、僕が最初に書いた小説で、これは小説ではなく物語だ、と自分から言い訳のようにあとがきに書いてたんですね。

千葉　つまり作者が小説ではない「何か」としての物語を自分に憑依させたということ。

いとう　はい。『ノーライフキング』を書いたときは、まさにある晩の一時間ちょっとの間に、筋がワーッと降りてきちゃったんですよね。主人公はまこと、こういうゲームがあって……と降りてきたものをその場で当時の妻に、そのへんにあるレシートの裏とかに書きとめてもらい、二〇日間くらいで書きあげてしまった。でもそれが良くも悪くも、僕にとっては枷《かせ》になってしまって、小説というものは降りてくるものなんだと思ってしまった。だから次の作品も依坐のように待っていたら、ひとつも作品が降りてこない。それで次の『ワールズ・エンド・ガーデン』を書こうとしたときは、無理やり憑依状態を作らなければならないと、自分を追い込んでしまった。それで「接続過剰」になってしまったんです。

千葉 じつは僕、あの小説は読み通せなかったんですよ。

いとう あれは千葉くんは読まなくていいですよ、あれは接続過剰だった。タクシーに乗っていて、そこで流れているニュースが自分の小説に関係していると思っていたからね、当時。

千葉 僕が書いた「接読過剰」というのは、まさにそういう状態についてなんです。

いとう 憑依されているうちはまだ幸せなんですよ。でも憑依を反復させようとして、作為的な憑依を起こそうとすると、バッドトリップがある。それが僕にとってはすごく怖い。小説を書くことが基本的に怖いし、書くとだいたい予言みたいになっちゃう。でも『想像ラジオ』は予言的に書いているんじゃなく、起こってしまったことを書いているので、違う接続過剰ができるはずだし、精神的に乗り越えられる範囲内で書けるんじゃないかと思った。

千葉 憑依的に書くというよりは、憑依し合うということ「について」書いていますよね。だから対象化されていると思いました。

『動きすぎてはいけない』は千葉自身の悪魔祓いの本だった

千葉 ところで『想像ラジオ』は根本的には現代の『ノーライフキング』かなという気もしまし

た。まず想像力のない生活というのがある。『ノーライフキング』で言うと普通の大人たちの世界。震災に関して言うと、経済イケイケドンドンの人たち。そうではなく、世界の傷みたいなものに対する感受性や想像力があるとき生じると、一気に感染する。『ノーライフキング』の場合では、ある「噂」です。しかもそれはゲームのバグであって、些細にして重要な「間違い」であり、子供たちだけの間で伝染していく。『想像ラジオ』の「聞こえる」という物語も、伝染の物語であって、二つは並行している。

いとう　千葉さんに指摘されて思うのは、『ノーライフキング』の場合、ゲームソフトのなかにバグがあるということはおそらく「非意味的切断」でしょう。

千葉　ああ、なるほど、そうかもしれないですね。

いとう　「非意味的切断」が起こっているということをめぐっての「接続」なんですね。一方『想像ラジオ』は、失われ、バラバラになってしまった死者というもの、その切断をとにかくつないでみよう、というところから始まっている。だからアクシデンシャルなものが『ノーライフキング』だとすると、僕も長く生きてきて、『想像ラジオ』では対象化が起きたのかもしれませんね。接続やむなしっていう形の接続なんだよね。そこにちょっとだけ差異がある。ラジオのリクエストで来るものって、まさに向こうから来ちゃうわけじゃない。こちらから能動的に働きかけられるんじゃなくて、『動きすぎてはいけない』で言えば多孔的な形でＤＪがいる。その孔のなかにスポスポと物やメッセージが入ってきちゃう。それは、言ってみれば電波系ですよ。まさに自分が電波系になるということを選ぶとこうなった、ということなんでしょうね。

千葉　接続することは必要なんですよ。だけどありとあらゆることが自分と関係しているということになると大変なことになる。『動きすぎてはいけない』では、とくに「序――切断論」が「SNSをやりすぎるな」、「ツイッターを見すぎるな」、「LINEをたまには切れ」みたいな話として読まれるし、それはそれでいいんですが、僕としてはむしろ「憑依されすぎ」の恐ろしさからどうやってギリギリ身を守るかの方を強く言ってるんです。

いとう　憑依は千葉雅也自身に起きているの？

千葉　僕がそういうタイプなんです。だから『想像ラジオ』を読んで危かったんです。涙も出てくるし、ぞわぞわしてくるし、これはすごく危険な本だなと。

いとう　『動きすぎてはいけない』というのは千葉くん自身の悪魔祓いの本なんですね（笑）。

千葉　そうです（笑）。

いとう　実際に憑依という問題を、たとえば社会的責任とか――僕もそれを感じやすいタイプですけど――何か磁場の狂いを身体的に感じるとか、いろんなトゥーマッチが起こってくるでしょう。LINEもそうだし、既読にしたまま返さないとか、贈与に対して何も返さないということに対する異様な負債というものを、ここに来ている皆さんも、時代的に感じちゃっているってことですか？

千葉　〝背負っちゃう感〟がインフレしている、というのがある。いろんな意味で説明責任がうるさく言われますし、良かれ悪しかれどんどん真面目になっちゃっていることがあると思います。

いとう　もっといいかげんだったもん、社会は。

千葉　そうですよね。浅田彰さんと話すことがあるんですけど、とにかく野放図なんですよね。中沢新一さんにしても蓮實重彥さんにしても、あの時代のすごい人たちって乱暴ですよね。そこからすると、もう僕らの世代なんてきちんと奨学金も返さなくてはいけないし、みたいなことになっていて。だから僕は上の世代に接しているとすごく励まされるんですよ。もっと適当でいいんだって。

いとう　それはねえ、もう僕の段階でも言われていたことだよ。「いとうは律儀すぎる。だから文学に向かない」って。じゃあ文学ってでたらめって意味なの、って思いましたよ。世代論は好きじゃないけど、僕はそう言われることに反発しなければならない、と思った。きっちりしていることから逃げないようにしよう。逆に、思いっきりきっちりしてみたら特異になるんじゃないのかなって思った。だから、きっちり憑依させる、とか、憑かれまくるとかする以外に、律儀であるという非難を外すことができなかった。それで今回、千葉雅也という人が、今度は下の世代から、非意味的切断――僕はそれをアクシデンシャルだと解釈するけど――事故的な、自分では統御できないような切断をつねに受け入れるように、つまり、脱線したら線を戻すなということでしょ？

千葉　事故的な脱線、そういうことがあってもいいということですね。

いとう　そういう本が出てきたとき、〝挟み撃ち〟に遭ってるって正直思ったよ。上からも下からも「お前、律儀だな」って言われて、って気持ちです。僕、動きすぎるタイプだから。ものすごく普通に言って、活動的でしょう。つねに動いてないと気がすまない。皆さんが思っている僕は、じっとひとつのことを考えている人間に見えるかもしれないけど、超分裂的だから。ラップの歌詞を一五分書いているかと思ったら、違うことをメモっている。実は分断されているんだけども、基本的には動いているんですよ。だから「動きすぎてはいけない」と言われたときに、「また怒られる」という感じがした（笑）。

千葉　どちらかと言うと、僕は自分のことを怒っているんですよ（笑）。

いとう　え、戒めの本なの？

千葉　そうです。自分もどちらかと言うとそういうタイプなんです。すごく気が散りやすくて、趣味が色々あって、いろんなジャンルのことをやっちゃうし、妄想的にもなる。だから『動きすぎてはいけない』なんていまさら上から目線で保守的っぽいこと言って」みたいに思われるんですけど、それは完全な勘違いです。自分に向かって言っている、きわめてプライベートな著作なんです。ドゥルーズ自身がそういう戒めみたいなものを感じていたと思う。ガタリみたいにいろんなことを動いてやっちゃう人と一緒にいて、何かものを作るときに、ある範囲を設定するとか時間を区切るとか、そういうことがどうしたって必要だと。だから僕はドゥルーズ自身から有限性のテーマを引き出したんです。

一六年間の「切断過剰」からの帰還

千葉　「動きすぎろ」と言う人って、危ない精神状態になってくるのがわからない人なんじゃないかなという気がします。

いとう　確かにそうですね。たとえば接続の側に動きすぎた場合、関係妄想になるでしょう。僕も一時期関係妄想になっていて、これが「接続過剰」ですね。その反動で今度は「切断過剰」になっちゃったら、一六年間書けない状況になった。ほとんど鬱病のようですけど、シンタクスが書けなくなって、文章を並べること自体に嫌気がさしてしまったんです。それは千葉くんの本に出てくるヒュームの「関係の外在性」の問題にすごく関わってきます。とくに初期に自分のなかで何が起きたのかが千葉さんに言われてはっきりしたんだけど、明らかに「接続過剰」で、きわめてヒューム的状態になっちゃったわけ。たとえば「私はどこで何をしていた」という文章を書くこと自体が気だるくなっちゃって、吐き気がするわけです。

一番ひどかったのは、かなり鬱の状態が深刻で、友人の藤原ヒロシが「もっと自然のなかでゆっくりした方がいいよ」って田舎の方に連れていってくれた。山の方に登っていったときに、雑木のなかにいて、風が吹いているんですけど、ぐしゃっとしているんです。そこに蝶が一匹とんできて、これは蝶だって思いたいんだけど、そう思うことに異様な吐き気があるわけ。それを自分で名指したくない。個体を認識すること自体が嫌になっちゃった。それは千葉先生としては、かなりまずいでしょう？

千葉　まずいですね。文節化して世界を組み立てることができないということですからね。

いとう　世界を切断することによって、丸山圭三郎的に言えば「言分け」し、ソシュールで言えば、言葉によって世界を切断し、そのことによってある構成的な世界を把握する、ということで接続する。それで人はなんとか狂わずにいられる。しかし認識として、因果律というものはほぼ何もないから、それが蝶だと言うべきではない、となっちゃったんです。

千葉　「意味的切断」ができなくなるわけですよね。なぜなら意味を切り取ろうとしても、そもそもあらゆる切り取りは非意味的でしかないから。だったら非意味的切断でまあいいやと思えばいいのですが、そうだとしてもやはり意味を深く求めてしまって、非意味的切断で済ませることが許せなくなるわけですよね、きっと。そうなると何も納得して分節化できなくなるから全部ぐちゃぐちゃになってしまう。

いとう　そうだね。非意味的切断の究極にいきたくなって、もうすべてのものが認識できなくなってしまう。

千葉　非意味的切断の過剰になっちゃって、ほどほどに非意味的切断にしておくということができなくなる。

いとう　そのまずいことを、そのときの自分は〝正しい〟と思っているんです。ある意味では正しいんだよね。世界の把握として原理的には正しい。けれども、だったら狂気の側にいけばより正しいのに、踏みとどまってじっと汗をかいている自分がいるわけ。だったらもう戻ってきなさいよっていうのが、千葉くんの本なんじゃない？

千葉　そうです、意味の世界へ、です。言分け、身分けがない状態は、ひとつの真理ではあるとおっしゃったじゃないですか。その真理に対して、ものが分けられている状態というのに何らかの優先権を与える意味があるんですかね。

いとう　そこからが問題なんだよ。

千葉　結局ものに意味がある、「これがコップ」、「これが本」と分かれていて、個物であって、別々であって、というのが常識の世界じゃないですか。常識の世界で「ものは別々にありますよ」と言うけれども、よくよく考えると、蝶を蝶として認めるなんてことは成り立たない。すべてはぐちゃぐちゃの相互関係に溶けていく、と考える方が、むしろ容易ですし、哲学的にものの本質を突き詰めていくと、容易にそっちの方に行く。むしろ常識の世界に立ち戻って「これとこれとは別々のものだ」って考える方が、よほど難しいんですよね。

いとう　確かに粒子レベルで言ったら、皆動いていて相互に貫通し合っている。

千葉　全部、素粒子じゃないですか。『想像ラジオ』には両方のテーマがあると、僕は読みました。だんだん自分の身体の境界がわからなくなってきて、誰が言っていたエピソードなのか、アークが自分の話として言っているのか、わからなくなる。だけど、「痒みが自分の輪郭というものを保っている」というキーフレーズが出てくる。あの痒みって何なんだろうと思うんです。あれは、個が切り取られているということの意味のなさ。個の「非意味性」だと思ったんです。

いとう　痒さには何の偉そうな意味もないのね、本当に。

関係はすべてフィクションである

千葉　『ノーライフキング』では、登場する子供たちは、子供らしい偏った狭いやりかたで世界を想像し、モンスターになぞらえたり、町をゲームにしちゃったりしますよね。それは大人や他の人に理解されるものではない切り取りですよね。ああいう世界把握は僕にとってすごくリアリティのあるものでした。ファミコンの登場以後、小学校時代の僕は、校庭の遊具にしても街の人々にしても、ゲームの場面のように見るようになったし、その感覚の延長上にパソコンの「デスクトップ」が来て、インターネットのヴァーチャル空間が来て、というふうに成長してきました。『ノーライフキング』はそういう感覚をすごく鮮やかに簡潔に捉えていて、そうそうこういうことなんだ、と思ったんです。

いとう　別の「見立て」をするわけだね。

千葉　だから、言分け、身分けというのも、フィクションを作るということなんじゃないですかね。『ノーライフキング』は世界の二重化、三重化の話です。世界を別の切り取りをしてフィクションにしている。

いとう　子供が同じ比率で道に石が置かれていると思い込んじゃったりするのもフィクションですね。

千葉　そういう意味では、「これとこれが別のものである」というのも、妄想の一種とも言えますよね。

いとう　ああ、それも妄想と見るんだね。

千葉　でも、それは妄想と言うより、フィクションと言った方がいいんでしょうね。

いとう　ああフィクションだね。でもフィクションであるからといって、それを捨て去るのは容易なことだ、といってるわけじゃないでしょう?

千葉　そうです。フィクションを維持するということは難しいのかというと、ここが紀伊國屋サザンシアターだというフィクションはかなりの人が維持しているらしいですよね。そういう意味で、それなりに可能なことだとは思うんです。だけど少なくとも哲学の問題としては、このフィクションが一体どうできているのかは、まだ追究の余地があるんですよね。

いとう　すると、フィクション論にもなっているのね。

千葉　フィクションの「仮固定」をするとはどういうことか、ということですかね。

いとう　2章にドゥルーズのヒューム主義が出てきているでしょ。僕はここにブルブルッときちゃうわけよ、わからないのにだよ。

千葉　「関係の外在性」というのは、要するに、関係が全部フィクションだっていう話です。たとえばAとBが隣り合っている、という関係にあるとするじゃないですか。一〇センチの距離を離れて隣り合っている関係があるとして、この関係をRとしますね。Rは、Aが何であるということとBが何であるということとは関係がないですよね。

いとう　他のものに置き換えてもいいからね。

千葉　置き換えられますよね。とくに位置関係というのはその最たるものです。この関係Rは、AとBにとって「外在的」でしょう?

いとう　ああ、本質的ではないということね。

千葉　そうです。ドゥルーズのヒューム主義のとんでもないところは、一見ものの本質と切り離せなさそうに見えるありとあらゆる「関係」は、全部「外在的」だと考えられる、ということなんです。とはいえ、外在的じゃない関係もあるかどうかについてドゥルーズの記述は明確ではないんですが、極端に外在性説を採るならば、あらゆる関係は、置き換え可能なフィクションとして考えられるんじゃないかと。

いとう　ということは、固有な関係やコンテクストが全部外れた世界？

千葉　そうなります。一定の様々な関係によって世の中ができているとしても、それは仮留めされているだけ。

書物と読者の関係は生成変化する

いとう　僕はね、切断過剰になった時期には「コップが落ちたので割れた」という文章がもう書けなかったわけですよ。

千葉　ヒューム的ですね。因果性が気持ち悪く感じられてしまうんですね。

いとう　本当に気持ち悪い。我々の間で「『ので』の問題」と言ってたんだけど、「ので」がどうしても書けない。そうなるとフィクションなんて成り立たないんです。小説なんてさ、ある程度は因果性を作らなきゃ書けないでしょ。それで、もともと好きだったレーモン・ルーセルに還っていったんです。ルーセルがやっていた、言語の外在性、言葉遊びだけで書くということに。ルーセル先生がおっしゃるのは、フィクションのなかには現実を一切入れてはいけないということ。

千葉　要するに、「ので」を自分の自発性で引き受けなくていいわけですよね。ルーセルは言葉のメカニズムにまかせて、物語が機械的に展開していくので、「ので」を書き手がいちいち引き受けなくてすむ。

いとう　パズルを組み合わせるみたいにそっち側でやっていればいい。こっちに関係ない。だけど僕は引き受け体質なものだから。

千葉　「ので」を憑依してしまう。

いとう　「ので」を憑依しながら、そうじゃないものを作ろうとしたら、それは無理だよね。それである意味「ルーセル先生、勘弁してください」とお詫びして、今回小説が書けるようになったわけです。でもどこかでルーセル先生の視線を感じているわけ。「お前、『ので』とか書いてんじゃねえよ」みたいな。

千葉　怖いですね。

いとう　それでたびたびヒュームという人にぶつかるんですよ、僕は。十何年ぶりに書いた短篇（「2011/9/3」『BACK 2 BACK』）のなかには、はっきり「小説のヒューム派」という言葉を自分で書いちゃってるんだよね。まず夏目漱石。漱石はヒュームを研究していた。とくに初期、『吾輩は猫である』の漱石はやっぱりヒューム的だったと思うし、ドゥニ・ディドロというフランスの、話がどんどん変わっていっちゃうような変なものを書いている人もすごくヒューム的だと思うし、ルーセルもヒューム的、『トリストラム・シャンディ』を書いたローレンス・

スターンも、セルバンテスも、自分の好きな作家が皆ヒューム的に感じられる。そしたらもう一方で、つまりものを主体的というか分裂的に捉えて小説を書いていく、どんどんテーマから外れて転がっていくようなものが好き、ということと、もうひとつユーモアの問題が出てくるじゃない。だって、ヒュームをユーモアの問題として考えないと、気が狂っちゃう。

千葉　そういう状況でユーモアをどうしたら持てるかということですよね。そこはすごくシリアスな問題ですね。

いとう　それは『動きすぎてはいけない』のなかでは書いてないよね。つまり、「イロニーからユーモアへの折り返し」ということは出てくるけど……。

千葉　イロニーからユーモアへの折り返しが必要だとは言ってます。でも、どうしたらそれができるのかは書いていないです。書物には、決定的に重要なことで、答えが書かれないことがあるんですよね。たとえば接続過剰は危ない。だから非意味的切断が必要だ、と書いてはいるけど、じゃあどうやったら非意味的切断ができるかは書いてない。そこは方法として定式化できない気がするんですよね。

いとう　それは、書かれたものと読む人の間の関係が外在的だからなんじゃないの？

千葉　あ、そうですね。

いとう　書物というものは、そういうものだからなんじゃないかな。

千葉　確かにそうです。書物と読者の関係も多様に組み換わりうるから。

いとう　たとえばノウハウ本は違いますよね。書物と読者の関係を固定していて、誰に対しても答えはこうだっていう書き方をする。でも書物というものは、関係がつねに組み換わりうる、という事実に目を背けることなく書かれているものなんじゃないかな。

千葉 そうですね。その「関係束の組み換わり」のことを、ドゥルーズは「生成変化」と呼ぶわけです。読者が本を読むときに、変化するのは読者の方だけじゃないんです。本の方も変化してしまうということです。

いとう 書物と読者の間に起きる「生成変化」ですね。これこそ人文書の醍醐味であり、書物の面白いところなんじゃないかな。変わらないことが書かれているのに、つねに読む場所やタイミングで、がらっと内容が変わってしまう。その現象自体が面白いし、それが書かれてあるものの面白さだと思います。

6
中途半端に猛り狂う狂気について

×阿部和重（あべ・かずしげ）

1968年生まれ。小説家。「アメリカの夜」で第37回群像新人文学賞を受賞し、デビュー。『無情の世界』（講談社、のちに新潮文庫）で第21回野間文芸新人賞、『シンセミア』（朝日新聞社、のちに講談社文庫）で第15回伊藤整文学賞・第58回毎日出版文化賞、『グランド・フィナーレ』（講談社）で第132回芥川賞、『ピストルズ』（講談社）で第46回谷崎潤一郎賞を受賞。主な著作に『アメリカの夜』『ミステリアスセッティング』『クエーサーと13番目の柱』（いずれも講談社文庫）、『キャプテンサンダーボルト』（伊坂幸太郎との共著、文春文庫）など。

千葉　阿部さんとは今回初めてお会いするわけですが、僕は大学一、二年生くらいのときに、阿部さんの『インディヴィジュアル・プロジェクション』（一九九七年）が出て、インパクトを受けた世代なんです。そういうこともあって、阿部和重という存在は、僕が小説という問題を考えるときのひとつのモデルとしてありました。ただ、小説の問題と真剣に向き合うようになったのは比較的最近のことで、僕は小説を書くというのがどういうことなのか、よくわからなかった。というのは、そもそも僕は長いものを書くのが得意じゃなくて、ひじょうに短く言い切ってしまいたい欲望が基本の人間です。だから逆に、ひとつの構想を粘り強く展開していくことの意味をずっと考えています。ところで、阿部さんの作品はまさに粘り強く展開していくけれど、あるところで何か意外な出来事が起きる。それはとてもアホらしい出来事だったり、妙な闖入者だったりする。つまり、持続が弛緩しないようにつねに「サスペンス」の状態に置いておく独特の工夫をされているのだと思います。その「サスペンスと長さ」あるいは「構造と冗長性」に関しては、阿部さんの背景に「映画とサスペンス」への問題意識を感じます。他方で、『Deluxe Edition』（二〇一三年）は、数式のように研ぎ澄まされた短篇集で、ほとんど構造だけで成り立っているような作品がありますね。これまた、読んで色々勉強になり、今後、僕が文学について考えていくひとつの拠点になるように思いました。

阿部 それはありがとうございます。今日が初対面ではありますが、千葉さんのお名前には、デビュー作『動きすぎてはいけない』を刊行される以前から、主にツイッターなどを通して触れていました。最近は読む本と言ったら創作の資料が中心で、純粋に知的好奇心で本を手に取ることがすごく少なくなっていたんですけど、今回の御本は「ついに出たなー」という感じで面白く読ませていただきました。

『動きすぎてはいけない』はフランス現代思想の巨人、ジル・ドゥルーズを論じたものです。我々の世代の多くは一九八〇年代前半の「ニューアカ」ブームを通してドゥルーズを知ったのですが、僕は少し遅いんですよ。八〇年代後半の映画学校在学中に、まず蓮實重彦さんの批評を通して知って、それから遅ればせながら浅田彰さんの『構造と力』を読んだりして、やっとドゥルーズ、ガタリ、デリダといった名前に触れました。もちろん僕はいわゆる哲学的な教養はまったくないのですが、言葉の運動をひたすら追っていくだけでも、見たことがないものと出会う感じがありました。それは比喩のカッコ良さだったりして、有名な「リゾーム」という概念にしても「なんじゃこりゃ?」と思うわけですよ。しかも「速くあれ、その場にいるままでも!」とか言われて、「え!?」みたいな(笑)。そういうふうに知的刺激を受けたおかげでデビュー作の『アメリカの夜』(一九九四年)が書けたというところがあるんですね。あの作品の「蜘蛛というのは、『気違い』だそうだ」というフレーズは、蓮實さんの『批評あるいは仮死の祭典』で言及される、ドゥルーズのプルースト論からの引用ですけれども、そういう刺激の諸々を『アメリカの夜』に、自分なりに取り入れることができた。千葉さんの今回の書物でも、ドゥルーズにおけるダニの重要性の話が出てきますが、二〇年前は「蜘蛛はすごいな！」と思っていたのが、今回は「ダニはすごいな！」と(笑)。とにかく僕は『動きすぎてはいけない』を拝読して、『アメリカの夜』を書いていたころ、純粋に知的好奇心でいろんな評論や思想の書物を読み漁って、それと自分のなかに思い描いているイメージを勝手につなぎ合わせて、ひとつのフィクションを作っていたころの記憶がひじょうに喚起されました。同時に、新しい小説のアイデアをいくつか得ることができて、とても感謝しています。

千葉　ありがとうございます。

「中途半端な狂気」という問題

阿部　『動きすぎてはいけない』について踏み込みますと、序章でドラッグの話が出てきますね。「分裂症、メスカリンやＬＳＤは、そうした〈超越論的経験〉をでっちあげるのではない。私たちの日常のなかに隠れている〈超越論的経験〉の強度と速度を、極端に増幅してしまうのである」――。そこで連想したのですが、エクスタシー、つまりＭＤＭＡという薬物があります。僕はこれを小説でどういうふうに扱えばいいのか、ずっと答えを出せずにいたんですね。ＭＤＭＡには「中途半端さ」に近いイメージがあって、一九九〇年代という時代の文化を考えるうえで重要なアイテムだろうと漠然と考えていたんですが、その「中途半端さ」をなかなかうまくポジティブに捉え切れなかった。いずれ一九九〇年代を自分なりに総括するうえで、MDMAというものを適切に位置づけたいと考えているけれども、どう扱うべきか決めかねていたところ、まさに千葉さんが『動きすぎてはいけない』で論じられている「中途半端さ」、「中間性」のポジティブな面を初めて掴めた感じがしました。まずそこが僕が刺激を受けた部分のひとつですね。

千葉　なるほど。「中途半端なドラッグ」は言い換えれば「中途半端な狂気」っていう問題ですね。

阿部　MDMAは、いきなり意識が宇宙に飛んでったり目の前で天使が跳ね回ったりといったLSDなどの過剰な幻覚にも行かなければ、ケタミンやヘロインみたいに体が動けなくなるくらいに麻酔効果でずどーんと陶酔感にハマるわけでもなく、たんに関係性と逸楽の方に行くわけです。他者に対して寛容になる、自分から他者につながって行こうとする。そういう意味で、世界というよりは隣人との一体化を味わえる。けれども、人生観が変わるような体験ではなく、所詮は薬の効果なので時間が来れば覚めてしまう。そのあたりの半端さが独特だなあ、と。

千葉　確かにLSDのようなハードな幻覚より、もう少し緩いMDMA的な変容の方が、生成変化論における「中間性」のメタファーとして面白いですね。阿部さんの小説では、現実が分身化するというか、ちょっとしたことである関係性が別の関係性に変わる、ある場面が別の場面にシームレスに切り替わってしまう、という仕掛けが多くて、それにも関わるのかもしれないな、と思いました。

阿部　なるほど。

千葉　『Deluxe Edition』で言えば、人と区別がつかないサルが発見されたり（「Man in Mirror」）、お見合いパーティーが機関銃テロの現場になったかと思いきや、機関銃はただのエアガンであったりする（「Sunday Bloody Sunday」）。つまり、災難というほどではない変化なんですけど、阿部さんはそれをどこかとても残酷に突き放すように描かれる。そこが面白いなと思っていて。

たいがい、狂気というのは両極端に行きがちです。一方ではとてつもない新秩序みたいなものが立ち上がっちゃうパラノイア的な狂気があって、他方ではイメージも言語もまとまりがつかなくなってグチャグチャになる狂気がある。つまり、異様な秩序か脱秩序かという両極端です。でも「中間でこそ猛り狂う狂気」があると思うんです。中間のところに、いまの秩序が微妙にズレていき、不完全な秩序につながる狂気がある。それをどれだけのテンションで考えることができるか。「あとがき」で書いたように、「中途半端であることについて徹底的に思考する」ことが現代思想ではきちんと議論されていない気がするんです。凡庸なモノほど気持ち悪いし、だからこそ面白い、という考えは蓮實重彥的なテーマでもあるし、そこは考えどころだろうなと思います。

阿部　創作の側から千葉さんの話に結び付けますと、「過剰な狂気」っていうのは割と描き易いんですよ。というか、無自覚に狂気を描こうとすると、どこまでも過剰になってしまうんですね。実際、そういう自堕落な「狂気」の表現の方が世間では多くて、僕はこれまで小説を書きながら抵抗してきた部分があるとすれば、まさに過剰な狂気への自堕落な拡大だという実感があります。

千葉　阿部さんは、ある種の律儀さで描かれたシリアスな状況を突然脱臼させる仕掛けをよく使われる。先の「Sunday Bloody Sunday」でのドラえもんの着ぐるみを着た襲撃者だったり、『公爵夫人邸の午後のパーティー』でのセーラームーンとか。僕は「ネタかマジか」問題を阿部作品に対してずっと感じているんですが、それはまさに「中間性」と関係してると思うんですね。シリアスさなり不気味さなりが極端になる寸前に、おならが出ちゃうみたいに脱力的な方向へ転ずる。阿部さんはこれをどういうふうにコントロールしてらっしゃるのかな、と。

阿部　正直、最近はちょっと手癖になってきちゃっているという感もないわけじゃないですが……。

千葉　もう芸風ですか（笑）。

阿部　いや、でも天然でやっているとしか自分では言えない部分もあるんですね。緊張感がグッと高まった場面で着ぐるみのドラえもんを出すというのは、読者を脱力させることを目的化してるわけじゃなく、たんにそういうことを思いついて書いてしまってるんですね。

千葉　たとえば旧作でのセーラームーンや『Deluxe Edition』での「ゆるキャラ」など、「凡庸な具体性」みたいなものをゴロっと出すのは、その時代その時代でなんとなく思いついたものを出しちゃう感じなんですか。

阿部　まあそれもあるんですけど、もっともらしく答えるとすれば、僕はデビュー以来の蓮實重彦主義者として、やはり世のなかに蔓延する紋切り型の記号に対抗せざるをえない、と。

千葉　なるほど！

阿部　そういう紋切り型のイメージをずらすというのが文学の役割のひとつなのではないかというのが、僕が蓮實さんの本を読むことによって培った文学観なんですね。

たとえばデビュー作の『アメリカの夜』ではブルース・リーという記号を冒頭に出しました。その当時だと、まだ格闘映画の大スターというイメージが一般的でしたが、それを文芸誌に載るような小説のなかで、しかもソシュールばりの武道理論家として出すっていうのは、自分なりにけっこう新しい感じがあったんですね。もちろんそれは、そもそもブルース・リー自身に、大学で哲学を学んだ過去があったからこそのアイデアですが。ともあれ、それからもずっとその延長で『インディヴィジュアル・プロジェクション』のフリオ・イグレシアスとか、天然記念物のトキとか、馬鹿のひとつ覚えみたいに書いてきたわけですが、今回の『Deluxe Edition』で言えば、各短篇のタイトルです。

千葉　曲のタイトルですよね。

阿部　そうです。有名な曲名を紋切り型化されたフレーズとして捉え直し、物語によってその意味合いを変えられれば成功かなと考えました。唯一の例外が、ビン・ラディン暗殺作戦をベースに書いた「Geronimo-E,KIA」で、これは任務遂行の暗号が、その正確な意味を追求されないまま当時報道されていたので、それを逆手に取ってタイトルにつけました。

千葉　なるほど、紋切り型とは暗号でもあるわけか。つまり、あまりにも自明なものとして一般に受け入れられているからこそ、その自明さが謎めいて感じられる。ドラえもんがいきなり現れることの謎っぷりと言ったらないですからね。それはすごく好きな手法で、僕の本のなかにもドゥルーズやカントと並んで浜崎あゆみが出てきたりするのと、ちょっと似ています。

そこで思ったのは、自分自身が使っている言語がそもそも総体として「借り物」であるという問題なんです。「文学する」とか「哲学する」ということに100％馴染めているという実感が僕にはありません。何か言葉や記号と自分の間に疎遠な関係があり、それをどうにか操作しようとしている。この感覚に僕は阿部さんとの共通性を感じます。たとえば『ABC戦争』の冒頭は、明らかに蓮實重彥あるいは松浦寿輝的な表象文化論のパスティーシュから始まるわけです。新幹線のトイレに落書きされた「Y」という文字から「男根主義による植民地支配」を妄想する場面とか。

阿部　表象文化論の専門家にご指摘を受けると、自分の性器をまじまじと分析されているかのようで、なんともお恥ずかしい（笑）。ひじょうに稀有な体験ではありますが。

千葉　僕はちょうど表象文化論を学び始めたぐらいの段階であれを読んで、もう抱腹絶倒だったわけです。ある意味、僕も東京大学で表象文化論を勉強するということは、上の世代のやり方を真似してパスティーシュをやっていくしかない、という感覚が自分のなかにありました。これは誤解を招く言い方かもしれないけれど、『動きすぎてはいけない』も、ある種のパスティーシュである側面はあると思うんです。阿部さんにおける紋切り型への身振り、あるいはパスティーシュ問題を、いま現在の阿部さんはどう思っていらっしゃるのですか。

阿部　千葉さんが言われた「借り物」の感覚というのは、まるで僕のことを解説してくださっているんじゃないかと思いつつ、うかがっていました。そもそも僕はいわゆる文学プロパーの正規の教育を受けてきたわけではなく、映画を撮りたかった人間がたまたま小説を書くことになっていまにいたるわけで、他所者感みたいなものはずっと拭えずにいるわけですね。

文学だと、「文章」あるいは「文体」というものがその作家の精神と直結していると捉えるのがずっと主流だったと思うんですけども、僕は一切そういう気持ちになれず、他所から入ってきて、文学とはどういうものかという基本的な考えすらないままに、「借り物」の言葉で書き続けてきました。それはいまだに同じなんです。世のなかに転がってる言葉をひとつひとつ集めてきて、適切に組み合わせていく。ですから、僕は小説を書きながら、ひたすら、もう本当にひたすらネットで検索するんですよ。

千葉　ははあ、ひたすら検索。

阿部　たとえば「白」という言葉を見れば、すぐにその意味は頭に浮かぶわけですよね。けれども、そういうあまりに自明な言葉でも辞書を引き、そしてGoogleで検索しまくって、作品に導入する。だから借り物感はずっと変わらないですね。ただ、パスティーシュ的な形式性は、確かに初期作品と比べるといまは背景に追いやられてしまって見えにくくなっているのかもしれないですけども、それはたぶん見えにくくなってるだけであって。

千葉　借り物感が単語レベルの問題になっている……。

阿部 とくに『ピストルズ』というのはかなり苦労して書き上げた小説ですが、あれは形式的なパスティーシュ性やパロディ感が薄まって見えなくなるくらいにまでやってるけども、しかし実はいろんなところでパロディになってる、という小説なんですね。だからまあ、そういう意味ではデビュー以来、変わってはいないんです。

人間のトラブルが持つ冗長性

阿部 ところで、千葉さんは今後の色々な活動を計画されていることと思うのですが、そのなかで「創作」にも興味を持たれていると小耳に挟んだんですが。

千葉 うーん、どういうふうに言ったらいいでしょうか……。いま新潮社の『ROLa』という女性誌で、ホンマタカシさんがアイドルの写真を撮って僕がテキストを書くという連載をやっているんですが、そこで書いてるのは、ちょっとジャンルを定めにくい、散文詩のような、エッセイのような、もしくは小説のようなものを実験的に書いていたりはするんです。ただ、小説を書くということが、自分のなかでしっくり来ない状態がずっと長く続いていて。

阿部 大学で研究生活を始められる以前には、何か書かれていたんですか。

千葉 もともとは高校のときに、美術批評めいたものをやり始めたのがひとつと、あとは授業のなかの読書感想文という枠で、稲垣足穂について書いたことが僕の原体験ですね。まさに足穂は、詩なのか小説なのかエッセイなのか論考なのか、わけがわからないものを書く人でした。「A感覚とV感覚」という謎の言葉を（これはアヌスとヴァギナのことですが）、同性愛のいろんなモチーフで展開してみたり、ノンジャンルなんだけど、その人にしか書けないような何事か、足穂のテクストにはそういうものがあるんですね。それは僕のなかでヴァレリーなどのジャンルを横断して書く人の系譜につながっています。

そういうところから出発して理論研究に向かったという意識が自分のなかではつねにあって、もっと文学寄りのものを書きたい気持ちはあるんですけど、それでも既存の文学ジャンルのお約束に収めることを狙うのでなく、変なズレみたいなものが出せないか、そういう実験を考えています。

阿部　いわゆる「小説」を書くことへの迷いを覚えてしまう理由は何なんですかね。

千葉　「人間」と「物語」というのが引っ掛かるんです。小説って基本的に人間が出てきて、何がしかのトラブルを起こす。そのことを冗長に描くじゃないですか。「アホらしい」と思っちゃうんですよ（笑）。人間のトラブルが持つ冗長性に対して、そんなものは下らないから眼を背けたいという気持ちになってしまって、人間を描かない詩的言語の方につい行っちゃう。

阿部　では資質として持っておられる超越論的な立場から、あえて人間どもを書いてやろうというのは？

千葉　「人間ども」って（笑）。

阿部　僕はそこに可能性があるような気がして、期待をしてしまうんですけども、試してみたことはあるんですか。

千葉　あー、まあちょっとはありますけど、でもほんと、それは考えるだけでも恥ずかしいですね。人間と付き合うのはほんとに恥ずかしい（笑）。

阿部　では「人間」を描くことと「物語」を書くことには同じ抵抗感をお持ちなんですか？

千葉　そうですね……「神話」なら書ける気がします。

阿部　おお、そうでないと嘘だと思ったんですよ！　つまり、勝手なこちらの読み方ですけども、『動きすぎてはいけない』は当然ながら見事な「物語」にもなっている。ジル・ドゥルーズという主人公がいて、こいつが一体何を考えて何を語ったかということを拾い上げて、フェリックス・ガタリという超重要な副主人公も出てきて、他にもドゥルーズの言説をめぐるさまざまなキャラクターたちが登場する。さらにはドゥルーズの、あるいは千葉さん独自の概念もキャラクター化していく。その効果や展開を、僕みたいな人間はどうしても物語として読んでしまう。エピローグにいたっては、千葉さんはドゥルーズの親友だったミシェル・トゥルニエが『ロビンソン・クルーソー』を変奏した小説『フライデーあるいは太平洋の冥界』を参照しつつ、無人島の海辺のロビンソンを情緒たっぷりに描いてみせる、これのどこが物語じゃないのか、と（笑）。

千葉　確かにドゥルーズが主人公であり、色々キャラクターを動かしてると言えば、その通りなんです。そうか、意識としては最後の海辺の場面は長い詩篇みたいなイメージで書いていたのですが、でも、「これは物語なのだ」と思えば、何か次のアイデアが出てくるかもしれないですね。

阿部　たとえば千葉さんに先行するような仕事をされている東浩紀という人がいるじゃないですか。東さんは小説も書かれています。

千葉　東さんの小説は好きですよ。『クォンタム・ファミリーズ』はまさに「構造」でできている小説で、それこそ彼も「人間の内面」みたいなものから距離を取って書いているような気がします。

阿部　逆に言えば、これは負け惜しみで言ってるわけじゃないですけど、「人間」と距離を置いた小説が日本文学のなかであまりにも蔑ろにされすぎてきたという気持ちを僕は持っているんです。いや、「人間を描く」みたいな話も一応頭でわかってはいる。でも、しょせん言語で表現されている以上、そして一人の作家が自分の都合に合わせて動かしている作中人物にすぎない以上、それは記号化された「人間っぽいもの」でしかないわけで。だから、東さんのように「キャラクター」としての人間を描くというのはひとつのリアリティの提示であり、またきわめて今日的な帰結だと思うんです。

千葉　でも、たぶん僕が小説を書くとして、東さんの構造的な小説とは全然違うものを書くと思います。僕の方が体質的にはるかに文体派なところがあるから。

阿部　確かに、『動きすぎてはいけない』を拝読して、とても注意深く言葉を選んで組み立てているな、というのは強く感じました。

千葉　言葉の選択についてはかなり神経症的でして、漢字ばかりが詰まるのがすごい嫌で、文字面の黒さと白さのバランスを取るために論旨を変えたりする（笑）。そういう狂気があるんです。あと、できる限り段落の最終行改行で文字が余らないようにする、京極夏彦的なぴったり感とか。その装飾的完成度へのこだわりを、丹生谷貴志さんは『新潮』の書評で「ネオ・ネオ琳派風」と誉めつつ貶なされましたけど（笑）。

阿部　その話をうかがって、ますます今後お書きになられるかもしれない小説の到来が楽しみになってきました。ちなみに、もしこれから小説をお書きになるとして、「こいつをちょっと殺しておこう」という対象はありますか？　「俺が小説を書くことによって、こいつは潰れるんじゃないか」みたいな「切断」の対象は！

千葉　ちなみに阿部さんはどなたを殺したんですか（笑）。

阿部　……いやいやいや（笑）。そういえば、話はちょっとズレますが、『動きすぎてはいけない』を読んでいて、確か第九章だったと思いますが、ふと、村上龍さんの『五分後の世界』を思い出したんですね。村上龍さんというのは、八〇年代を一〇代ですごした我々の世代にとってだけでなく、とても影響力がある小説家で、複数のジャンルにそれが波及していた。文学のジャンルに限っても、たとえば中上健次の『異族』は確実に村上龍の小説を意識して書かれていたのだと思う。そういうこともあり、デビュー直後の僕にとっても乗り越えるべき目標の一人でした。殺そう思ったわけではないですが（笑）。千葉さんはどうでしょう？

千葉　うーん、誰かを殺すことは考えてはいないですね。どうせ書くなら新しいゲームボードを作りたいなとは思いますけど。

阿部　なるほど、こないだ太平洋にポッと浮かんだような新しい「島」を作りたいと。

千葉　そうですね、そういう新しい「島」や昭和新山的なホカホカした「もっこり」を作りたいですね。

阿部　「もっこり」……それは実に素晴らしい。期待してお待ちいたします。

7

「後ろ暗さ」のエコノミー
——超管理社会とマゾヒズムをめぐって

×墨谷渉（すみたに・わたる）

1972年生まれ。小説家。「パワー系181」で第31回すばる文学賞受賞、「潰玉」で第140回芥川賞候補。著書に『パワー系181』（集英社）、『潰玉』（文藝春秋）。

×羽田圭介（はだ・けいすけ）

1985年生まれ。小説家。明治大学卒業。『黒冷水』（河出書房新社）で第40回文藝賞、『スクラップ・アンド・ビルド』（文藝春秋）で第153回芥川賞を受賞。主な著書に『御不浄バトル』（集英社文庫）、『メタモルフォシス』（新潮文庫）、『コンテクスト・オブ・ザ・デッド』（講談社）、『成功者K』（河出書房新社）、『5時過ぎランチ』（実業之日本社）など。

千葉 「悪から考える「超道徳」教育講座」という特集は、とてもタイムリーな主題だと思います。というのは、今日の社会では、原理的な極端さに向かっていく流れが強いと感じているからです。そのひとつの極は、暴力的排除を求める「ネトウヨ」ですが、それに対し、西洋近代的な、合意に基づく近代的主体をやたらクリーンに目指していく立場も、それはそれで極端化する。そこで取りこぼされるのは「程度の問題」、言わば「良かれ悪しかれ」や「ほどほど」のグレーゾーンで、そのことをどう考えるかが、ますますクリティカルな問題になってきていると思うのです。

そういうグレーゾーンを社会のなかに存在させ続けるために、「文学」がどういう役割を果たせるかについて、墨谷さんと羽田さん、お二人のマゾヒズムを描いた作品を読んで改めて考えることになりました。

マゾヒズムにおいて、「程度の問題」は核心的なテーマです。ドゥルーズのマゾヒズム／サディズム論でも、サディズムが原理的な否定、純粋否定の徹底であるのに対し、マゾヒズムの特徴は、何らかの契約関係を作り出し、そこで特殊な関係のフィクションをどう維持するかの工夫であるとされている。つねにそこで問題になるのは「やりすぎなさ」、つまり、プレイにおいてどこまでの（暴）力を許容するかのエコノミーなのであって、そのことは現代の社会問題を象徴しているようにも思われるのです。

羽田　「悪」や「道徳」についてでも、「マゾヒズム」についてでも、それがボーダーラインをめぐるものだ、ということですよね。僕も、ネタ帳を読み返すと、半分以上が「悪」や「暴力」のボーダーラインについての考察で、『メタモルフォシス』や「トーキョーの調教」を小説にする前の段階ではそのことについてずっと考えていたんだな、と改めて思いました。以前に書いた『隠し事』という作品が、同棲するカップル間における携帯電話盗み見の話だったんですが――ちょうど同じ時期に、墨谷さんも「今宵ダンスとともに」という、恋人の携帯からメールを転送したりGPSを駆使したりして浮気を確かめる主人公の、四角関係の話を書いていらしたと思いますが――、たとえばカップルの片方が相手の浮気を疑ってその証拠を掴んだとして、それをすぐ行使するのかどうか。多少の浮気心はあっても相手が自分に惹かれているなら、行使されない「浮気の証拠」が力を持つけれど、行使するとカップル自体が解消されてしまう、そういうことを考えていた気がします。それは、たとえば各国が核爆弾で牽制し合っている感じに近いのかもしれず、その意味では、僕のテーマは「不発のマッチョイズム」のようなもので、そのひとつの横並びの発露として、「死なない程度のマゾプレイ」みたいなものが出てきたようにも思います。

千葉　定式的に言うと、「不発の力がどこかに留保されていて、それによってエコノミーが回っている」状況でしょうか。

羽田　古典で言うとエドガー・アラン・ポーの「盗まれた手紙」ですよね。さる高貴な方の立場を脅かす手紙が敵対勢力にわたる。行使されてしまうと手紙の力自体はなくなってしまうし、相手の身分を脅したりもできなくなるけれども、行使されずにぎりぎりのところで踏みとどまっている限り、絶大な力を持つ、そういう感じじゃないかと。

千葉　なるほど。それって「大人の話」というか、要するに「何でもオープンにすればいいわけではない」という話ですよね（笑）。いまは右派でも左派でも、「正面切って批判すればいいじゃないか」みたいな、わかりやすい正義感が溢れているけれど、留保があって初めて動くエコノミーをナメてはいけない。そういう考えを「おっさんくさい」とか言って嫌がらないことが大事だと、改めて思うんです。「言わぬが花」ということもある（笑）。まあ、普通の人生論みたいな話ですけど。

墨谷　グレーゾーンが少ない状態がいいのか悪いのかは、僕にはすぐには言えませんが、たとえばSMの話で言えば、それが変に理解されてしまうより、抑圧されている方がいい気はします。ある時期から、テレビとかでも「Sだ」とか「ドMだ」と言うようになって、理解されやすくテーブルに乗せられたものになってしまっている。それは、少なくとも小説を書く側としては難しいなとは感じます。もうちょっと変態的に、マニアックに見られた方が書きやすい（笑）。「要するにSMの話だよね」みたいに理解されてしまうよりは、「なに書いてんだかわかんないんですけど」の方が、書く意味がある気がします。

羽田　『メタモルフォシス』も、素材的には「SM小説」と言われて当然なんですが、そう分類されるには、ジャンルの先人たちが書いてきたすばらしい作品があるわけで、「マゾが書けてない、マッチョイズムのように突き進んでいる」と言われたりもします。書き手としては、そういう存在を色物として面白がってもらえる長所も含めて意図して書いたつもりではいるんですが、もちろんそれがマゾヒストを描いた作品という分類では弱点でもあるなと。

千葉　思い出すと『メタモルフォシス』には、倒錯としてのマゾヒズムは、人間の自然なあり方とは違う高度なものであって、たんなる性欲のために野外でセックスしているカップルは恥ずべき連中でしかない、プレイとして首輪をつけて犬になっている自分たちの方が高級なんだ、という話がありました。マゾヒストはつまり「自然から区別された文化を担っている」と自負し、自分たちを上位に置くわけで、そんな意味でマッチョと言えばマッチョかもしれません。でも、こうした倒錯、というかこれは「昇華」ですね、これを通じて「新しい人間」に生まれ変わろうとする。ドゥルーズの『マゾッホとサド』にはまさしく生まれ変わりのテーマがありました。人為的に新しい存在のしかたを獲得する。

羽田　そう言っていただいたから言うわけでもないんですが（笑）、千葉さんの『動きすぎてはいけない』の後半に書かれていた、「ドゥルーズによれば、マゾヒストは「弁護士」に似ており……」というくだり、僕にはすごくしっくりきました。「既存の事実と法文のいくつかを独自に連合する、弁護士的なコラージュである」というのをまさにやりたかったんだとは思います。

千葉　プレイの体験を迫真的に描くというだけではない、だからこそ、墨谷さんが言われていた「SM小説」という括りで読まれてしまうことへの違和感が、羽田さんにもあるんだと思います。他方で「わけわかんない」と拒絶されたいわけでもない。肝心なのは、両極の間でしょう。結局、「わけわかんない」というのも「要するにSM小説だよね」と括るのも、倒錯の無理解ですから。

倒錯への感受性、あるいは耐性がつけば、お二人の題材は、そんなに特別視することもない、ありうる行為です。ネットの体験掲示板なんかを読めば、もっと珍妙な倒錯行為のレポートも氾濫しているわけですし。では、倒錯が氾濫している今日の状況において、文学として倒錯を描く意義は、どこにあるんでしょうね。

墨谷　確かに僕自身、『パワー系181』でデビューしたころは、「プレイとしてのSMから始まる内容の作品は、絶対に書かないぞ」と思っていました。SMクラブでSMプレイするのは、言ってしまえば「ありふれたこと」で、とうに村上龍さんはじめ色々な人が書いている。でも、『メタモルフォシス』を読んで考えさせられたんです。確かにこれは、カタチ的にはSMクラブのプレイ的な小説ではある。けれども、ちょっと進化したマゾヒストとして、内面も含めて少し別の角度で書いている、そこに、いわゆる「SM小説」との違いがあるなと。

羽田　それはたぶん、潜在的なテーマとして「不発な感じ」があったからかな、と思います。マゾヒストが「睾丸を潰してください」とか「乳首を潰してください」と頼んだときに、「女王様」役がそれをどう避けるか、面倒くさい極端なものを迂回する手続きをどうとるか、そのことが気になったんですね。しかも、SMクラブという、お金を払った何十分か何時間かのプレイのなかで、どう決着をつけるか……そのことを書こうとした結果、商業型のSMになったとは言えます。

千葉　「女王様」の「迂回」というのも、まさしく「そこに直行してはダメ」をめぐるエコノミーです。そういえば、『メタモルフォシス』に「黄金」と呼ばれる行為の描写が出てくるじゃないですか。「黄金」はやったことないからわからないですけど（笑）、あの場面に、なんだか奇妙なリアリティを感じたんですよ。というのは、いざ「黄金」を口にするやいなや、主人公は、いままで食べたことのある似た感じの料理や食材をめまぐるしく想起することになり、結局「黄金」それ自体の味に直面できないまま、衝撃的な体験を通過してしまう。つまり、ここでの「黄金」は、確かに食べてはいるが「不発」なのです。精神分析のタームで言えば、それは「否認」されたまま、飲み込まれてしまうのです。そういった「迂回」あるいは「置き換え」や「偽装」は、大きく言って「言語」の特徴でもあるのだから、その意味で「マゾヒズムを語る文学」は、文学が言語のアートである以上、必然的に「メタ文学」でもあるように思います。多分やらないと思うけど、もし僕も「黄金」をやったらああなるだろうな、というリアリティがありましたね……。

墨谷　実際にやってみた人でないとわからないようなことまで書いてある、そんな気分にさせますよね（笑）。

誰が行為を見るか

千葉　墨谷さんが書かれたときは、主題に対してどういう距離感でしたか。

墨谷　いちばんは、興味ですよね。たとえば、「すごくでかくて強い女がいたら、いったいどういう生活をしているのか？」とか。そういう人に殴られたりするマニアックな映像も、けっこうあるんですよ。たまたま後輩にそういう映像を作っているヤツがいて、送ってもらうと飽きずにずっと観ちゃうんですが、それと比べると普通の恋愛小説とかは、書いていてもまったく面白くないな、と。まあ、僕自身も一度はやられてみたいなということはありますが。

千葉 そうなんですか（笑）。

墨谷 やられてみたいけど、でも怖いな、という。映像のなかで、けっこう怖いこととしてるんですよね。窒息だったり投げられたり、「そのままだと女の人に殺されるけどいいの？」「でも、女のひとに殺されるのがいいのかな？」みたいな（笑）。体力的に言えば多くの場合、男性が女性を素手で殺す可能性の方が大きいはずなのに、その逆を目指している、そのベクトルが面白いなと。

千葉 つまり「ジェンダーの非対称性をひっくり返す」ことでしょうか。女性は「生物学的に筋力が弱い」という前提がプレイにおいて転倒される。でも、僕の場合、強い／弱いの転倒というのをSMの総論にしたくはない。ところで、ゲイ同士のSMで「強い男にやられたい」という場合、それも「父的」、「ファルス的」という凡庸な役割をめぐるゲームになりがちでしょう。『パワー系181』の「すごくでかくて強い女」も、いわゆる「ファリック・マザー」、「貪欲な母親」として読めるかもしれませんが、それではもったいないと思うんです。確かに、立場に関する通念をひっくり返すと気持ちいいという構造は、異性愛でも同性愛でも様々にあるでしょう。でも、もっと「非人称的」なテーマが気になるんです。たとえば「風船フェチ」のように、パッツンパッツンの対象に圧迫されるとか、全身をラバーやレザーで包むのもそこから遠くないでしょうし、マゾヒズムというのは、そういう非人間のモノに関わってもいるように思います。そのことと、たとえば「女性にいじめられることが快楽である」というきわめて人間的（で通念依存的）なドラマトゥルギーがくっついている、そういう二重性がSMにおいて面白いのではないか、と。

墨谷　いわゆるフェティシズムですよね。マゾヒズムはしばしば特定の対象と相性がよいから、それがモノなのか、実物の人間なのかで最終的な興味の分かれる話でもある気がしますが。

千葉　人間である他者、つまり他人にどう関わるか、関わらないか。これについては、自分で自分を縛る「自縛」行為はどうでしょう。ラップで自分をぐるんぐるんに巻く、とかです。誰の命令でもなく。内面化された超自我に従っているのかもしれませんが。

羽田　『メタモルフォシス』で「バスタブに石膏を詰めて固める」というのを考えたんですが、「誰の目線もないところで、石膏から抜け出せなくなって死にそうになる」というのは、はたしてマゾヒズムなのかどうか、と悩みました。ラストも、主人公が、誰の視線もない樹海に行って、何かとんでもないことをやろうとする。他人に頼らなくてもいい別の何かと接続する、というのは、ドゥルーズが言うところの「広大な森のなかにいる、三つの情動を持っているダニ」みたいなものに近いのかもしれないけれど、「神」みたいなものかもしれない、とも今回初めて考えました。

千葉　神への、超越へのアクセスということであれば、神秘主義的な恍惚の話になりそうです。しかしどうなんでしょう、羽田さんは「ダニになる」という生成変化と並べているので、「神になる、それはダニになることであり、それがマゾヒストの生成変化なのだ」という等式かもしれない。ダニの孤独、神の孤独……。そうそう、『マゾッホとサド』の蓮實重彥訳では、マゾヒストについて“devenir un home”というフレーズを「一人前の男になる」と訳していました。この「一人前の男」というのは「マッチョな、支配的な男」ではない、おそらく森のなかのダニのごとく孤立している――その意味で「ある一人の＝一人前の」である――、それ固有の（限定された）情動に住まう者でしょう。

世界を「別様に」楽しむ

羽田　さっきの話を聞いて、以前に書いた『走ル』という作品のことを思い出しました。自転車でひたすら北の方に走る話なんですが、その旅で「誰とも出会わない」ことを徹底して書こうと考えたんですよ。数百メートルおきにコンビニがあるこの国では、無言で買い物もできてしまうし、宿泊もほとんど無言でできてしまう。それを利用して、簡単に他者とつながったりしないで一人でぜんぶ完結し、満足できてしまう――そういうのがじつは、阿吽の呼吸でコミュニケーションができてしまう日本だからこその、自然な単独性じゃないかと。『メタモルフォシス』は逆に、マゾヒストが『エイリアン2』的な「こんどは群れで来る！」みたいな感じで（笑）、女王様も絶対的な一人ではなくお店に何人もいるし、マゾヒスト仲間も何人もいる環境です。そうすると、誰の視線に映る自分を気にするかは瞬間ごとに切り替わって、最終的には自分だけの目になるんですよね。

千葉　ラカンっぽい話に聞こえます。一方には「閉じた自己享楽」があって、他方には「他者とどう出会うか」あるいは「出会い損なうか」という問題がある。それにしてもマゾヒストにとって他者とは、何なのか。マゾヒストは他人やモノに関わるけれど、ぜんぶ自分のエコノミーに取り込んで利用しているようでもあるし、他者はいると言えるのか。

羽田　墨谷さんの『潰玉』の主人公はどうですか？

墨谷　あれも、さっきのフェティシズムに近くて、蹴られる状況や蹴られるときのフォーム、姿勢の話でもあるんですよね（笑）。あのときも勉強にと、何百と動画を見たりしたんですが、やっぱりね、機械じゃなくて人間じゃないとダメなんだなと（笑）。

千葉　マゾヒズムでどこまでモノにアウトソーシングできるのか、どうしても他人に託すしかない事柄として何がミニマムに残るのか、っていうのは気になります。

墨谷　ひとつは、不意打ちですよね。意識してないときに、後ろからいきなりやられるとか。そこには、他者かどうかはわからないですが、少なくとも他人がいないとできない。あれは、僕のなかでは恋愛小説と思って書いていたし、いまでもそう思っていますが、その意味では他者がいないとできないことではあって。実際、書く前に「一回、とつぜん蹴られる痛みを経験しないと」と思って、どうすればそういう状況になるかを色々考えたんですが、頼まずにそうなるのは難しいんですよね。ＳＭクラブに行って「蹴ってください」と、希望を記入するシートに書くのとかではダメだけれど、それを排除したらどんな可能性があるのか。電車に乗ってわざと痴漢したら蹴られるか？　と考えて、「いや、それは、いかんいかんいかん」と（笑）。

羽田　結局どうしたんですか？

墨谷　ここでは言えない方法で、ひじょうに身近な素材を使って一回蹴られてみたんですが、まあたいして役には立たなかったですね。どんな方法かはちょっと職業秘密なんですが。

千葉　秘密なんですね（笑）。ところで、墨谷さんのお話には「笑い」の側面があると思うんですが、笑いはマゾヒズムと不可分でしょう。『マゾッホとサド』でドゥルーズは、サディズムとマゾヒズムを、それぞれイロニーとユーモアに対応させていた。イロニー的なるサディズムは、この世界のすべてを唾棄する「破壊的な批判」なのですが、これに対してユーモア的なるマゾヒズムは、破壊的にではなく、この世界の使い方を変えてしまうというか、「別様に楽しんでしまう」ようなことをやる。その工夫が、見る角度によっては滑稽で、生真面目に――法律家のように――取り組むほどに、ますます滑稽になる。

墨谷　確かに、『潰玉』もマゾヒストを徹底的に書くことで笑いの方向に行った小説なんだと思いますが、ただ、社会に対する感情とか否定性みたいなものを表現するひとつのツールとしてマゾヒストを利用するべきかどうかは、書きながらいつも迷いますね。それこそ、さっきの千葉さんの言葉で言えば「ぜんぶ自分のエコノミーのなかに取り込む」ことですよね。それはマゾヒスト的にどうなのか。

羽田　でも、目的がどんどんプレイ中にずれていくじゃないですか。そこが面白いですよね。衝動があって、潰されたいという目的があって、けれどもやっている途中でどんどんその目的自体がずれていってしまう。過程というか、中間が永遠にずれて延びてゆく迂回こそが大事だということが、よく伝わってきました。そして、確かに、マゾヒズムだけでなく、ほとんどのことはそうなのではないか、そういうことを無意識のうちにやらざるをえない気がしますね。

千葉　それこそまさしく欲望の構造でしょう。その意味で、真のセックスはSM以外にはありえない。迂回にしか面白さはない。カタルシスに直行って、貧しいことですよ。

羽田　書店でビジネス書のコーナーに行くと、そういう本ばかりですよね。格言だとか名言だとかいって、小説だったら何時間もかけてようやく伝わるメッセージを、たった一言で伝えようとする。それって、効率的に、てっとりばやく目的にたどり着けているようで、ぜんぜんそんなことはないだろう、と。

千葉　そうですね、しかしいま思ったんですが、ビジネス書で、名言の連続の先でどこにも行けないのだとして、むしろそのことを楽しむという倒錯もありかな、と。名言だらけなのでありがたみがないという言語態から、脱目的的な、つまり迂回としての快楽を得てしまう、という。連続で射精しっぱなしなのにクライマックス感がない、というような言語態。射精の過剰が反－射精になる、みたいな。それは、射精の決定性から逃れる、高原状態、プラトー状態のオルガスムなのかもしれない（笑）。

墨谷　だから、『メタモルフォシス』でも、プレイの結果として死んだ男について、登場人物たちが議論するんじゃないですか。いちばんの射精としての「死」があるのかどうか。僕は『パワー系181』と『潰玉』のあとで、とにかく死にたい、と考える男の話を一回書こうとしたんだけれど、半分くらいでうまくいかなくてやめてしまった。プレイと同じで、顔の上にまたがられて窒息しないギリギリまで呼吸ができなくて失神するんだけれど、ほっぺたをはたかれれば起きられる、そういうあたりでとどめておくことで、また次もプレイできる方がいいんじゃないか（笑）。

千葉 羽田さんの『メタモルフォシス』のメッセージは「生きろ！」ですから（笑）。

墨谷 そう、「生きろ！」なんですよ、これ感動だなあ、と思って読んでました（笑）。

「これは小説です」の機能

千葉 先ほどからの「ズレて延びてゆく迂回」というテーマは、最初に戻れば、社会のグレーゾーンのことにも関わるでしょう。明晰に権利論で語れる範囲をもっと拡げていくべし、というような、薄暗い留保を欠いている態度は、性に関しても強まっていくように思います。それこそ、ポルノに対するマッキノン的な嫌悪感のようなものが、日本でもさらに力を増してくるのではないか。ひいては、性的欲望そのものの忌避も拡がるのかもしれない。性をめぐる考察も、以前はもっと欲望の「発生論」の仮説を試していたけれど、今日では多様性を社会でまともに作動させるためのプラグマティックな話、いわば「多様性運営」がメインであるように感じます。「そもそもなぜ〜を欲望するのか」という問いは、個別に事情が違うのだから、まずは当事者の証言で言われるべきことで、抽象的な問いとしては成立しない、そういうことになってるんじゃないか。こういう方向が、僕は怖い気がする。唯一それに対抗できるのがフィクションの制作だとしたら、どうでしょう。とりわけ、必然的にズレを起こすメディウムである「言語という倒錯装置」の活用、濫用、つまり「小説」ではないか、と思いもするのです。

羽田 ネットやDVDには、様々な嗜好が氾濫しているから、それらと比べて小説がすごいことをしている、とは思わないんです。ただ、それが形式として、たとえば「文芸時評」を通じて「新聞」という公器に載ることは、少し意味があるかもしれない。それも、まったくそういう嗜好のない人たちより、現実にそういう経験をしている人が、自分たちのしていることに近いことが公の場で語られていることに驚きを感じる、そういう形では意味がある気がします。もちろん、それも、新聞なら新聞というフォーマットのなかでの「約束された破壊と、それに対する驚き」みたいなもので、新聞が意味を持たなくなれば無効になるかもしれませんが、しばらくはまだ機能するかもしれない。

千葉 現代において文学の特権性は薄まったとしても、この接続過剰な状況、どんどん記録がシェアされて炎上する状況で、語りに「これは小説です」とタグをつけることは、ファイアウォールの一種として機能するかもしれない。

羽田 「これはネタです」と書いてある感じですよね。ちょっと前までは、素人のレベルでもコンプレックスを暴露する空気があって、人から指摘される前に自分からネタにするというか、お笑い芸人の自虐の笑いのような感じで「さらしてもよい秘密」を無数に出す。そうすることで、弱点を消した「最強の存在」化したつもりになれる感じのことですが、それが、もはやあまり機能しなくなっている気がします。

千葉 これは大げさな見方かもしれないですが、自分のちょっとしたネタ化さえ憚られる空気になってきたのではないでしょうか。ＳＮＳの全面化で、ささいなネタ的告白でも、プロフィールの証拠として残り続けるし、拡散し続けるし、どこに届いてしまうかわからない。プライバシーを守るには、ネタで遊ぶという余裕も削って、基本的に情報を出さないようにしなければならない。そういう感じがします。以前は、多少逸脱的なことでも「忘れてもらえる」のを素朴に信じていたように思うんですね。不道徳だけどネタでしょと笑う、といった笑いは、忘却への信頼とセットだったのではないか。しかし今日では、ほじくり返されることから逃れがたい。告白とアーカイヴ化がセットになってしまった。

羽田　高校生だったころ、金原ひとみさんの『蛇にピアス』の主人公がネットでグロ動画を見る場面があったと思うのですが、デビューしたてだった僕はそれを読んで「現代人の考えがわからない！」「これから日本はとんでもない暴露の社会になってしまうのか」と思った記憶があります。しかし現実にはぜんぜん逆の方向に行きましたね。

千葉　九〇年代末から二〇〇〇年初めまでは、マイナーな経験を積極的に言っていくべきだというような、いわば「カミングアウト強制論」の空気があったように思います。それこそ倫理的、というようなプレッシャー。その後は、「いや、必ずしも言わなくてもいいんじゃない？」となり、そして「立ち入られたくないから言わない」という局面になったように感じます。『蛇にピアス』のことですが、当時の僕は、「特殊な経験を書いたらそりゃ珍しがられるよな」という感じで、冷ややかでした。だけど、最近の状況を見ていると、倒錯的な欲望とか、暴力的な話とかを公的な言説に混ぜ込むことはどんどん難しくなっている気がしていて……この鼎談もそうですけど、批評という枠組みにおいて性的な話をするのさえ「大丈夫かな?」と思っちゃう(笑)。それで、『蛇にピアス』のような作品が、実は重要なんだと、いまになって思うんです。社会の「クリーン化」、「道徳化」から離れたところで、欲望や暴力を「仮想的に」考察する――これは文学の古い機能ですが、それがいまの管理社会において、貴重なものと思われてくる。ところで、性的欲望と「後ろ暗さ」の関係は、現代の文脈で再検討されるべきでしょうね。

墨谷 まあ、マゾヒストなんで、攻撃されたり抑圧されればされるほど燃えるわけですが(笑)。

千葉 そうか! 世のなかが「後ろ暗さ」をめぐるエコノミーを蒸発させる方向に向かえば向かうほど、その社会状況にいること自体が被虐となって、現存のマゾヒストはますます燃え上がり、その眷属が生き残り続けるはずだ、と。なるほど!(笑)

墨谷 村上春樹さんみたいに百万部とか売れてくると、かえって萎えちゃうんじゃないかと心配になりますからね(笑)。

千葉 まあでも「生きろ!」なら百万部、売れるかもしれない。

墨谷 宮崎駿監督のように。

羽田 ……がんばります。

8

イケメノロジーのハードコア

×柴田英里（しばた・えり）

1984年生まれ。現代美術作家、文筆家。主な論考に「“やさしさ”によって見棄てられる総ての者に捧げるあいらぶゆー」（『ユリイカ』2017年4月号所収）、「いつまで“被害者”でいるつもり？」（『早稲田文学増刊　女性号』所収）。

×星野太（ほしの・ふとし）

1983年生まれ。金沢美術工芸大学講師。東京大学大学院総合文化研究科博士課程修了。専攻は、美学／表象文化論。著書に『崇高の修辞学』（月曜社）、共著に『コンテンポラリー・アート・セオリー』（イオスアートブックス）、共訳書にカンタン・メイヤスー『有限性の後で』（千葉雅也・大橋完太郎との共訳、人文書院）など。

——イケメン・スタディーズ、あるいはイケメノロジーの基本単位となる「イケメン」をある種の概念装置として組み立てるときに、「イケメン」という言葉を、今日渦巻くイメージを踏まえつつ、しかし自律的に成立するものとして定義づけることは可能なのか、まずは「イケメン」と名指すときの基本単位となるものから敷衍していければと思います。

千葉 まず今回の重要な前提は「イケメン」というのは歴史的な言葉、言表だということです。大まかに言って九〇年代末以降、ギャル雑誌『egg』の周辺で使われ始めたと言われており、現在に至るまでずいぶん劣化はしたけれど、死語にはなっていないですね。それ以前は、ハンサムや美男、男前といった言い方があったけれども、これらとイケメンは言表として違うことが重要なのです。ギャル文脈から発したイケメンには「チャラさ」のようなニュアンスが以前のハンサムなどよりも強いように思いますが、では、イケメンであるとされる男性の表象とはどういうものか。それはこの一五年くらいで変遷してきたように思います。いま少なくとも僕は、イケメンと言うときに、一般的な意味で「容姿のいい男性」を広く意味する言葉として使っているのではない。まず、イケメンは、特定の文脈における特定の類型に対応するものなのではないかという仮説を提示しておきたいのですね。そもそも類型の存在に疑問を向けるのも可能であるとしても、いまそれは措くとして、この約一五年において好ましいとされてきた男性の顔の類型をいくつか見分けてみるというのが、我々の議論のひとつの取りかかり方になるのではないかと考えています。

星野　いま千葉さんが指摘されたような特定の文脈や類型に加えて、とりわけ近年では「インフレ化するイケメン」とでも呼びうるような現象が存在するように思います。それはここ一五年くらいの特定の傾向を持ったイケメンとはまた違って、イケメンという言葉自体がハンサムや美少年、男前といった言葉に比べてひじょうに使いやすい、敷居の低いものになりつつあるという現象です。たとえば誰かを「美男子だ」と言うときに含まれる趣味判断の「賭金」のようなものを、イケメンという言葉はあまり強く要求するということがない。（ちょっと）格好いいですね、くらいのニュアンスでも使えてしまう。その結果としてある種のインフレが生じて、メディア上では「イケメンシェフ」や「イケメンアスリート」のようにあらゆるジャンルに続々とイケメンが見出されていくという現状がある。そこでは「イケメンである」ということはごく希薄な意味しか持っておらず、女性であれば「美人すぎる〜」のようなひとつのテンプレとして増殖しているというベクトルがあるのではないか。

もうひとつ、広く認識に関わる問題としてイケメンの語源についても触れておかねばならないと思います。本来イケメンが「イケてるメンズ」の短縮形であるということはおおむね了解されていると思いますが、にもかかわらずイケメンという言葉を耳にするとき、多くの人はまずその言葉によって「顔－面（メン）」をイメージするという事実がある。その移行はあまりにも自然に成立しているけれど、これはけっこう重大なことなのではないか。「イケてるメンズ」だったら顔はあくまでもそのひとつの要素でしかないのに、「メン」というシニフィアンが日本語ではそのまま「面」に横滑りしていくことで、そこで言葉として把握される「メン」と喚起される対象としての「面」の間にヒビが入っている。

柴田　性格美男子とは言わないけれど、性格イケメンとは言いますよね。性格と顔は関係ないものなのにイケメンに習合している、＋αとして振りかけられる言葉になっている。

千葉　イケメンのメンが基本的に外面であるなら、性格イケメンというのは倒錯した概念ですよね。性格＝内面の外面化をするということになるわけで。ともかく、たんなる外面と、内面や精神の関係をどう捉えるかということがここでは示唆されている。星野さんの先ほどの話を踏まえれば、イケメン認定は気軽にできてしまうことが重要で、そのことが類型性の問題にも関わるのだろうと思います。二〇〇〇年代にイケメン認定がインフレしていったとするなら、その場合のイケメンというのは、何らかの既成のプロパティのセットを指しているよりむしろ、新たに見出される好ましさなのかもしれない。とはいえ、それでも、そこで発見される「イケメンシェフ」のようなものもまた、何らかの類型的な傾向を持っているような気はするんですね。それにしても、イケメンであると見なすことで何が見出されているのだろうか。

星野　ありとあらゆる顔にイケメンが見出されている。たぶん千葉さんがおっしゃるような、ある類型的な傾向性を持ったイケメンというのは確かに存在しているのだと思います。「イケメン俳優」と括られるようなイケメンたちの顔は、やはりある類型を志向しているとしか思えない。他方で――たんにこれは言葉をだらしなく使っているからだと思いますが――自分の身の周りでは本当にありとあらゆる顔にイケメンというタグをつけていくような傾向がある。その場合の言葉の使い方というのはひじょうに軽いわけですね。普通、美男子なり男前という言葉が使われる場合、その判断の当事者の趣味が再帰的に問われることになるわけですが、イケメンの場合はどうもそのような契機が希薄であるような雰囲気がある。むしろそこでは集合的な判断の機制が働いていていて、ちょっと顔がよければイケメンである、というように言葉がインフレ化する傾向があるように思います。

柴田　女性だと「かわいい」に相当する言葉ですよね。気軽に使われていて、美人以外にももちろん使われている。天気の話題のようにある種のコミュニケーションのきっかけとしてお互いにそれほど立ち入らずに済ますために使われることもあります。ただ、かわいいにはキモイも含まれていて、リラックマやたれぱんだ、ふなっしーなんかにも使われる。普通に綺麗なものに対しても使われるので、美醜の判断そのものを撹乱する言葉でもあります。

千葉　そうすると、かわいいに比べてイケメンの方が差別的に働く言葉なのでしょうね。

星野　雰囲気イケメンという問題もあります。

――雰囲気イケメンこそイケメンである。

千葉　それはそう思うんです。イケメンは発見されるというのと同時に、イケメンっぽく構築することもできてしまう。イケメンという言葉の軽さから言っても、生まれつきの一種のギフテッドを指すよりもどちらかと言えば、プロセスを経てそう「なった」という生成の効果なのかもしれず、それは、発見もされれば見失われることもある。よく、あんなのは雰囲気イケメンにすぎなくて本当のイケメンではないという揶揄がされるけれど、本当のイケメンなるもののリアリティへの信念に対し、今回の考察は懐疑的であるわけですね。むしろ雰囲気イケメンこそ真なるイケメンであると言っても過言ではないでしょう。ところで、さっき星野さんの言われた、ちょっと顔がよければイケメンというときのその「ちょっと顔がよければ」というのは、極めてマジカルですね。「ちょっと顔がよければ」というのはいったいどういうことなのか？（笑）

星野　ネット周辺のワーディングにイケメン、フツメン、ブサメンというトリアーデがありますが、あれはすごく象徴的だと思うんです。つまりイケメンという言葉を外見に対する価値基準として導入すると、そこにはフツメン、ブサメンという三つの階層しか存在しなくなるという大雑把さがある。そうなると、すごく際立って美しくなくともブサメンでなければフツメンであり、フツメンでもない人はイケメンであるという三層構造が強制的に作られてしまう。それが、「ちょっと顔がよければ」イケメンであるというマジカルな判断につながっている。

「イケメン」の祖型

千葉　ここで、歴史への観点を導入しておくと、九〇年代末に『egg』周辺から誰々はイケメンということが言われ始め、イケメン何々が氾濫し始めたのが二〇〇〇年代の半ば手前くらいでしょうか。『egg』で言われ始めた当時、シンボリックだったのはキムタク（木村拓哉）ですね。概してこの四〇年くらい、日本の「女顔」型の美男子の代表は、基本的にジャニーズが担ってきた。

そういうフェミニンな男性イメージの傾向が変わっていったのが〇〇年代を通して起こった変化だと思います。Men's TBC のポスターにCGのキムタクが大きく出たのが一九九九年くらいでした。

フェミニズム的な観点にも触れておきます。女性が男性に対して気軽に消費対象として「あれ、イケメンだよね」というまなざしを向ける。日本の（主に異性愛の）男性は、九〇年代末以降にイケメン認定が氾濫するなかで、画期的に（これは一仮説ですけれど）、従来の〈容姿を見られ評価されることを女性に比べて弱い引き受けで済ませつつ女性の容姿を見る主体〉であるという特権、そのつもりであるという特権を、どんどん剥奪されていった。男は顔ではなく中身だというお馴染みの規範を、たんにイケてる顔面だという形態論によってかつてなく痛打しているのです。大いにけっこうなことですね。女性の方は長らくまなざしを受ける強制をされてきたし、いまでもそうなのですから。九〇年代を通して男性もまた容姿を整えるべき存在としてまなざしを受けるということが急速に一般化していった。ところで、九〇年代の、もはやツッパリ、リーゼントのヤンキーではない新しい不良（チーマーなど）におけるアメカジ化が、その後のギャル文脈におけるイケメンブームを準備したように思います。イケメン言説・表象の〇〇年代を通しての氾濫は、まなざしを受ける者としての男性の客体化が、少なくともいったん、過剰に起こったということではないでしょうか。ところが、最近はそのことも飽和しイケメンは空言になって、ことさらイケメンと言わなくてもよくなってきた観がある。男性がまなざしの客体になることの過剰化を通り抜けてそれが当たり前になったという段階。この段階が、いまの若い人の状況なのではないか、と。

柴田　『CHOKi CHOKi』の既刊をこの機会に全部通して見たんですが、東日本大震災以降はとくにイケメンの「お嫁さん化」が進んでいるように感じました。二〇一〇年くらいまでは女の子目線は入れずに、高い服を着ておしゃれな髪型にして競うという男同士のファッション競争に男が憧れていた。それが二〇一〇年、とくに震災以降は「物より（恋愛の）思い出」という風潮が強まったことや、徐々に経済的にも高い服を買えなくなりファストファッションが導入されたことによって、いかに低コストでモテるかということになっていった。バブルのころは高い服を買うというのはモテる要素だったのがいまはたんに経済観念のない男という類型化が生じてしまっている。『CHOKi CHOKi』ではモテに特化したランキングを二〇一〇年以降ものすごく乱発しているんです。おしゃれな男の子も彼女が彼氏に本当に着てほしいスタイルみたいな変身企画になると軒並みダサくなってしまう。金髪で高い服を着ていたような男の子が全身無印良品のような服と黒髪になってしまう。たとえば二〇一四年五月号の「おしゃれにモテる!!」特集では「彼女ができたら狙うは身内モテ」というテーマもあって、彼女のお母さんに受ける服装、彼女の妹、彼女のお父さん、彼女の祖父母……となっていく。これは、「まなざされるもの」として女性が受けてきた窮屈さがそのまま男性に転嫁しただけのように見える。

千葉　なるほど、ヤンチャな要素はどんどん削られて無難に共同体・家族のなかに溶け込む、再生産プロセスに入れてもらえるよう受動化するという意味での自己客体化が進んでいるのですね。ところで、繰り返すならば、イケメンである／でないとして見るまなざしの成立以後、まなざしを強く受けずに済んでいた（そのつもりであった）男性からすると不愉快であるだろうまなざしの受動が恒常化している。女性はそのことで苦しんできたわけだから、男がそういう状況になっているのはざまあみろという話ではある。また、ゲイの場合は、まなざしの客体として男性身体を意識するというのはずっと前からそうだったわけだし、加齢とともに自分をどう演出し直すかということもすごくシリアスな課題だったので、それがセクシュアリティにかかわらず広い現象になってきているとも言える。さらに言うと、女性はまなざしを受けて苦しんできた、男性も同じように苦しむようになった、それでいいじゃないか（というか、いまなお女性の方こそ圧倒的にまなざしで苦しんでいるのだし、男性の側で以前よりその苦しみが上がったにしてもトントンにはならない）というのでは不十分で、男女共にまなざしの差別性・暴力性からの解放に向かうべきではないかという反論は考えられます。しかし、対人関係から視覚要素の作用が、あるいは、視覚障害がある場合では聴覚や触覚などによる他人の「イメージ」の作用が、まったく排除されることは考えにくい。欲望の重要な動因として、人間の形態－イメージの成立と作用をどのような学理で扱ったらいいのかは難問です。

柴田　フェミニズムのまなざしの地獄からの解放にはかなり強引なものもあって、女性身体の規範化やそれによる抑圧を批判するファットフェミニズムでも、「太った女性は美しい」と言うのならわかるんですが、「健康的に太る＝すばらしい」というように、美・醜の規範とその抑圧の問題が、健康・不健康の問題にスライドされてしまったり、欲望と抑圧の問題を単純化してしまう人も少なくない。女性の拒食傾向は病として扱われすぎている面もあるし、バービーみたいに整形する子のなかには、自分が本当にバービーみたいになりたいから整形している子もいるのに、それを男からの視線に苛まれて自己決定能力を失っているみたいに言うのは暴力的すぎると思います。

千葉　規範による抑圧と変身欲望は絡み合っているけれど、そうだとしても変身の肯定性を言うのだという筋を認められないか、ということですね。人間の欲望は何らかの規範との緊張関係にあるのであって、規範への批判意識を鋭くすることは必要だとしても、そうだとしても規範への愛憎によって構築される欲望を、規範への批判意識と共立的に肯定しなければ生きていけないでしょう。これは一般論ですけれども、そもそも、何かを欲望するときにものごとの純粋なそれ自体だけの「特異性」に反応する欲望なんてありえない、なんらかの類型性を構築しつつということでなければ、欲望は作動しないと思います。

星野　イケメンの話とは直接関係しないかもしれませんが、柴田さんの言っていた『CHOKi CHOKi』のお嫁さん化ということで思い出したのが、『UOMO』というやや上の世代向けの男性ファッション誌のことです。ここ最近の見出しが面白くてときどき読んでいるのですが、「愛されるスタイル」、「ほめられるカジュアル」のような若年女性誌と見紛うような見出しが少なくない。客体化の話も先ほどの『CHOKi CHOKi』と通じるところがあって、短パンを穿きたいアラフォーの人たちに向けて、どういう合わせ方をすると女子受けがいいか、とか書いてあるわけですね。先ほど話題になった「客体化」は主に若年層を中心に進んでいる現象だと思いますが、同時にそれがアラフォーくらいの世代にも影響を及ぼしているように見える。『LEON』的な「モいうか。

テたい」という方向性よりもずっと防衛的な、嫌われたくない、愛されたいというような傾きと

千葉　いわゆる「ちょいワル」でガンガンモテたいというものではないタイプですね。嫌われたくないし受け入れられたいし、キモいと思われたくない。最近、若い人の間で黒髪が多くなっているのも、茶髪にすると学校でいじめられるというのがあると聞きます。広くそういう「保守化」が起こっているらしい。

柴田　『Popteen』の優等生化にも同じようなところがあります。むかしはギャル系の『egg』よりもかわいさを残したポップな感じを押し出していたのが最近は彼氏受けや親受け、校則は守って授業にはちゃんと出ましょうとか、彼氏に対しても大事に尽くしますみたいな、「オトナ清楚」な装いでコミュ力高くて万人受けするのが「デキる女」というようになっている。

千葉　女性の側のそういう傾向と連動するようにして、男性の側でも、大人しいイケメンが好まれるようになっているのでしょうか。受け入れられやすい、無難で無毒なものとしてのイケメンさ。外見の類型としての尖りをなくしていく方向とエートスとしての保守化の流れは、おそらく関係しているのでしょう。

柴田　その点では男性に対する抑圧の方が強いのかもしれないですね。いま『Men's SPIDER』がどんな女性誌よりも激しい化粧をしているんですよ。ヴィジュアルホスト系ファッションの提案と言いながら、女性にまなざされるものとしてのホストの要素は徐々に減っていき、最近では顔面が蛍光緑色とかになっている人もいる。

千葉　Ｖ系でのモンスター化、ミュータント化。かつて二〇〇〇年代半ばに「センターGUY」のようなエクストリームな変身をやってみせたギャル男文化が『men's egg』の終刊に向けて退潮していって、そのあたりの時期から、ギャル男・Ｖ系・オタクなどなどの「系」の間でのクレオール化が起こっているように思います。ギャル・ギャル男文脈でのプリクラのデカ目、コスプレの二・五次元的な身体、Ｖ系の異様なメイクを、同じ平面上で考えたくなる状況です。他方で、無難に受け入れられるようになっていくイケメン。以上は、いわば「ポスト・イケメン」の話に踏み込んでいることになります。無難化という点に関して、〇〇年代のイケメンブームでは、ジュノン系という類型が重要だったと思います。それまでの燦然たるジャニーズの覇権に結びついていたイケメン認定の基準は、ジュノン系や、また美容室のカットモデルの前景化などによって拡散的になっていった。しかし、あらゆるところに無難なイケメンを発見するということと、怪物的なものになっていくということは、別の現象なのでしょうか。トリッキーな言い方になるけれど、両者は実のところ、背景で進行していることの両面のように僕には思えるんですよ。そういうふうに解釈した方が面白い気がしていて、その背景の一候補はフィクション化ということではないか。虚構、あるいは生まれ変わり。無難な共同性・家族というのも嘘くさいユートピアに他ならないでしょう。つまりは、軋轢を抹消した絶対安全なコミュニケーションの希求というのは、フィクション構築の努力であって、そういう虚構性と、怪物化していくという虚構化は、実はつながっているのではないか。『アバター』のごとく全身真っ青になることも、理想的な家族への参加も、３Ｄ映画への欲望のように欲望されているのではないか。

千葉　二・五次元と言うと、コスプレについてそう言われるし、またマンガ・アニメ的に自分の顔の粗をなくしていくという方向もそう言えるでしょうね。ここで、今回の特集にも関わっている『ミュージカル――テニスの王子様』（以下『テニミュ』）の興隆のような、二次元のイメージを身体に引き受けんとする劇場空間について考えてみましょう。『テニミュ』はどう思われますか。

星野　昨年初めて観に行ったんですが、すごかったですね。とにかく人数に圧倒されました。『テニミュ』の舞台は極度にフラットな群像劇のようになっていて、言ってみれば全員がある種のモブなんです。いちおう越前リョーマという仮のセンターはいるけれど、観客にはそれぞれ推しメンや好きなキャラクターがいて、俳優を推している人もいればキャラ推しの人もいる。その結果として観客の視線がつねに乱反射しているわけです。同時にそこには千葉さんの言っていた男性の享楽というものがある。というのも彼らはほとんど自分でメイクをしているらしいんですよ。

千葉　自分でメイクをするというのは大事なポイントですね。

星野　俳優たちは基本的に原作のキャラクターを再現できるように選ばれているわけですが、その際に原作の「キャラ」に似せていくという享楽が生じるわけですね。ともすればこの種の話は観客サイドの喜びにのみ回収されがちですが、当の俳優たちにおいても、二・五次元的に自分の身体を使ってエンボディメントすることの享楽がある。

千葉　キャラクターへの変身は、元々の自分がなくなるということでもありますね。そこで成立するキャラクター的なイケメンは、脱自＝エクスタシスであって、内面を重視される俳優の存在と、イケメンという言い方はぶつかることになる。俳優さんに「イケメンですね」と言っても決して喜ばないわけで、それより演技で評価してくださいということになる。外在的なモデルや平均性への一致に主眼があるなら、内面がないという揶揄をされることになるけれども、同時に、内面なき者になるという享楽もまたあるでしょう。

最近の『JUNON』や舞台系の雑誌を見ると、たんに僕が年を取ったということもあるにせよ、誰も彼も見たことのあるような顔という印象を強く感じるのです。いまのように男性アイドルの写真がいたるところに溢れ、ネットにたくさん落ちていて、雑誌も多種類出ているという状況は、九〇年代末にはなかった。そういう意味で、そこそこ整った男性の顔をデータベース的に一覧するという体験がいつ頃からか新たに生じたように思うのですね。そうした状況下で顔を見ると、様々な面影がひとつの顔に重なり合っているように見えてしまう。同時に三、四人の人に似ているように思える。僕はそれを仮に「スクランブル交差点的な顔」というふうに呼んでみます。平均顔という心理学の概念があって、人が顔を好むときには平均顔性がどのくらいあるかということが重要であるらしい。ただ、平均顔に近ければいいというわけではなく、平均顔はあくまでもひとつのパラメータであって、平均顔にプラスして逸脱するような個性的な特徴を兼ね備えているものが複合的に顔の好みに働く。平均顔は複数の顔のモーフィングによって作るものですが、生活のグーグル化以後、大量のイケメン画像の残像を念頭に置かざるをえなくなった今日では、日常において顔認知の背景に以前より強く平均顔の残像があり続けているように感じるのです。つまり、いつでも顔認知の背景に、大量の画像検索結果がモーフィングされた平均顔が控えているということです。ひとつの生きた顔を見ているのに、複数の薄いイメージでしかない顔の重なりを見ているようなとらえどころのなさがあるし、誰を見ても、求心的な個性を捕まえるというより、複数の顔が交差し通りすぎていく場に立ち会っているような感じがある。そういう状況下でひとつの顔にこだわるということは成立するのだろうか。

柴田　平均顔だけではなくて、黄金比の顔というのも特徴がなくなるんですね。私は女性の顔でしか調べていないのですが、美容整形では基本は黄金比に沿うようにするのがいちばん整っているはずなのに、それをオーダーする人はほぼいない。実際に黄金比に沿った施術を行うと整っているけれど、個性のない顔になってしまうんです。女性で美人と言われている人たちにはどこかしら逸脱がありますよね。あゆ（浜崎あゆみ）だったら大きすぎる目と高い鼻、ブリトニー（・スピアーズ）だったらタレ目、ケイト・モスだったら斜視っぽい感じと平均や黄金比から逸脱しているからこそ視線がいくということもあるので、黄金比も関係しているように思います。

千葉　ある比率からの偏差がどのように経験されるかということが好みの成立にとって重要なんだと思います。星野さんは『テニミュ』の群像を観ている観客の視線を乱反射するようだと言ったけれど、そうした焦点の拡散がひとつの顔に対して起こるということ、ひとつの顔であるにもかかわらずそこにおいて細やかな偏差の揺らぎに眼球を揺さぶられるような状況があるのではないか。ベンヤミンの『複製技術時代の芸術作品』の概念を借りるならば「気散じ」（distraction）でしょうか。さっきスクランブル交差点と言ったけれど、まさに都市的な経験ですね。こんなに大量の顔イメージを日常的に一覧している時代はいまだかつてなかった、顔の偏差を知りすぎている、そういう条件下でイケメンを発見しているのです。イケメンの時代というのは、膨大なデータベースにもとづく「顔認識」の時代である、そう言えるように思う。

星野　顔認識の精度がまったく異なるフェイズに突入している。

千葉　そう、ビッグデータ的な状況。アイドルの顔を楽しむということが、量をこなすことを条件としての認知の問題に、顔認識の問題になっている。質的判断から量的判断への移行です。質的・概念的な把握ではなく、大量のサンプルのなかで偏差を読み取ることへ。質的突出から量的な偏差での顔認識へ。その過渡期においてはカットモデルという存在が重要だったように思うのです。まさしく量的サンプリングですから。

星野　そう考えると、顔認識をめぐるリテラシーは上がっているという結論になるんでしょうか。

千葉　そうだとするなら、細かな偏差に対するファンタスムが成立するのでしょう。僕はもう世代が違っていて、データベース時代以前を引きずっているから、顔認識の精度も低いのかもしれない。

星野　なるほど。鼎談が始まる前はもっぱら「インフレ化するイケメン」という前提でものを考えていたので、現在のようにイケメンの氾濫する状況において、むしろディスタンクシオン（卓越化）に対する感度は「鈍っている」という印象を持っていたんです。言うまでもなく、僕たちの欲望や価値観は様々な次元の卓越化を通じて複雑に構成されているわけですよね。制服の着崩しをはじめとする「規律」からの逸脱や、ファッションのように緻密に構築された趣味の体系がある一方で、人々の注意を「顔」に集中させるような風潮が、そのような趣味の闘争を――部分的にであれ――劣化させているというイメージを持っていた。ところが、顔認識に関してはむしろいまの状況の方がリテラシーが高いのだという話を聞いていて、なるほどと思いました。その点について確認ですが、千葉さんはイケメンをめぐる現在の状況がファッションに代表される微細な趣味の偏差を抹消していってしまうというイメージはありますか。

千葉　ならば、顔が好ましいという意味でのイケメンだったらなんでもいいみたいな話になってしまうけれど、そういうことにはなっていないと思いますよ。

柴田　「クラスで3～4番目にかわいい娘を集める」というコンセプトがあるのではとファンや評論家からささやかれるAKBは上の下レベル、一〇〇点を最高点とした場合の七〇点顔はすごくモテるということを世に知らしめた典型だと思うのですが、千葉さんの言うようなイケメンの区別がつかないというのはそういうある種の凡庸さとも関係があるのでしょうか。

千葉　個性が突出しているかどうかという質的判断で見るなら区別がつかない。柴田さんの言葉で言えば七〇点近辺の偏差がざわめいているのでしょう。それらを見分ける能力もあるんだと思います。

──イケメンブームに寄与したものとして平成仮面ライダーシリーズとジュノン・スーパーボーイ・コンテストというものがよく言及されます。平成仮面ライダーの場合、子供と一緒に番組を見ているお母さんにイケメン俳優として注目され、人気を獲得しているということが言われている。ジュノンボーイも主に女性読者を母体とした読者投票によって審査を進んでいく。ジャニーズのようにジャニーズJr.という大人数が背景にいるけれども、ジャニー喜多川という人物の一存によって引き上げられる可能性のあるものとは構造的に違うものですね。

千葉　ジャニーズとそれ以外、とりわけジュノンボーイは、イケメンの地勢図においてふたつの柱としてあるように思います。ジャニーズはジャニー喜多川の一本釣り的な批評によって選ばれているとすると、ジュノンボーイは集合知的ですね。ジャニーズは特権的な男性＝主体による選択という旧体制ですから、ジュノンボーイは、男性の客体化という点で言えば、オーディション形式や読者モデルがそれを推進したことになるでしょう。

星野　千葉さんはジャニーズとジュノンボーイを対比的に位置づけられましたが、〇〇年代のジャニーズのデビュー組の傾向を見ると、近年はかなり客体化した男たちを打ち出しているような気もします。最も重要な転換としては、嵐のように完全に客体化した男子がポストSMAPの位置に来ているわけですよね。

千葉　それはジャニーズの歴史において大きい切断ですよね。

星野　ジャニーズという存在が男性にとってもある種のメディア内的な規範であったとすると、嵐以前のジャニーズを見て育った若い子と、嵐を見て育った若い子とではかなりメンタリティに違いがあると思います。客体化された男たちを見ることによって、少年たちもその「客体としての男性性」を内面化していくという側面があるのではないか。最近だとKis-My-Ft2も象徴的ですね。『キスマイBUSAIKU!?』という彼らの冠番組がありますが、内容がとても興味深い。番組では毎回異なるシチュエーションがお題として与えられ、メンバー七人のふるまいが女性たちにランク付けされていきます。たとえば、一人で残業をしている後輩の女の子に上司としてどうやって声をかければよいか、というお題がメンバーに与えられる。それからキスマイのメンバーが考えた「模範解答」が二位から七位まで（一位は最後）映像として流れるのですが、その画面上には――ニコ動のコメントのように――女の子たちのコメントがザクザク表示されるんです。上位三人の「解答」には好意的なコメントが並ぶのですが、順位が下になるほど「ありえない」とか「気持ち悪い」とか辛辣なコメントばかりになっていって、いずれにしてもそこでは彼らの自意識やふるまいが完全にジャッジされる対象になっている。

千葉　集合知的な状況で適切なコミュニケーションを取るように規律訓練されている。ところで、イケメンの反対として男性にブサイクと言うのは、ゲイ的な自嘲文化の一般化のようにも感じます（笑）。

星野　ジャニーズだけを見ても、〇〇年代を通じた客体化という状況は先ほどのキスマイの事例に極まっているように思います。ちなみに、キスマイは七人のメンバーがイケメン三人とブサイク四人に（オフィシャルに）分断されているという点でも特異なグループですが、『キスマイBUSAIKU!?』でもイケメンとされている三人がランクの上位に来ることがほとんどです。特定の状況下で魅力的なふるまいができるかどうかは顔とは本質的に無関係であるはずなのに、イケメン扱いされている三人がランキングでも上位に来るということには示唆的な問題が含まれていると思います（——もちろんその「格差」自体がひとつのゲームとして消費されているのだと思いますが）。

千葉　〇〇年代にジャニーズはSMAPの時代から嵐の時代に向かい、平成ライダーを務めるような非ジャニーズのタレントがわんさか出てくる。特殊かもしれませんが、イケメン俳優と言うと非ジャニーズを指すという用法もあると思います。ジャニーズはやはりジャニーズであり、あるいはややゲイっぽい言い方をすればジャニ系であって、ジャニ系と最近のイケメンは違う。ゲイの出会い系サイトでもジャニ系と、ジュノン系やサロン系は区別されています。後者は「さわやか」とか形容されることが多いように思います。前者、ジャニ系について九〇年代末から〇〇年代半ばまで言われた言葉は「かっこかわいい」ですね。

——いまのイケメン俳優の群像に適応している層のなかにはジャニーズJr.をメインとした番組に親しんでいたことによって、まだ顔のでき上がっていない男の子の集団を把握していたというのが背景にあるのかもしれません。

千葉　誰かが「ショタ曼荼羅」と言っていたJr.がステージ奥に一面に並んでいるイメージは予兆的でしたね。あれは画像検索結果の画面そのものではないですか。ジャニー喜多川は質的突出の抜擢と量的顔認識を並立させていたことになる。さて、ここで宝塚の男役に目を転じてみたいのですが。

柴田　宝塚の男性像はいまのイケメンとは正反対というか、宝塚はありとあらゆる男性像を女性の身体において置き換えていてかなり網羅的なんですね。『FINAL FANTASY』みたいなゲーム的なものからV系、アニメのコスプレ的なもの、ジャニーズ的なアイドル系、ジュノンボーイのようなちょっとさわやかなもの、逆に宝塚の男役が女役の衣装を着るとほとんどドラァグクィーンのようになってしまう。桃太郎なんかもイケメン的に消費されていて、それは大きな違いだなと。

星野　要するにシミュレーションですよね。

千葉　男性イメージの多系列化に対応している。ところで、女性による男性の客体化をどう考えるかということと、その客体化状況にある男性身体を男性自身がどう享楽しているかという問題は分けられると思います。現象としては同時に起こっていることですが、それぞれ考察する必要があると思います。

『テニミュ』と『テニスの王子様』に関しては、テニスはユニフォームが普段着に近いというのも大きいような気がします。テニスってスポユニフェチとして成立しにくいんじゃないですか。野球やサッカーはボンデージ系のフェティシズムの一種になりうるし、逆にバスケは反－ボンデージというか、ゆるすぎるシルエットの非日常性ですね。しかしテニスウェアは短パンとポロシャツで、ただの服ですから。テニスのマンガという出発点のフィクション自体が、ほとんどそのまま着られる、二・五次元化が容易なものだった。

柴田　女性コスプレイヤーによる男性キャラのコスプレの人口が爆発的に増えたのが『聖闘士星矢』『キャプテン翼』『テニスの王子様』とされています。最初の『聖闘士星矢』は女の子っぽい男の子がたくさん出てくる。『キャプ翼』はキャラがたくさんいるしユニフォームだからみんなで集まりやすいし、作るのも楽。『テニプリ』もその流れにあって、部活みたいにみんなで集まってプリクラが撮れるというふうに爆発的に流行した。

――二次創作の範疇にあったコスプレが公式による二・五次元という生身の身体を介した再現という形に転換されたというのも大きいかもしれません。

千葉　先ほどの「スクランブル交差点的な顔」に戻ると、すべての顔が二次創作に見えるという気がするんですね。誰かに似ているというのは何かオリジナルがあって、それをちょっと違う画風で描いているという感じを受けるけれど、すべての顔が互いのヴァリエーションに見えるような感じを受ける。

柴田　同人作家で食べられる人は二次創作が圧倒的に多いと言われています。

星野　そう考えると、結局エロの消費も物語的なものを必要としているということになるのでしょうか。二次創作ではオリジナルのキャラクターの属性やキャラクター間の関係を（明示はせず）暗黙の前提とするわけだから、それも物語の力に寄りかかっているということになるのか。

千葉　エロティックというのは、対人関係＝物語の複雑さの有限化だと思います。もうこれ以上は複雑な物語を読み込まなくていいという限定においてエロシーンに切り替わる。男性向けの場合はしばしばのっけから即物的なエロシーンに入るのに対し、腐女子向けの場合は心理劇が重要という区別が言われたりしますが、後者でも、特定のカップリングによる特定のシチュエーションのなかでのエロシーンが欲望されている。こういう話は、星野さんの論とは逆かもしれません。星野さんの言っていた、様々なパラメータの差異を外見がイケメンというふうに括ってしまうことで認識が単純化されるというのは、批判的なトーンで言っていたんですよね。エロティックな関係というのは相手の多様な性質の読み込みだと思いますか？

星野　エロティックなものに限定せずに言えば、僕たちの欲望の方向を決定づけるのはひじょうに複雑な機制のアレンジメントだと考えています。先ほどの話を繰り返せば、僕はそのような複雑なアレンジメントが多かれ少なかれイケメンの台頭によって単純化されつつあるのではないか、という印象を持っています。

千葉　僕の精神分析理解では、そもそも欲望はものごとの単純化ありきでないと発動しないというふうに考えています。関係の多面的な絡み合いのうちの一部をフィルタリングすることが欲望の始まりと思っているところがあるので、イケ「メン＝面」への焦点化というのも有限性の現象の一種という解釈になる。

星野　それもよくわかるのですが、ここでは少し話を限定したいと思います。イケメンをめぐる昨今の状況について批判的なトーンで言及するとき、僕がイメージしていたのは、「男性間の闘争」のようなものです。ファッション誌ひとつを取っても、そこに登場する読者モデルの自己卓越化には様々なパラメータが存在するわけですよね。それぞれのコーディネートにしても、それがブランドであるとか古着であるとか、いくらで買ったものであるとか、あるいは誰々に貰ったものであるとか、そこには他者の欲望をめいめいのしかたで発動させる複雑なパラメータの集合がある。いまのファッションの話はそれでもかなり単純化していますが、原理的にいかなる文化的事象も、そのような複雑なパラメータをめぐる卓越化の運動によって成立しているというのが僕の理解です。

千葉　なるほど。でも、そうだとしてもなお、そういう卓越性の闘争も、何らかの事情で限定されることになったいくつかのパラメータによって決まるのだろうというのが僕の理解です。

星野　もう少し補助線を引くと、僕がそのことを考え始めたきっかけは『FRUiTS』なんです。二〇〇〇年前後に一世を風靡した『FRUiTS』という雑誌には、基本的に読者のスナップしか載っていない。なので、スナップされた本人を初めとするコアな読者層にとっては、そこに登場する子たちのなかで誰がいちばんおしゃれかということが重要になってくる。とは言っても、そのようなジャッジを下すさいには実際に「目に見える」コーディネートだけでなく、数カ月単位でのコーディネートや、そのときハマっているもの、年齢、職業のような服以外のパラメータが色々あって、そのあり方がすごく苛烈だと感じたんですよね。

柴田　『FRUiTS』は自分のプロフィールを書く欄や着ている服のブランド名や説明もすべて個人の書いているものが反映されるので、キャラ立ちが要求される。SNSのない時代は文通もものすごく盛んでした。過剰な服好きはけっこうマイノリティなので出会いにかける情熱がすごくて、いまはもう文通コーナーはなくなりましたが、「私と文通してください」の文面の作り方にもすごく情熱を傾けていた。

星野　先ほどの話は、そういう同性間の闘争のことをイメージしていました。その点、『CHOKi CHOKi』は男性ファッション誌のなかでも特異な存在で、他の雑誌に見られるような「プロ」のモデルが不在であるために、同誌では専属モデルである「おしゃれキング」と、その予備軍としての読者モデルたちの苛烈な闘争がある。『FRUiTS』とはまた違った形であるにせよ、『CHOKi CHOKi』の常連の子たちもおしゃれキングに投票してもらえるように毎月コーディネートをむちゃくちゃがんばっていて、記入する項目もかなり考えて書いているように見える。そうなってくると、読者モデルの子たちはだいたいイケメンではあるんですが、そこにはイケメンという括りでは単純化されすぎてしまうパラメータがあるように思っていたんです。

――身近ではない虚構的な存在や突出したものの魅力というのは韓流（K-POP）などに席を譲っているように思えます。それがひじょうにアーティフィシャルなものであるというのも重要な点ですが。

千葉　その話からは、たとえば『MEN'S NON-NO』のモデルがいつ頃からかハーフ顔じゃなくなったということを連想します。九〇年代末からしばらくは本当にハーフばかり使っていたように記憶しています。身近な日本人っぽいものよりもちょっと遠い存在としてファッションモデルを演出したかったんでしょう。しかしリーマンショック以降あたりからドメスティックになっていって、二〇一〇年代になると、日本人的なと言っていいのか、薄い感じの塩顔男子に取って代わられることになる。

星野　それについて言うと、塩顔男子の代名詞とも言える坂口健太郎が『MEN's NON-NO』モデル出身というのは象徴的ですね。ちなみに『CHOKi CHOKi』は二〇〇〇年創刊ですが、いまのキングだと渡部秀明くんだけがハーフ顔で、あとはみんな日本人っぽすぎるくらい日本人っぽい顔です。

柴田　女性誌でも青文字系と言われるものの読者モデルはほとんどハーフ顔にはいかないんです。むしろ整っていない身体だからこそ共感できるというのがベースになっていて、内面や外見にコンプレックスのない読者モデルは受け入れられにくい。たとえば、足が太いというのも本当は細いのにそう言っているわけじゃなくて、実際にヒラメ足とか、コンプレックスにリアリティがある子の方が人気が出るという状況が生じています。赤文字系はまだハーフの磁場がある。

日常化ということではブログの台頭も大きいと思います。随時更新されるブログは身近に感じられやすいので、ハーフのような遠い存在ではなく、近い像に共感を持つことによって消費する、ブログやSNSを通してより自分に近い身体の持ち主に共感して楽しむことが主流になってきている。

星野　ブログとツイッターがデフォルトになっている状況では、対象を神秘化することにはほとんど最初から挫折が運命づけられている。

千葉　超越の不在ですよね。自分もそうなれるという内在的なイケメン。

星野　イケメンはどこまで行っても順列組み合わせの世界なんですよね。その順列を破壊するような顔というのはもうイケメンとは呼ばれずに、むしろ美形などに分類されていく。イケメンはあくまでもイケメンを破壊しない限りにおいてイケメンと呼ばれる。そこに超越はない。

千葉　塩顔男子というのはポスト・イケメン的状況のひとつのイディオムでしょう。つまり、いったん男性もまた強くまなざしを受けるという時期が成立し、その大衆化が進んだ後でこれからどうなるのか。

イケメンは作れる

――たとえば類型的なものの参照として「イケメンは作れる」と言うときに、それは顔ではなく、髪型や服装の輪郭によって形作られることになる。顔はデータベースの交差点に埋もれるということになるのでしょうか。

千葉　髪などで雰囲気イケメンはある程度実現できるように思われる。このことをどう考えたらいいのか。

星野　柴田さんの七〇点顔の話や平均顔の話との絡みから言うと、「イケメンは作れる」というときには平均に近いこと、突出した癖がないということが条件になってくると思います。よくも悪くも突出した顔は髪型や服装ではカバーし切れない。七〇点的な比較的平均に近い特徴のない顔というのが、イケメンに生成変化する可能性を持った顔としてポジティブに把握されるということはあるのかもしれない。

千葉　ただ、その突出した癖がないことという条件の範囲は、実はけっこう広いんだと思うんですよ。とくに本当の＝骨肉レベルのイケメンは誰それだなどと言っている人が思っているだろうほどは狭くないはずなのです。髪型と眉でかなり変身できてしまうと思いますね。

――画像に限って言えばスマートフォンのインカメラとフィルタによってそれこそイケメンを作れるようになった。プリクラ的なデカ目の加工とはまた違うものです。

千葉 それはそうですね。写りをよくするには明るくして白く飛ばしてしまえばいい。

柴田 プリクラのデカ目・小顔機能や足細機能というのは女の子をキャラクター化するシステムだと思うんですよ。カップルのプリクラにおいて女の子はキャラとしてかわいくなるけれど、彼氏の方はちょっとキモい感じになりがちなのは、女の子がキャラとして平均的にかわいくなる加工がなされているからであって、足が細くて目が大きくて顔が小さいという加工と男の子がキャラとして平均的に格好よくなる機能とがズレている。男性用プリクラができたら女性向けとは異なる加工の法則があると思います。

千葉 プリクラをアイコンにしている若い男性もいるけれど、男性の当事者はあのデカ目加工をどう思っているのかな。最初に見たときあれは衝撃的な表象でした。ショッキング。これまたベンヤミン的な意味でなのかもしれない。個人の顔を写しているのにカモフラージュの機能がありますよね。本人に会っても同一視できないですよ、きっと。一般的に言って、プリクラの加工や自撮りのフィルタというのは粗を削って平均化する、匿名的なものに近づけていくということですよね。まさにスクランブル交差点的なものにしていく。こういう匿名化と、他方で、複数のイケメン類型が存在するという話は、どう考え合わせたらいいのだろう。

たとえば今回、編集部が想定しているイケメン、それはもっぱら塩顔的なものだと思うけれど、それとEXILEみたいなワイルドでマッチョなものはぜんぜん違いますよね。古い男っぽさへの回帰が二〇一〇年前後に起きている。EXILEはすごい人気であり、保守化の線として、小汚くて逞しい男みたいなものと、大人しいお婿さんみたいなものが並立している。ともかく、イケメン俳優と言う場合には、逞しくゴツゴツしたタイプよりも、女顔的なものを指示する方が強い傾向ですよね。

星野　犬っぽくて飼い馴らせる感じですよね。

千葉　心理学で言われる男顔というのは顔が四角っぽく、額がしっかりしていて、目の彫りが深く、といったものですね。女顔は、顎が細いというのがあり、また目が大きいというのは幼児化のパラメータに重なっている。そもそもジャニーズにしても、女顔の要素が男性の顔にある割合で入ることが重要だったわけでしょう。そういうトランス的な魅力とはいったい何なのかという巨大な話になってしまうけれど。

たとえば、いま星野さんにとって具体的にイケメンと言うと誰を指していますか。

星野　さっきも話題になったことですけど、世代のせいか僕はイケメン俳優に対するリテラシーをそこまで持っていないような気がする。だから、どちらかと言うと筋肉とか身体的なものに注意が向いてしまっているわけですが。

千葉　EXILEですか⁉　体を鍛えたいのは僕もそうなんですが……。イケメン俳優に対するリテラシー習得は確かに難しい、僕は九〇年代的なもっと粗い質的特徴の顔の方に慣れていて、世代的にいま彼らはマッチョな感じに向かってますよね。僕は昔からTOKIOが好きだけれど、三〇代半ばをどう乗り切るかを課題として彼らを見ているという感じです。中年への道ということでEXILEへの関心には共感できるとも言える。星野さんは集団としてのEXILEが好きなんですか？　とくに推しというのは？

星野　推しはいないですね。あの群れがいい。逆に言うと、TAKAHIROの顔はちょっと浮いているから邪魔に思えるんです。造形的にはATSUSHIが好きかな。

――星野さんは千葉雄大もお好きですが、ATSUSHIと両立させるロジックというのは。

星野　二人共あるジャンルのなかの極北という感じですよね。綺麗目強面系ならATSUSHIは頂点付近にいるわけだし、おしゃれキングだった頃の千葉雄大はツモリチサトとかを着ている中性的な男の子ということで、やはり「その系統」の頂点にいるような風格があった。いわゆるイケメン俳優のなかではちょっと癖のある顔が好きなので、綾野剛はけっこういいなと思います。ただ、彼はどちらかと言うと写真の顔という感じがする。動いている顔よりも『AERA』のような雑誌に出ている顔がすごくいいんですよ。そういう意味ではイケメンは止め絵の美学という気もします。「イケメンは作れる」という話もそうだけれど、動画ではまた話が違ってくる。

柴田　三六〇度見えてしまうと破綻して見えるというのは絵画と彫刻の違いでもあります。絵画に描かれた美男や美女を彫刻に置き換えるとプロポーションが破綻することもある。

星野　造形ということで言えば、たとえば佐藤健は骨がいいと思う。頬のあたりに特徴があって、それがいわゆる平均的なイケメンに味付けをする要素になっている。

柴田　亀梨（和也）も同じタイプだと思います。亀梨は彫刻的にすごく面白い独特な骨格をしている。カチッと骨があるんだけれど、なめらかな形という作りがいのある顔です。難しいけれど、できると綺麗。骨格と肉のつき方のバランスなんです。全体が骨っぽかったり、丸かったりというのは作りやすいけれど、綺麗なものにはバランスの妙が必要とされる。とくに男性の場合はそうです。亀梨はすごく面が綺麗なんですよ。骨がまず第一に来て、その次に頬から顎にかけての面の移り変わりがすごくスムースなので、水粘土一色の白黒でもすごく綺麗なタッチになる。綾野剛は絵画的な顔なので、フォトジェニックにいい写真は撮れても立体で作ると何か違うということになると思います。

千葉　面白いご指摘ですね。絵画的な顔と、彫刻的な顔という区別がある。

柴田　平面と立体では、立体の方が骨格や筋肉のバランスと構造に重きが置かれると思います。亀梨はとくに横顔、斜め四五度くらいの骨格がすごく綺麗ですね。人体彫刻は身体の流れを螺旋状にぐるぐる回って全身を見ることができるといちばん美しいとされています。筋肉は全部斜めについているので、その流れに沿って身体を螺旋構造で見ることができると美しい。亀梨は螺線形の顔をしている。

ポスト・イケメン

――イケメンというものをめぐる状況が九〇年代に準備され、二〇〇〇年代に入ってムーブメントを作り、それがいまもはや前提であるかのように薄く沈んでいくということがなぜこのタイミングで発生したのでしょうか。

千葉　僕は顔のデータベース化が大きいと思う。

星野　それがネットと連動している。このムーブメントが二〇〇〇年代に起こったということはやはり重要で、なぜならそれはデジタルネイティブが生まれていく一〇年とほぼ対応しているからです。千葉さんが指摘されたような顔のデータベースが爆発的に形成されていったのがこの一〇年間であり、それがデフォルトになったときに初めてイケメンをめぐる共通了解が生まれてくる。

千葉　その間、プリクラを嚆矢として、メイクやもろもろの技術的介入で自分の身体とルックスに対するレタッチ的、Photoshop 的な態度がどんどん進んでいった。それがものすごい数の顔のデータベースを参照しながら行われる。自撮りの撮り方は、他の人の自撮りを見て効果的な撮り方を勉強していくわけですから、これまたデータベース的な状況と不可分ですね。

星野　顔がひとつの宿命であるという時代から、そもそも最初から操作可能性を織り込んだものとして自分の顔を把握する時代へと移行していますよね。そのような意味で、それをポジティブに解放として捉えることもできるかもしれない。

千葉　顔の固有性の感覚が薄まったという感じはします。それは変えられるということでもあるし、さっきの言い方を用いれば顔を交差点として見るようになってしまった。揺るぎがたい固有名性を担うものだった顔がデータベースの一部に生じている重なり合いのようなものになっている感覚があって、つねに誰かに似ているという判断が働いてしまう。

もはやその身体に固有に属する顔というしかたで顔を認識することの可能性が人類史から失われつつあるのだろうか、大げさに言えばそういう気すらします。振り返ると、出会い系掲示板やSNSに自分の顔をプロフィール画像として載せるということがデータベース形成を促したわけですね。こんなに一般人の顔をズラーッとたくさん並べて、拡大縮小して仔細に検討できるようになったというのは決定的に途轍もないことです。これは、写真体験が新しい状況に突入したのだと思います。

——そこにおいてポスト・イケメンはどのように志向されるのでしょうか。

千葉 一方では、塩顔とワイルド、甘塩と辛塩みたいな保守のペアがあるわけですが、そうですね、他方では、モンスターやミュータント、異形の色々がもっと肯定されていくという筋はあるのでしょう。小泉義之さんみたいな話ですが、いわば「狂気顔」になっていくという。

星野 異形の肯定というのはひとつの希望というか、まさしくポスト・イケメン的状況ですよね。「イケメンは作れる」という操作可能性が全面化すると、潜在的に多くの人がイケメンになりうる可能性を持つ一方で、そこから決定的な偏差としてどうにもならないような層も出てくる。それを肯定的に把握できるかどうか。これまではデータベースが飽和して全面化していく過程だったけれど、それが前提となってまた時間が経ったときに質的な変化は起きるのか。たんにデータベースの蓄積が前提となるだけで、そこから何も変わらないのか、あるいはそこで量的なものによる切断が生じるのかというのが、遠い将来のイケメンの問題になるでしょうね。

柴田 『Men's SPIDER』や、小泉さん的な変身してモンスターになることの肯定と、千葉さんの

『動きすぎてはいけない』のような、異形を肯定しつつ異形になりきらない中途半端な異形としてのイケメン、その二つが共闘すれば、メンズ・スタディーズだけでなく、クィアやフェミニズム的にもひじょうに有益な、イケメンの明るい未来があるような気がします。

千葉 なるほど、おそらく人間は、形態について何らかの平均性――単一のではなく、いくつかの類型における平均性――の引力から逃れられないでしょうから、平均性からの微差をめぐるゲーム、そして、もっと大きな差異をめぐるゲームが、絡み合いながら同時に作動し続けることになるのではないかと思います。

9

ポスト精神分析的人間へ

——メンタルヘルス時代の〈生活〉

×松本卓也（まつもと・たくや）

1983年生まれ。高知大学医学部医学科卒。自治医科大学大学院医学研究科修了。博士（医学）。京都大学大学院人間・環境学研究科准教授。専攻は精神病理学。著書に『人はみな妄想する』（青土社）、『享楽社会論』（人文書院）。共著に『天使の食べものを求めて』（三輪書店）、『〈つながり〉の現代思想』（明石書店）など。

松本　私は高校生の頃から『現代思想』や『批評空間』といった雑誌を読んでいましたが、そうした雑誌では、しばしば精神病理学を専門とする臨床家と、現代思想を論じる思想家が対談しており、まさに臨床と人文知が協同している場面が数多く見られました。ですが、最近は、ゼロになったわけではありませんが、一時に比べると少なくなったようですね。

今回、改めて「臨床と人文知」というテーマで特集（『ａｔプラス』二〇一六年一一月号）を組んだのは、臨床の現場と、人文知のありようが、見過ごすことのできないほどの変化をし始めている、あるいはすでに変化したことが明らかになりつつあるように思ったからです。後で触れますが、およそ「ゼロ年代」にそうした変化が前景化してきて、臨床と人文知の協同のあり方についても、新しい見方をしなければならない、と思うようになったわけです。

私事になりますが、私は二〇一六年の四月から京都大学に赴任して、精神病理学や病跡学や精神分析理論を教えているんですが、大学や業界の空気を見るに、定年まで同じことを教え続けることはできないだろうと感じています。「サイコセラピー」といえば精神分析ではなく認知行動療法のことを指し、「フィロソフィー」といえば大陸哲学ではなく分析哲学のことを指す現代の

「新しい」時代に、なおも「古い」大陸哲学の知を背景とした精神病理学や精神分析理論を教えているわけですが、今後、これらの学問をまったく同じ形で教えたり、研究したりするのは難しいだろう、ということをよく感じるようになったのです。

もう少し具体的に言いますと、木村敏、中井久夫、宮本忠雄といった著名な精神科医たちが六〇〜七〇年代に書いた論文を、私は普通に読むことができますし、反対に私の論文もそういう世代の方々が読めるように書かれていると思うのです。つまり、五〇年の時間的隔たりがあったとしても、話が通じるのではないかと思うのです。しかし、後一〇年くらい経ったら、そういう状況ではなくなっているのではないか、という気がしています。古臭い言い方ですが、いまは、ある種のエピステーメーの転換点にあるのではないでしょうか。だとすれば、何がどう変わりつつあるのか、何が必要とされているのか、そういうことを明らかにするためのとっかかりを作りたいというのが今回の特集の動機です。

今回、対談の相手として千葉雅也さんをお呼びしたのは、お互いにラカンとドゥルーズに興味を持っていること、そして、いわゆる「ニューアカデミズム」およびそれ以降の潮流の影響を受けながら思想形成してきたことが共通しているように思うからです。千葉さんとは、そうした共通点もあり、『動きすぎてはいけない』刊行前から何度かお話する機会がありましたし、拙著『人はみな妄想する』の刊行時には『現代思想』で内海健さんと一緒に自閉症スペクトラムをめぐって鼎談も行いました。そこでも話題になったのですが、我々には、「自閉症」への注目という共通のモチーフがあるように思います。これまで精神病理学と現代思想が協同するときには、カッコつきの「分裂病（統合失調症）」を共通の言語としてきたわけですが、「自閉症」というモチーフは、新しいモデルへの転換を可能にするポテンシャルがあるのかもしれません。

千葉　人間の究極のあり方としての「分裂病」を媒介にして臨床と人文知を往還するという状況から変わって、「自閉症」が蝶番としての役割を果たすようになってきました。そういう状況を作り出す当事者みたいなところが我々にはあるので、それを追認しているという対談ではありますが（笑）。

松本　二〇一六年六月の表象文化論学会で、シンポジウム「いま「自己」はどこにあるのか――精神分析、自己啓発、アルゴリズム」が開かれました。千葉さんが企画と司会をされ、私も登壇して自己像についてフーコーを参照して述べました。かいつまんで言うと、フーコーの『狂気の歴史』のモデルでは、狂気は古典主義時代には沈黙していたけれども、近代の到来とともに再び語り出すようになる。そして、フーコーは、「狂人のなかに人々は人間の深い真理を……発見するようにな」った（五四一頁）といいます。フーコーによれば、近代とは、狂気をいったんは疎外するけれども、その疎外された狂気のなかに人間の深い真理を見てとり、その真理を人間のものとして再我有化する時代だったのです。『狂気の歴史』や『言葉と物』のなかでフーコーが言及する狂気は、一方では、ヘルダーリンやネルヴァルの名がしばしば参照されていることからもわかるように、明らかに統合失調症（分裂病）のことでした。

そして他方では、フーコーのパースペクティヴでは、精神分析は、表面に出ている症状にはもっと深い症状の真理があるという前提に立つ理論であり実践です。患者が見せる症状の表面ではなく深みのなかに真理が伏在しているという前提に立ち、深層を暴く＝覆いを取るわけですね。この意味において、精神分析による神経症の取り扱いにも、統合失調症を対象とするのと同じ真理観がみられるわけです。その真理とは、精神分析にとっては幼年期のトラウマであり、セクシュアリティを決定づけるファルスです。つまり、真理とトラウマとファルスが三つ組になって、症状の下に、深層に存在すると考えられていたのです。これが、精神分析的人間とも呼べる人間像であり、近代以降に生まれた「古い」自己像であったと言ってよいでしょう。

しかし、フーコーは『言葉と物』のなかで、そういう精神分析的な側面を持つ人間が「波打ち際の砂の表情のように消滅するであろう」（四〇九頁）と書いています。『言葉と物』の刊行は一九六六年ですから、ちょうど五〇年後のいま、我々はその消滅を見ているんじゃないかという予感がしているんです。

これは、千葉さんが早くから紹介されていた、カトリーヌ・マラブーの『新たなる傷つきし者』で言われていることと並行しているように思います。マラブーが言っているのはこういうことです。フロイトのヒステリー患者がセクシュアリティに関するトラウマ＝真理の偽装的回帰によって苦しんでいたとすれば――そして、ラカンにとって精神病がトラウマ＝真理そのものの無媒介的回帰であったとすれば――、新しい時代のモデルになるのは、脳損傷やアルツハイマー病の患者に見られるような、もはやセクシュアリティの介在しない器質的なトラウマである、と。

千葉　心的なトラウマではなくて、身もふたもない、物理的な傷としての脳の傷、ですね。マラブーはこの、セクシュアリティよりも「深い」次元で働いている機制のことを、「脳事象」（セレブラリティ）と呼んでいます。セクシュアリティを根底から条件づけている次元に、セレブラリティがあると。

松本　フロイトは、精神分析によって心を掘っていくと、最終的にはペニス羨望や男性的抗議といったセクシュアリティの硬い岩盤にぶつかると言っています。心の深い部分に、セクシュアリティと関わる真理があるというわけです。そのような精神分析モデルを越えて、セレブラリティという外傷的なものをより深いものとしてみる。マラブーのこういった見方にも、人間のモデルが変わりつつあることが示されています。

千葉さんは人間のモデルを変えてしまうような新しい議論に昔から注目されていますね。最近だと「思弁的実在論」の文脈で、人間の相関主義的枠組みではなく、「物そのもの」という観点からみた新しい人間というかポスト人間というモデルの議論をされているように思いますが、どうでしょうか。

千葉　僕のパースペクティブでは、思弁的実在論における物＝実在という次元への注目は、心的因果性から外在的な脳レベルでの因果性に話を移すというマラブーの構図と対応しているんです。そういう意味で、ポスト構造主義が考えていた、内的なものに対する極限的外部性としての現実的なもの、という構図を超えるようなリアリティ＝物の次元を考える方向ということで、ポスト・ポスト構造主義を位置づけているんですね。

ラカンにとって現実的なものというのは、心の内的因果性がつねに失敗を孕むものとして考えられるとき、内的因果性に結びついている外部性なんですよね。ラカンはそれを「穴」と表現するわけです。二村ヒトシさんが言うところの「心の穴」です。マラブーの話は、要するに、我々は心の穴を抱えているわけですが、穴を抱えている心全体が乗っかっている物理的な基盤自体がぶっこわれたらどうなるんだという話です。これは、非相関的な唯物論を問題にしていると捉えられるから、思弁的実在論につながると思うんですね。

特集全体を見ても、自閉症論へのシフトが色濃く出ています。事前に読ませてもらって、参考になりました。しかし、こういう自閉症をめぐる話って、海外のポスト構造主義論の文脈ではどのくらい出てきてるんでしょうね。

英語圏の人から、僕が國分功一郎さんと近藤和敬さんと、ロンドンのキングストン大学で開いたワークショップについての問い合わせが来たんです。ワークショップで僕は、日本のドゥルージアンが、ドゥルーズにおいて重要な病理的モデルを精神病から自閉症へとシフトさせているという話をしたんですが、その文献はどこにあるんだという問い合わせがありました。残念ながら日本語でしか書かれていないと言ったら、とても残念がっていました。どうもその人も、部分的にドゥルーズ&ガタリにおいて自閉症的モチーフを見るということをやろうとしているらしい。

ただ、海外においてスキゾ的なポスト構造主義という理解を、はっきり自閉症モデルへと乗り越えるというパラダイムシフトは、明確には起こってないんじゃないか、とも思うんです。どうもこれは、ある種「日本的」と言える現象で、もっと対話を開いていった方がいいような気がします。

松本　英語圏であまりないというのは、精神病理学という学問が、日本で例外的に生き残っていることと関係があるかもしれません。

千葉　変に延命していますね。ややアイロニカルに言えば、日本では精神科医が知識人として崇め奉られる奇妙な文化がありますから。精神科医が文化について語るご意見番として機能する。

松本　その文化がなければ、私も世に出てこられなかった（笑）。

なぜ「分裂病」だったのか

松本　最近の『現代思想』（二〇一六年九月号、特集・精神医療の新時代）で、斎藤環さんが反精神病理学／反ラカン宣言のようなものを出されています。これまでの臨床と人文知の協同というものが、分裂病を理想化して「崇高なる究極の他者みたいな位置に祭り上げ」ることによって、生身の患者を見ずに、治癒をないがしろにしてしまったという指摘をしていました。

千葉　要するに、ちゃんと治してこなかったと。

松本　はい、プラグマティックな議論です。ただ、好意的にみれば、斎藤さんは、もっと面白いものをやっていこうと、精神病理学や臨床と人文知の協同を激励する意味でも言っているのだと思います。

千葉　ただ治すだけでなくてね。治すことをまず考えるというスタンスを取ったときに、そこで文化的な精神病理学をどう捉え返すか。それを一周回ってやれという話ですね。

松本　「分裂病」問題の人文知的応用は、浅田彰さんのスキゾ＝パラノ、柄谷行人さんの「形式化の諸問題」や『探求』の他者論での分裂病のメタファーが有名です。

だけど、これは日本に限った話でもなくて、たとえばカール・ヤスパースが一九二〇年代からやっていることです。ヤスパースは、フッサールの初期の記述心理学の方法を使って、精神医学を方法論的に基礎づけた人です。そして、その基礎づけ作業の後で、彼は『ストリンドベリとファン・ゴッホ』という病跡学の本を書いています。その本のなかでは、「この種の病者（＝「分裂病」者）において一時的であるが、形而上学的な深淵が啓示される」ということが主張されています。「分裂病」者は、二〇世紀に本格化する工業化社会、つまり真理が問題とされなくなった時代において、真理に到達できる唯一の人間なのだとヤスパースは言うわけです。

その次に出てきたのが、ビンスワンガーやブランケンブルクです。この人たちは、ハイデガーに影響を受けています。彼らもまた、「分裂病」のなかに、人間の現存在の世界のなかへの住まい方の真理を見ています。

千葉　分裂病を通して、近代的技術の体制によって忘却されてしまった存在そのものへ、もう一度接近するというわけですね。

松本　ええ。日本でも、ヤスパースらの理論を参照しながら、独自の議論が生まれてきました。面白いことに、日本の精神病理学者のビッグネームはだいたい二〇年周期で誕生しているんです。一九一〇年ごろに生まれたのが、島崎藤村の姪の息子である島崎敏樹、西丸四方といった早い世代の精神病理学者であり、彼らは「一般向けに物を書く知識人としての精神科医」というあり方のモデルとなった人物です。人文知との関係について言うと、彼らは文章からも明らかに教養人なのですが、人文知を必ずしも前面には出していません。

その二〇年後の世代が一九三〇年ごろ生まれの、木村敏、中井久夫、宮本忠雄です。この世代になると、人文知への参照が明らかに増え、文章のなかに哲学や思想の明白な影響や、あるいは哲学者の固有名が頻繁に現れてきます。彼らは、臨床経験を理論化する際に人文知を下敷きにしていて、とくにハイデガーの影響を受けた現象学的／人間学的精神病理学の立場を取っていました。木村敏は後にドゥルーズやデリダを明示的に参照し、中井久夫はそういった思想家のエッセンスを翻案するように文章を綴っています。

ついで一九五〇年生まれぐらいの世代が、私の師匠でもある加藤敏さんや、新宮一成さんらです。内海健さんは一九五五年生まれなので、それよりちょっと下になりますね。この世代になると、人文知の構造主義的な（あるいは、ポスト構造主義的な）展開を前提とした地点から議論を始めています。それまではフッサールやハイデガーのモデルでやっていた精神病理学が、木村敏や中井久夫の先駆的な仕事の影響を受けつつ、ラカンやドゥルーズ、デリダなどを積極的に参照するようになるのです。

人文系の雑誌に出てきて話をする精神科医は、例外はいくつかありますが、だいたい一九三〇年代生まれ以降の人たちです。一九五〇年代生まれの人たちも、それに続きました。その流れのなかで、ハイデガー的なあるいは（ポスト）構造主義の理論と対応するものとして、メタファーとしての「分裂病」が臨床と人文知との間の共通の言語として機能していった。そういうふうにまとめられるかと思います。

とくに、七〇年代以降のいわゆる「フランス現代思想」のブームや、八〇年代以降の「ニューアカ」の影響も大きいと思います。

千葉　フランスの現代思想をやろうと思うと、精神分析／精神医学と関わらざるをえないんですね。ある種の精神状態の類型のようなものをつねに念頭に置いて、それとの関係でどういう文化的問題の位置づけが与えられるかという見方。疾病分類というか、鑑別診断的な発想、あるいは病跡学的な見方がついてまわる。

今年の六月に、一橋大学の「哲学研究の比較・方法・評価・教育の観点から」というシンポジウムで、分析哲学の秋葉剛史さん、哲学史の馬場智一さんと話をしました。僕はフランス現代思想の担当で、フランス現代思想をやる場合には、どういうタイプの狂気と自分の議論が関係しているのか意識するということが、方法論的前提となっているという説明をしました。

おそらく、通常の哲学研究や分析哲学では、そういう問題の位置づけ方をしないと思います。ことフランスの系譜となると、そういうことをせざるをえない。

松本　デカルトが『省察』のなかでコギトの話をするときに、悪霊や狂気を持ち出してきますし、そこから来ているのかもしれないですね。

千葉　狂うことの際で何が起こるのかという見方を、フランス系の研究者はつねにしているということですね。

たとえばウィトゲンシュタインがアスペルガー症候群だったという話をするのは、フランス的な発想からは意味のある語りだと思うんですけど、ウィトゲンシュタインを純粋に研究している人にとっては、そう言われたからなんだという感じではないでしょうか。
松本 そんなことを言われても、たんなるアネクドート（小話）でしかない。
千葉 そこに本質的なものを見るかどうかは、大きく立場が分かれるところですね。
要するに、フランス現代思想の場合、人間の理性のタイプが分かれてしまう。理性には類型があって、単一の構造ではない。ラカンの場合は、神経症と精神病と倒錯とで構造が違うわけです。前提となっているものの考え方の構造自体が違うんだと。そういう見方は分析哲学では取らないと思います。

「ゼロ年代」思想とアスペルガー症候群

松本 私の場合、もともと医学部に行こうと思っていたわけではないんです。現代思想の方に興味があって、思想史のような分野を勉強したかった。ですから、「分裂病」との出逢いは、精神医学における疾患というよりも、むしろ人文知のなかのメタファーとしての「分裂病」との出逢いが最初でした。そこから次第にラカンを読むようになったわけです。研修医になってから最初に取り組んだのは、ラカンの『精神病』のセミネールの精読や、シュレーバー症例の研究です。ですから、わりと古い、時代遅れ感のある精神病理学のモデルに影響を受けてきたわけです。
私が臨床に出るようになって驚いたのは、現場では、本で読んできたような「分裂病」の世界とはまったく違う光景が広がっているということでした。二〇〇八年に研修医として臨床に出たんですが、その時期には成人期のアスペルガー症候群がとくに話題になっていました。

今日では、誰もが成人期のアスペルガー症候群のことを知っています。大学の保健管理センターの担当者や職場の産業医は彼らのことを知らなければやっていけないでしょう。しかし、ほんの十数年前には、成人を対象とする精神科医には自閉症やアスペルガー症候群にあまり詳しくない人が多かった。精神科医と、子供を対象とする児童精神科医は異なるディシプリンに属していますから、精神科医の多くは、成人期のアスペルガー症候群の症例をそれとして診断することができなかったんです。成人期のアスペルガー症候群の症例を統合失調症だと「誤診」してしまうこともしばしばだったようです。ですが、世紀の変わり目ごろから、成人期のアスペルガー症候群という概念が、成人を対象とする精神医学でも注目され始める。アスペルガー症候群をちゃんと考える必要があると言われる時代が到来したのです。

もう少し時代背景を説明しておくと、二〇〇〇年に「豊川市主婦殺人事件」が、二〇〇一年に「レッサーパンダ帽殺人事件」がありました。こういった事件の際、犯人が発達障害を持っていることが、メディアに注目されましたね。二〇〇五年には発達障害者支援法ができ、特別支援教育が制度化されます。社会的要請としても、青年期から成人期にさしかかるアスペルガー症候群や、広く「発達障害」——これは、自閉症やアスペルガー症候群といった自閉症のスペクトラムに、注意欠陥多動性障害などを加えた行政上の概念です——に対する適切なケアが必要だと言われ始めます。

私が精神病理学という学問に関わり始めるようになって目にしたのは、かつての「分裂病の精神病理学」が、アスペルガー症候群によってどんどん切り崩されていく風景です。幻覚や妄想や特殊な言語使用など、かつて分裂病の特徴的症状だとされていた精神病理が、アスペルガー症候群にも見られるものだということが明らかになっていったのです。そうなると、これまで自分が勉強してきたものが再考を求められていると思うようになりました。

たとえば、統合失調症における妄想というのは、ある種の究極の他者性＝超越的な他者の顕現や侵入、といった文脈で語られてきたんですが、アスペルガー症候群や自閉症スペクトラムの場合に出てくる妄想は、むしろそういった他者性とはほとんど関係がなく、ロジカルに作られている。通常とは異なる認知によって得られたデータを、独特のロジックによって解釈した結果として妄想が発生していることが多いんですね。このような妄想のあり方は、超越的他者のような議論を必要としません。アスペルガー症候群や自閉症スペクトラムの時代は、ビンスワンガーの言葉を借りて言えば、垂直方向を厄介払いしているかのようでした。

同時期、人文知の分野では、「ゼロ年代」と呼ばれる思想がありました。福嶋亮大さんの『神話が考える』等に代表されるように、「ゼロ年代」思想は、アルゴリズム的思考の優位によって特徴づけられますが、ある種、レヴィ＝ストロース的構造主義をベタに復活させるようなものでした。あるいは東浩紀さんの『一般意志2・0』は、そうしたアルゴリズムの平面と政治家との間に界面を生じさせることが大事だという話なので、それをアルゴリズム的だと言い切ることは難しいのですが、いずれにしても、データベースやアルゴリズムの重要性が言われていたことが「ゼロ年代」思想の特徴だと思います。

私のなかでは、その二つの風景、つまり臨床における「分裂病」がアスペルガー症候群に切り崩されていく風景と、人文知においてハイデガーのフランスへの輸入から発生した「フランス現代思想」の子供たちが存在や他者性をフラット化していく風景が同じ流れにあるのではないかと思えるんです。一方では、アルゴリズムが優位になって駆動されるメンタリティのようなものがアスペルガー症候群にも見られた。他方では、「ゼロ年代」思想でもアルゴリズムの重要性が言われる。

もちろん、それは当時すでにビジネスの現場では当たり前の話だったわけです。つまり、つねにエビデンス・ベースドで考え、統計的にどちらがいいのかをロジカルに判断していくという考え方ですね。そのような考え方が蔓延する現代に、加藤敏さんは「社会のアスペルガー化」という呼び名を与えていました。私も当時、社会にあまねく広がるエビデンス主義のようなものと共犯関係にある「メタファーとしてのアスペルガー症候群」に対して警戒的ないし批判的な態度を取っていました。志紀島啓さんと「アスペルガー化する社会」という対談をしたのは、そういう時期です。

その意味では、私は「古い」精神病理学をなんとかして死守せんとする立場を最初は取っていたことになりますが、次第に、それはかりではいけないのではないかと思うようになりました。『人はみな妄想する』という本の結論部は、「精神分析の自閉症化」について書かれていますが、これは、誤解を恐れずに言えば、メタファーとしての「分裂病」からメタファーとしての「自閉症」への変化を肯定的に捉えていく考えにもとづいています。この変化は、ハイデガー的な存在論から離れて、「一者論」へと転回していくラカンの理論的変遷と重ね合わされています。言ってみれば、私は、自分が臨床に出るようになってから体感した変化をもとに、古いパースペクティブから変わっていった末に発見される精神分析理論の姿というものを描こうとしたわけです。

千葉　ひじょうに明快ですね。おっしゃる見取り図は、その通りだと思います。「動物化」以後の人間の姿というのは、データベースとかアルゴリズム的知性を変奏していくだけなんですね。与えられたコードをどう変奏していくかというものとして文化創造を考えて、それでいいんだと。それ以上の「超越的な」ことを考える人間に対して、「ゼロ年代」の思想は何か苛立ちをぶつけているような感じがあった。もう「分裂病的なものにはついていけない」というか。他方、東浩紀さんにはそういう古いタイプのモチベーションも依然としてあると思いますが。

二〇一〇年代になって、状況はどうなったんでしょうね。そういうアルゴリズム的な文化論って、楽観的な形では残っていない気がするんです、一時期の狂騒だったというか。震災と原発事故で潰えてしまったんでしょうね。

松本　もう一度深淵を見たというか。

千葉　3・11によって、もう一度「心の闇」の問題に向き合わざるをえなくなった。しかし、アルゴリズムvs現実界という並立状態をどう考えるか、その方策は出ていないような気がします。いっときアルゴリズムでいいとなったことに対して、もう一度深淵という問題が出てきてしまったのが二〇一〇年代で、その両方の折り合いをどうつけていくかというのがいまの課題なのかもしれません。

言い換えると、否定神学的なものをどう考えるかということでもある。僕は、東浩紀さんの『存在論的、郵便的』（一九九八年）にすごく影響を受けたんです。否定神学的な穴モデルで、象徴化を失敗させる外部性を単一的に考えることをいかにやめるかということを、『存在論的、郵便的』の後でどう展開するかと考えてきました。僕の場合、ドゥルーズでやろうとしましたが、そこが仕事のモチベーションとして大事だった。

東さんの仕事を受けて、そしてこれは日本文化的背景もありつつなのですが、僕は複数性の問題を考えてきた。しかし、いま、僕は自分のなかのラカニアンぽい面が復活しているところがあります。つまり、単一性の問題が捨て切れない。ゼロ年代から二〇一〇年代にかけて否定神学以後というモチーフがかなり展開されたわけですが、いま、否定神学的なものをもう一度考え直さざるをえないだろうという気もしているんです。

松本　なるほど。私は今回の論文（「水平方向の精神病理学に向けて」『atプラス』二〇一六年一一月号所収）で、「水平方向の精神病理学」という話をしました。精神病理学の垂直方向と水平方向を考えるものです。ビンスワンガーによれば、人間が生きている空間には二つの方向がある。垂直方向とは、「神の似姿である人間の理想像とは何か？」といった、自らを高みへと導くような問題提起と、その問題を自主的に解決する、あるいは決断するといった方向です。反対に、水平方向というのは、世界各地を見てまわり視野を広げ、隣人と関わっていくような方向です。垂直方向が古典的なハイデガー的（否定）神学モデルだとすれば、水平方向はむしろアルゴリズムに親和的であると思うのですが、どっちかだけではいけないんですね。垂直方向だけだと「思い上がり」になってしまうし、水平方向だとハイデガーの言う「平準化」を招きやすい。水平方向の他者関係というのは、ある意味ではひじょうに素朴ですから、容易にアルゴリズムやテクノクラートに管理されてしまうのです。

千葉　水平方向だけだと、要するに、Das Man（ダス・マン）になってしまう。

松本　そうです、ですから、ガタリ的に言うと、垂直と水平の両方を乗り越えた「斜め」を考えないといけないと思っています。そのためには、いったん「ゼロ年代」的思考によって無化されてしまった垂直方向を考え直さないといけないでしょう。その垂直方向を「超越」と呼ぶのが適切かどうかはわかりません。〈父〉は確かにいなくなったわけですから。しかし、〈父〉らしきものが完全にいなくなるのもきつい、というところで垂直方向を考えないといけない。

千葉　そうです。それがどういうことなのか、なんですよね。

僕が最近使っている「権威」概念というのは、まさに垂直方向の話です。権威を単一／絶対のものとしないで、そうではない権威をどう考えるか。非 - 規範的権威という言い方をしているんですが、単一焦点として全体化するような権威ではない権威を考える必要があります。水平方向の話にもとづいて、もう一度水平性を孕んだ垂直性をどう考えるか。

メンタルヘルスの時代

――蓮實重彥の「一九世紀は神経症の時代であり、二〇世紀は分裂病の時代である」（柄谷行人、三浦雅士との共同討議「批評の現在」）をなぞれば、「二一世紀は自閉症の時代である」とも言えるのでしょうか？

千葉　心因性／器質性という対立軸で考えると、自閉症は器質性が強いものだとされています。心因性でもって文化論と結びつけられていた神経症や精神病のような疾病カテゴリーではない器質的カテゴリーが問題になっている以上、もうそんな文化的な意味を云々してもしょうがないという言い方もできると思うんですが、それに対してはどう思われますか？

松本　「自閉症の時代」という言葉にはある種のわかりやすさがあります。しかし、いま本当に起きているのは、特定のカテゴリーに還元されない「メンタルヘルスの時代」への変化と名指した方が適切なような気がします。つまり、病気の人もそうではない人も、認知行動療法とかマインドフルネスによって、あるいは自己啓発によって、「自分の持つ個別的な能力を最大限に開発して、自分らしく生きなさい」という命令が全員に下されている時代です。

大きく「自閉症スペクトラム」と括られる障害群に対して、ほとんどの臨床家や教育者が口を揃えて言っているのは、その個人の持つ特性は他の誰とも異なったものである、という命題です。そして、その特性が社会のなかでの不適応にならないように調整し、それぞれの個人が自分の個別的な特性を社会のなかで役立てうるようにすることが求められているのです。自分の認知や感覚の特性を活かして動物の効率的な管理技術を作りあげたテンプル・グランディンは、その範例的なモデルと言えるでしょう。現在は過渡期であるがゆえに、「自閉症の時代」のように見えていますが、次にはっきりしてくるのは、疾患カテゴリーを問わずに同じ命令が下される「メンタルヘルスの時代」でしょう。

そして、それぞれの個人が特性をエンハンスメントする際に、デバイスが関与してくる。コンタクトレンズをつけてもともと持っている視力を向上させるように、精神療法を受けて精神を加速させること、あるいは次々と生じていく変化に柔軟に対応できるレジリアントな主体になることが求められていくでしょう。いまメンタルヘルスの領域で産業化されつつあるのはそういったテクノロジーの萌芽です。

この新しい時代のモデルが、先ほど千葉さんがおっしゃったように、器質です。神経症、精神病、自閉症はこれまでそれぞれ心因（心理的トラウマ）・内因（原因不明）・器質因（脳の神経学的障害）に帰されてきましたが、それらを分けるカテゴリーが無効化され最終的に見出される「器質」へと還元されていく。


千葉　純粋に心因的な話は成り立たないという方向に向かっているなかで、器質的／物質的個性の次元での人の多様性にもとづいて、多様な自分をどうマネジメントするかという時代になっている。そのなかでとくに、器質的に強く特徴が現れる自閉症の場合が、そのマネジメントの最先端の当事者として現れてくるというわけですね。

鶏と卵のような話ですが、自閉症者の場合、自分自身に対して規則的コントロールの様態を示すわけですよね。そのことが、「メンタルヘルスをどう規則的にコントロールするか」という大きな社会問題の範例になっているように思われる。

僕がいま「自己啓発」というカテゴリーを面白く思っているのは、まさにそこなんです。とくに自己啓発のなかでも、あまり深い意味がないような環境設定をしたり、生活習慣や道具の使い方を変えたりすることによって、主体性がまるっきり変わってしまうというタイプのアドバイスが面白い。

松本　直接的に精神をコントロールしているようには見えないんだけれども、環境を変えることによって、精神そのものをマネジメントすることができる。それがメンタルヘルスの時代の特徴ですね。

千葉　社会が自閉症化しているというより、社会のマネジメント化の趨勢にとって、自閉症がパラダイムとして働いているということなんですね。

松本　そういうことです。千葉さんの本の話に少し近づけると、『動きすぎてはいけない』には、「倒錯」と「アディクション」という言葉はたくさん出てきているんですが、「自閉的」という言葉は三六頁に出てくるだけだと思うんです。しかし、全体化不可能な断片性やセルフエンジョイメント論は、自閉症者が、一人で物との関係を楽しんでいる姿に近いように見えます。

千葉　そうですね。ところで、今回の特集に収録された小倉拓也さんの論文では、認知症の側面を強調するドゥルーズ読解を出しています。僕のドゥルーズの読みと通底するものですが、認知症にも、同じ動作を反復する常同行動が出ますよね。

松本　常同行動というのは、人間が器質的に脆弱になったときに出現しやすいですから。器質的な脆弱さの問題と、常同性のなかの自閉的享楽と呼びうるような享楽がつながってくる。そこで現われている享楽を、千葉さんは「セルフエンジョイメント」と呼んでいるわけですね。

ところで、『人はみな妄想する』では、ひとつの例外を作ることによって普遍を作る否定神学的な男性の構造と、単一の例外などというものはありえず、それゆえ普遍化が不可能なものとしての女性の論理を対比しています。後期ラカンのサントームや享楽は、むしろ女性の論理の側に位置づけられます。つまり、後期ラカンは反‐否定神学的なんですね。その点で、ラカン派の立場からも『存在論的、郵便的』や『動きすぎてはいけない』につながる共通の課題設定ができるような気がします。

千葉　ラカンの図式で言うと、女性の式の方へというオリエンテーションがあって、そこに関係する形で様々なモチーフがこのかた出てきています。動物というものもその流れにあり、自閉症的な享楽のあり方がそこにも見出せる。

たとえばダニは、嗅覚・触覚・温度感覚をベースにしたひじょうに狭い世界で享楽していて、人間とはまったく違う世界を持っている。あのユクスキュルの環世界論は、自閉症論と言っていいものですね。環世界は互いに共約不可能ですし。「動物的」というのは貶めているわけではなくて、そこに強度が集中しているわけですから、とてもポジティブな意味です。

『動きすぎてはいけない』では、イロニー／ユーモアという概念対を重要と見ていました。イロニーというのは、垂直方向に、本質を突きつめる問いを限界にまで至らせて脱臼させ絶対的な無に向かっていくものです。それをやっていると、ありとあらゆる前提をぶっこわすことになるから、何も信じられなくなるわけですね。それに対してユーモアというのは、イロニー的な上昇ではなくて下降だとドゥルーズは言うわけです。こちらが松本さんの言う水平方向に対応します。

『差異と反復』だと、問題の次元を深めるのがイロニーで、解を出すのがユーモアだという言い方をしている。

ユーモアだけではだめで、イロニーにいったんは上昇するんだけど、「ユーモアに向かって折り返す」というふうに僕は書きました。そのことと、松本さんの「水平方向の精神病理学」の議論は重なると思いました。「イロニーからユーモアへの折り返し」が必要なんです。

〈生活〉とは何か

千葉　ここで、ひとつ問いを発したいんです。

患者さんがある日常的な関係とか、近所の人との付き合いに気を取られるようになることで、治癒のプロセスに入っていく、それが水平方向であると言うわけですね。このユーモア的な事態に対してそれをイロニー的に問うことになってしまうのですが、だとすると、「生活にコミットすると治癒に入っている」ということの理論的根拠とは何なんでしょうか。

同じことをいろんな人が言い始めている気がするんですが、それは広い意味での、思想が持つイロニー的な方向性に対する抵抗なのかもしれない。たとえば國分功一郎さんが『暇と退屈の倫理学』で、退屈の第二形式こそが大事だという話を書いていました。第三形式というのがハイデガーにおける根本的な退屈なわけで、それこそが存在論的には重要だったわけですが、國分さんは、むしろ社交的・日常的なレベルでの退屈の処理のしかたに戻ることが大切なんだという結論を出していますね。つまり、『暇と退屈の倫理学』は日常性への回帰なんですよ。
それは大事なことだと思います。僕の特殊なキーワードとして、〈生活〉というのがあって、僕のツイッターは、〈生活〉の断片をどう出すかという試みなんです。〈生活〉って何なのか。その問題をずっと考えています。

松本 千葉さんは過去のツイートを編集された本『別のしかたで』を出されていますが、生活の断片をつなぎあわせていくことによってひとつの映画のような作品を生み出していくんですね。
治癒のプロセスといったときも、おそらく同じことが問題になるでしょう。水平方向といっても、たんに日常性や近所付き合いが大事ということではなくて、〈生活〉を問い直し、その〈生活〉のしかた、あるいは作法にあるまとまりを作っていくことが必要です。のんべんだらりとたんなる日常性を生きることではないのです。むしろ、つねに生活しているなかで生まれてくる、瞬間瞬間にしか出てこない〈生活〉をどのように豊かにしていくか。

千葉 そうなんです。目的的な労働とか消費というのは、〈生活〉ではないんですよ。〈生活〉は、労働や消費とは別の、区切られた時間としてある。
作品を作ることにその人の特異性がかかっているのだとすると、まさにジェイムズ・ジョイスの問題になるわけでしょう。ジョイスの言語使用がひとつの作品として結実したのは、まさにそこにひとつの〈生活〉があったというふうに見ることもできると思うんです。逆に言えば、〈生活〉というのはジョイス的なものなんだと、そう言いたいです。消費でも労働でもなく、コンビニではっと何かに気づくことのなかに個性的な切り取りがなされているのであれば、そこには十分にジョイスと同じ権利があるんだと。

松本　旅に出て俳句を読むみたいな（笑）。

千葉　そうそう。芭蕉も〈生活〉でしょうね。水平方向に現れるダス・マン性というのは、作品の問題に関係しているということですね。

松本　最近の認知行動療法がやろうとしているのも、人やものといった他者との付き合い方を変えるということでしょう。認知行動療法がやっているのは、人やものや特定の生活状況といった水平方向の他者と出会ったときに自動的に働いてしまうモードを認識し、それを変えましょう、ということです。それぞれの他者との出会い方のモードを書き出して図式化し、それに対して別様なモードが存在することを学習させて、モードを変化させていく。そうすることによって、認知と行動を変えていく。これは、確かに水平方向の他者とどう折り合いをつけていくかという話と似てくるんですが、生活のなかから切り取られた〈生活〉に特異性が析出するという話とは少々違うんですよね。水平方向の他者と向き合うときに、自分がよりハッピーになれる対人関係のモードを取れるようになる練習ですから。

今回の私の論文では、「人」を想定しながら「水平方向の他者」という言葉を使っているんですが、たぶん、水平方向を豊かにするということは、人だけではなく物との付き合いとも関わってくるんです。日常生活のなかで、コーヒーをどう入れるか、とか。ジョイスの場合であれば、生活のなかで言語という物とどう付き合うかが問題になっているわけです。

千葉　そう。ジョイスの場合は言語がものである、オブジェクトであるわけです。言語で庭いじりみたいなことをやっている。

松本　日本でいう盆栽の世話みたいなものですね。

千葉　そう、ジョイスの場合は「言語盆栽」です。あるミクロコスモスを作っている。思想史的に大きく言うと、生活というのはある種の擬似コスモスを作るようなものでしょうね。古代世界というのはコスモス的で、有機的に様々なものが連関していて、そしてヒエラルキーがあった。それが解体されて、無限の宇宙にどう向き合うかというおそろしい問題が近代になって現れた。こういう図式です。そこで、近代において分裂病が問題として出てくるんだと思います。

近代に問題になってくるのが、コスモスに似たものをどう作るかということです。作品という次元がそこに関わってくる。そういうと復古的な感じがしてしまうけれど、復古的な話ときわめて見分けがたいというのがミソなんだと思います。というのは、後期フーコーだってそうで、「自己への配慮」というのも、自分自身の調和を作り出すことであるわけです。他者とどう付き合うかのバランスを作り直すことが自己のテクノロジーですね。そこで参照されるのが、「無限以前の時代」としての古代である。

偶然性に対する感性

松本　哲学の方に話を広げると、私には、認知行動療法や自閉症のようなものと、分析哲学が近いようにも見えるんです。両者共に、それまでの大陸哲学的な知とは違ったものをもたらすために、知のモデルの更新を要求している。

千葉　分析哲学というのはアンチ分裂病モデルでしょう。だから、自閉症モデルと言ってもいい。あるシステムが成立するときの根源の問題を見ないようにしているというか。根源に無限があるという問題が、大陸哲学にはあるわけです。無限に向き合うということが、大陸哲学における言説の権威性のソースになっている。だけど、そうじゃないしかたで言説の正当化をするのが分析哲学なんだと思います。

松本　精神分析と認知行動療法の対立も同じ構造です。精神分析は深いところにある無意識の真理を想定するわけですが、認知行動療法は、まず深層の無意識をお払い箱にして、表面に現れている認知や行動を考える。

ところで、最近の認知行動療法は、我々も実はこころの深い部分を扱っているのだと言い始めています。最近注目が高まっている「スキーマ療法」と呼ばれる治療法では、幼児期の問題が扱われるようになっているんです。つまり、病的な認知や行動は、養育者との関係において作られてきた対人関係のパターンによって形成され、それが大人になってから病的に出てきたものだと。ですから、そういったパターンを修正しようとするわけですね。

精神分析の場合、ラカンにおいて顕著ですが、無限の問題とか、ゼロからどうやって一が作られていくか、あるいは、特権的な対象としてのファルスが生み出す論理が根本的な問題となっていました。ジャック＝アラン・ミレールの有名な論文「縫合」では、ゼロから一の発生がまさに垂直方向の問題として扱われています。しかし、その視点は認知行動療法にはないんですね。対人関係という水平方向の議論しかない。

千葉　問題は、対人関係の原モデルが成立するときの根本的偶然性なんですよ。極端に言えば自分は生まれなくてもよかったし、ある特定の境遇で、ある特定の資本的な偏りがある状況のなかに自分が産み落とされたという、このどうしようもなさが根源にある。

松本　大陸哲学は、偶然性 contingency に対する感性があるように思えます。

千葉　水平方向の関係性を新たに構築するということも、自分の身の周りにたまたまいる人たちの偶然性と、どう折り合いをつけるかということだと思うんです。一般的な関係性のありうるタイプみたいなものを押しつけて納得できることではない。ある偶然的なやり方で身の周りの環境があるということを、どう引き受けるか。人それぞれとしか言いようがないんですが、しかし、そこで作品が生まれるわけです。

ポスト精神分析的人間

松本　立木康介さんの『露出せよ、と現代文明は言う』では、「私たちの社会はいまや、「心の闇」の不在によって、だから抑圧の不在によって、特徴づけられる社会になりつつある」（三〇頁）と書かれていました。心に穴が開いていないような人間、「無意識のない人間」が現れつつある、と。

千葉　いまはその通りだと思っているんですが、僕は最初あの本を読んで、反発をちょっと感じたんです。

松本　素朴に読むと、「最近の若者は〜」論のように読めるかもしれませんからね。

千葉　そう、最近の若者はネットにかまけててよくないと。スマホとか見てないで、ちょっとぼうっとした方がいいよ、みたいな。でも、僕は最近、本当にそう思う。スマホゲームは頽落だと思います（笑）。

松本　あの本は、元になった『文藝』での連載時は、ひじょうにペシミスティックだったんです。「最近は無意識のない人間が登場して云々」という形で。単行本化の際に、「ポスト無意識の時代」の人間に向けたエピローグがついたんですね。

こういう言い方をしたら立木さんは怒るかもしれませんが、そのエピローグでは——というか、最近のラカン派の解釈の傾向全般に言えるのですが——「ポスト精神分析的人間」のことが考えられているような気がします。たとえば、「たとえ人々が無意識を手放したとしても、あるいは、「無意識」という概念がその有効性を失ったとしても、精神分析の未来は長く続くだろう——「症状」とともに！」（二九〇頁）と書かれています。私の言い方で言えば、これは「身体に刻まれた享楽は残る」ということです。すべての言語を導入することを拒否しても、自分の身体を常同行為的に用いて楽しむような享楽は残るし、その享楽は人に苦痛をもたらすことがありうる。古典的な神経症者は、それを言語の力を借りて抑圧し、メタフォリカルな症状を作っていたわけですが、無意識や抑圧がなくても、身体に刻まれた享楽や症状があるという点は変わらない。このような人間像は、やはりフロイトの時代から決定的に変化しています。私はそれを「ポスト精神分析的人間」と呼びたいのですが、現代ラカン派は、その新たな人間像に精神分析が生き残る賭け金を見ようとしているのではないか、と思っています。

千葉　メタフォリカルな症状があれば、そこに解釈が必要なので、解釈を共有するような空間が開かれるわけです。ところが、身体の症状となったとき、最終審級が個別的なものなので、享楽のあり方が問答無用になるわけですよね。そうなったとき、人々を媒介するものとしての言語そのものが終わるような気がするんです。言語の共通化作用を完全に引き裂いてしまうような身体の時代というか。

そうなったとき、言語はどう変わるのか。ジョイスとまでは言わないまでも、特異体質的な言語、準私的言語みたいなものが並び立つ空間になるのか。そういう思弁的見通しを述べるとして、そうなれば、当然文学は変わるでしょう。私小説が再定義され、新たな「私」小説あるいは生活小説しか存在しないことになる。身体の症状論というのは、大きな物語の解体の、行きつくところまで行ったということになると思います。

身体の症状への分散に立脚して、松本さんのもうひとつの関心である歴史とか、政治の次元をどう考えるんですか。たとえばそれが他者に暴力を与えることだってありうるわけです。

松本　私が考えていたのは、強烈な個性が伝達されて、その周りに人が集まってくるということです。ジョイスの周りにジョイス産業が作られたように。

ラカンが精神分析的共同体を考えるときも、おそらく同じようなことを考えていました。ラカン自体がひじょうに奇抜なひとだから、自分の周りに人が集まってきて、そこで自分の教えが伝達可能になると。私小説あるいは生活小説しかない世界は、部族化すると言えるかもしれません。

千葉　部族間のインターフェイスこそがまさに言語だったわけです。メディウムとしての言語ですね。ポスト・メディウムという話とも関わるんですが、ここで問題になっているのは、メディウム以後の話であって、媒介性がなくなった時代——僕の言葉で言えば、根本的な意味での「切断の時代」だと思うんです。断絶の向こうにある付き合いをどう考えるか。

変人の周りに人が集まってきて、それがマグネティックにつながっていくというのは、確かフーリエが言っていました。フーリエによれば、変人というのは複数の要素を兼ね備えているから、それが媒介になるんです。特定のフェティッシュにこだわる人たちが集団を成すんですが、そのなかでもとくに変態と呼ばれるのは、複合的変態なんです。つまり、別の変態集団を股にかけることができる。そういう人たちが点在することによって、ネットワークができると。

類似する個性が共鳴することで部分的なアソシエーションが生じて、近いところからつながっていく、ヒュームぽいモデルですね。偏った共感の拡大ですから。

セクシュアリティの行方

千葉　ポスト精神分析的人間といったとき、セクシュアリティはどうなるんでしょう。

松本　グラデーションになっていくのかどうかがまず問題ですね。精神分析はファルスの統制的機能を重視していますから、それに反対すると思いますが。

千葉　ジェンダー二元性は、ファルスのプラス／マイナスで出てきますから、そこにジェンダー二元性をめぐる悲喜こもごもがある。ところが、その構造がなくなるとしたら？

松本　ここから先は完全に思弁になってしまいますが。ファルスがどうして人間のなかで最重要なものとしてあるかというと、養育者が自分（子供）の前から現れたり消えたりするからです。そこにプラス／マイナスの象徴化が生じ、その二項対立が後にペニスの在／不在を人間にとっての最大の問題に押し上げてしまう。

もし、人工子宮や養育のためのデバイスが実現すれば、それは変わることがありうるでしょう。しかし、子育てが、母親ないし父親が子を育てるものとして行われている限り、おそらくファルスは消えない。現前と不在がどうしても生じてしまいますから。ですが、二四時間管につながれ、現前と不在を生じさせない機械で育てられた人間は、どういう人間になるかわかりません。ファルス中心主義的なセクシュアリティと関係のない人間になる可能性があります。その代わりに、おそらく言語は話せなくなってしまうでしょうが、そっちの方がいまの人間より不幸であるという根拠はない。そうなれば、ファルスがなくなる、性別がなくなるという思弁はできるかと思います。

千葉　精神分析では、現前と不在という話と、性器というものがくっつくところが不思議議です。

松本　それは男性器が目立つから、ですね。ラカンも、ファルスは「性的交わりというリアルのなかで掴むことができるもののうちで最も顕著（サリエント）なものとして選ばれた」と言っています。

千葉　でっぱってるからですか。僕もある本で、「視覚的プレグナンツがペニスにはある」という話を読んだことがあって、単純だけど、実は重要だと思うんです。つまり、でっぱっているのが問題なんでしょう。

松本　ファルス中心主義から逃れようと思ったら、でっぱりがない人間にならないといけないですね。

千葉　乳房にもプレグナンツがあるわけでしょう。感覚されるべきものとしてでっぱっているもの。

昔から僕が考えているのは、男性のペニスだけに局所化されない、広い意味での「膨らみ論」なんです。どちらかというと、男性のペニスではなくて、膨らんでいるものというのが根本問題なんだろうと思います。一切膨らみのない人間……。何かが膨らんでいると、そこが拠点になってしまう。つまり「膨らみがある限り、言語はなくならない」(笑)。

松本　技術的には膨らみ性を一切取り除くことも可能になってくるでしょうか。ですが、逆に言えばそこまでやらないとファルスはなくならないと考えられるので、精神分析的には男性／女性を基本として考えることが残ると思います。

千葉　二元性との緊張関係で、境界的なものが問題にされ続ける。二元性とそこから逃れるものという構図は、なかなか終わらない。

千葉　僕にとって「非意味的切断」というのは、隠喩的な翻訳ができないしかたで切断するという意味なので、メディウム以後的な切断と言ってもいいですし、メディウムという体制それ自体を切り裂くような切断と言ってもいい。

今日メディア批判をするとしたら、根本的に媒介性概念に対する別のあり方を考えるようなものでないといけない。媒介性が息切れしている感じがします。たとえば社会運動のレベルでも媒介性を考え直さないといけない。言語的・理性的な媒介も厳しいし、それに対して情動的と言ったところで、それでもないと思うんですよ。

松本　ある種のラディカル・デモクラシー論が行き詰まりに見えるのは、そこなんですね。複数の運動体が、お互いの共通言語でつながってアソシエーションし、それが大文字の民主主義になっていくというラクラウの考えに対して、言語ではなく享楽の次元が大事だという反論がなされていますが、「どのように享楽すべきか」という重大な問いがほとんど論じられていない。

私は、今回の論文で水平方向を強調したことについて、少々アンビバレントな思いを持っているんです。というのは、私はもともと垂直方向のことを考えていた人間ですからね。水平方向を強調しすぎることでダス・マン化が行きすぎてしまうのではないかという危惧があります。その意味では、ある種の「ほどよい垂直方向」を考える必要があるとも思っています。

それと関連しますが、現在は、メンタルヘルス政策に対する危機感が少なすぎるように思うんです。昔は狂気を疎外して、その疎外した狂気のなかに真理を見るという時代でした。いまは狂気を疎外しないし、真理も見ない。むしろ、それぞれの個人はみな「プチ狂気」である。それは別に否定的／疎外的な意味ではなく、むしろその「プチ狂気」的な個性的なあり方を肯定化する意味においてです。そこには、「プチ狂気」であるがゆえに、当然暗いものや、奇妙なものも出てくる。

しかし、メンタルヘルス政策は、あらゆる人に対して健康増進を目標とします。極端な話をすれば、「ライザップ」のようなコーチングを応用した技術によって、みんな幸せになれますよ、と。心の健康のためのテクノロジーにどんどん新しいものが出てきているわけですが、実際、そういったテクノロジーは効率がひじょうによく、メソッドもしっかりしていますから政策にも取り込みやすいものになっています。ですが、そこでは「古い」意味での人間学的な意味というものは問題とされない。垂直方向がゼロなんですね。それでも健康になるからいいでしょう、と。

政治との関連で言えば、いま、防衛省が臨床心理士を募集しています。災害支援などで悲惨な光景を目にすると、自衛隊員がＰＴＳＤや適応障害になるケースがありますね。『帰還兵はなぜ自殺するのか』で扱われたイラク・アフガン戦争に派兵された兵士と通底する話です。ああいうトラウマティックな現場に行くと、心の健康を損ねるわけです、そこで、そういった心的ストレスに対するケアをしたり、心的ストレスに対する抵抗力（レジリアンス）を隊員に身につけさせることが求められ、そこに臨床心理学の知と実践が招集されている。臨床心理学の側にも、雇用が作り出されるというメリットがあります。軍産複合体がメンタルヘルスの領域にも進出しているわけですね。しかし、この状況を批判するのは相当難しい、というか反論できない仕組みになっているんですね。反論すればすぐさま、「お前はストレスを負った自衛隊員に対するケアが不要だと言うのか！」、「抵抗力を持たないままの自衛隊員を戦地に派遣しろと言うのか！」と言われてしまいますからね。ですが、この政策が究極的には何を帰結させるのかは明白です。臨床心理学は、現在の安保体制において「派兵」された自衛隊員が帰還しても自殺しないで済むためのテクノロジー、言い換えれば、「自殺しない帰還兵を作る」テクノロジーの一部を担うようになるわけです。

千葉　だから、人は不健康になることも大事なんですよね。それを社会の隙間にどう入れていくか。立木さんが「心の闇」が必要だと言うのは、そういうことです。すべてを露出せよ、というか、すべてを明るく照らし出してしまうようなやり方では、悪がなくなってしまう。

松本　その関連で言うと、「サイコパス」の概念は、メンタルヘルスの「あらゆる人に健康を」という概念と表裏一体になっていると思います。すべての人の心の闇が浄化された後、それでも社会は例外としての悪魔を必要とするはずです。悪がなくなり、すべてが幸福な光につつまれた社会のなかでは、ひとたび悪が発見されるとそれが悪魔的な例外になります。私の考えでは、いわゆる「サイコパス」が最近注目されているのはそのためです。

しかし「サイコパス」という概念は問題含みです。これはもともと「精神病質者（Psychopath）」というドイツ精神病理学の術語で、パーソナリティの平均からの逸脱を指す、かなり幅の広い概念です。神経症の一部も「精神病質」に入ります。しかし、アメリカでは「職場や社会からどうやって異常者を見つけ、はじき出すか」という目的のもとでこの概念が「サイコパス」へと転用され、それが「異常に冷酷な脳を持つ者」という概念として錬成されてきた歴史があります。しかし現在、このアメリカで発展した概念が日本に輸入され、かつての「精神病質」をなきものとしようとしつつあるように見える。「サイコパス」はその個人の異常さを脳に還元して考える概念ですが、そうなると、私たちはその「サイコパス」というラベルの貼られた人のことを一切「了解」しなくなるんです。その人が「冷酷な犯罪」を行うに至った動機や社会環境や生活について、何の顧慮もしなくなる。そうなれば、「サイコパス」というラベルは撤回不可能になります。ですから、古典的な精神病理学の了解的な見方や、精神分析のように力動を考慮に入れる見方が改めて重要になってきます。他者と向かい合ったときに、いったん、了解してみる、その重要性が増しているように思えます。私は刑務所や拘置所で数年間診療を行ってきましたが、「異常に冷酷な脳を持つ者」など一人もいませんでしたから。

古典的な意味では、了解というのは、心のなかで起こっている出来事から発展してまた別の出来事が起こるという演繹的因果関係の了解をいいます。人間学的精神病理学では、その人が生きている生活世界のなかで、その人がどういうふうに存在しているのか見ていく。そこに豊かな知が生まれる可能性があるわけです。

千葉　生活の切り取りが、極端に言えば、その人の身体的なあり方の偶然性によって駆動されているものだとしても、そこには何か了解可能なものがあるという話ですよね。そこには、言語はまだ死なないという希望があるということなんでしょうね。

松本　ええ、切り取ったものが複数たまると、そこには何らかのポエジーが発生する。無意味な断片を重ねていくと、物語ができていくように。

千葉　了解というのは、そこで生成されている物語を読み取るということですか？

松本　断片につながりを読み取っていく、あるいは、自分が自分自身の断片から読み取っていけるように援助するということになると思います。

千葉　外国語を学ぶようにして、ある人の生活を読み取るというか。デイヴィドソンの「根源的解釈」のように、試行錯誤で、ある生活を読み取る。その可能性は潰えていない。

もはや共通言語のなかで作動するメタファーという体制は潰えたかもしれないが、その後に、特異的な症状のレベルでもう一度再起動する言語の誕生に向き合って、どうそれに対して根源的解釈の関係を取り結ぶか。共通言語が滅んだ後に、もう一度生まれ直す言語をどう受け止めるか。

だから、必ずしも共通言語の死に悲観的になる必要はなくて、むしろ考えるべきは、新たな言語の誕生ということなんでしょうね。

10

絶滅と共に哲学は可能か

×大澤真幸（おおさわ・まさち）

1958年生まれ。社会学者。東京大学大学院社会学研究科博士課程単位取得満期退学。千葉大学文学部助教授、京都大学大学院人間・環境学研究科教授を歴任。『ナショナリズムの由来』（講談社）にて第61回毎日出版文化賞、『ふしぎなキリスト教』（橋爪大三郎氏との共著、講談社現代新書）で新書大賞2012大賞、『自由という牢獄』（岩波書店）で第3回河合隼雄学芸賞受賞。主な著作に『性愛と資本主義』（青土社）、『世界史の哲学　近世篇』（講談社）、『サブカルの想像力は資本主義を超えるか』（KADOKAWA）など。

×吉川浩満（よしかわ・ひろみつ）

1972年生まれ。国書刊行会、ヤフーを経て、フリーランス。慶應義塾大学総合政策学部卒業。主な著書に『理不尽な進化』（朝日出版社）、『脳がわかれば心がわかるか』（山本貴光との共著、太田出版）、『問題がモンダイなのだ』（山本との共著、ちくまプリマー新書）。翻訳にメアリー・セットガスト『先史学者プラトン』（山本との共訳、朝日出版社）、ジョン・R・サール『マインド』（山本との共訳、朝日出版社）など。

吉川　昨秋（二〇一四年）に上梓した『理不尽な進化――遺伝子と運のあいだ』という本は、絶滅――生物の系統が子孫を残さず死に絶えてしまうこと――の検討から始まっています。絶滅というと、一般的にはレッドリストや絶滅危惧種の保全といったことが思い浮かぶかもしれませんね。それも大事な問題だと思いますが、そうしたこととは別に、絶滅を一種の思想的な課題として取り上げてみたいというのが、この本の最初のモチーフでした。最終的には、歴史における偶然性や偶発性といったものを人々がどのように考えてきたのか、そして我々はどのように考えればいいのかということがテーマになりました。歴史における偶然性という話なら歴史哲学で十分なのでしょうが、あえて絶滅をモチーフに持ってきたのは、絶滅という事象を扱うことで、人間存在を超えた大きな話に持っていけるのではないかという狙いがあったからです。そして進化の理不尽さに関わるドーキンスとグールドの論争を追っていくうちに、最後は人間と非人間の思考の境界領域みたいなところに議論の震源があるのではないかと思い至ったというわけです。

それもあって、この討議のお話をいただいたとき、最初に頭に浮かんだのが千葉雅也さんの『現代思想』の連載「アウト・イン・ザ・ワイルズ」でした。私自身はメイヤスーの仕事をあまり知らなかったのですが、この本を書いているなかで、カント主義もしくは人間主義の袋小路みたいなところ、あるいは思弁的転回の入口みたいなところに立ったような気がしていたからです。この本でもメイヤスーのメの字まで出かかるくらいだったのですが、私自身がうまく咀嚼できていないこともあって、カント主義のある種の極北である解釈学の枠組みで議論を整理したというわけです。

ちょうどその頃、大澤さんが『本』の連載「社会性の起原」で、私が絶滅について論じたよりも遥か遠くまで議論を進めてくださいました。その先端で思弁的実在論（Speculative Realism, 以下SR）の話が出てきて、ひじょうに驚きました。そこで千葉さんと大澤さんを引き合わせることが私の使命だと感じた次第です。

千葉　私としては、吉川さんはこの『理不尽な進化』を、現代の何でもかんでもビジネスになった社会に対する強烈な批判の書として打ち出されていると感じました。これは私の本務校の話ですが、色々な「改革」の取り組みのアカウンタビリティを高めろみたいなことをうるさく言われるなか、事務方から回ってくる説明のポンチ絵がまさに進化のメタファーで書かれていたんですね。それこそ「古代生物、人間の誕生、そしてグローバル時代へ」という図になっているんですよ（笑）。そして「適者生存だから我々の大学もいまの動きに合わせていかなければ生き残れませんよ」と。いわゆるネオリベ的な競争主義が席巻しているなかで、吉川さんの批判は、競争の舞台それ自体に疑いを向けてみようということだと受け止めました。つまり、現状のグローバリズムが明日の午後、突然崩壊することだって起こりうる。そうなったら、今日までのグローバリズムにあくせく適応していた連中は、新しい舞台では急に不適応的になるかもしれない。舞台それ自体が偶発的に劇的に変わるかもしれない。絶滅論というのはガラッとゲームが別物に変わる可能性を考えることですね。また逆向きに言うならば、現状の世界システムだって、何ら意味のない偶然によって大昔のシステムが滅びたからできたものであるとも言えるでしょう。自然史における隕石衝突のような、何らかの絶滅的な出来事によって世界史が切断されていると考えてみたらどうだろうか。そうならば、現状の根っこには無意味な出来事があることになるわけで、ゆえに、いまの世界のなかでパフォーマンスを高めることに、太古から引き継がれた必然性や大義などないのです。古代生物からグローバル時代への間はバッサリ切れているわけですよ。そして人間の時代でもまた、切断が何回もあった、あるのかもしれない。このように言えば、メイヤスー的に（かつフーコー的に？）なってくる。絶滅、それはドゥルーズ&ガタリのタームで言えば「非意味的切断」であるとも言えるでしょう。あるゲームから別のゲームへの非意味的切断です。世界の現状は非意味的切断を経てこうなっているし、これから切断が起こるかもしれない。吉川さんは本文中では明言していませんが、この絶滅論は、現状のゲームで「意識を高く」しようという類の言説の正当性を崩す、そういうインパクトも期待されて書かれたのではないかと思いました。

吉川　執筆動機の時代的背景としては、確かに「ビジネス進化論」的なものが流行しているところに異物を投入したいということもありました。

ただ、連載を開始してからしばらくして、東日本大震災と福島第一原発事故が起きたことで、なんとなく風向きが変わったような気もしました。読書会などに呼ばれた際にも、「これは地震と原発事故の本ですか？」と聞かれたりします。結果的にはそのように読めなくもない。震災が起こる何年も前から構想していた本ですが、執筆時にああいうことが起こったために少し風向きが変わったというか、受け入れられる土壌がそれこそ理不尽に、無関係に、変わったというのが実際です。

大澤　絶滅に着眼した吉川さんの本は、バーナード・ウィリアムズが「モラル・ラック」と呼んだことを、進化の場面にまで一般化してみる、という趣があるわけですが、考えてみると、この本が、3・11と遭遇したということ自体がモラル・ラック的なものですよね。「震災があったからそれに対応して書かなくちゃいけない！」というのではなく、これを書いていたら震災が起きてまさにそれに適応したことになってしまったわけですから。

吉川さんの本に私もかなり触発されています。私が『理不尽な進化』を引き継ぎながら考えていることは、吉川さん自身も最初におっしゃっていましたが、この本は、「ここに行きたい！」と欲望しているところまではまだ実際には行き切れていない、という印象を持つからです。吉川さんは、まず絶滅という話から始めて、次に適応主義批判の話になりますね。つまり反適応主義の話と絶滅の話がつながっているわけです。究極の不適応が絶滅ですから、僕の読むところでは、吉川さんは、そちらの方に話を持っていきたいのだけれど、適応論者の議論は鉄壁の守りになっていますから、それを紹介すればするほど適応主義がいかにすごいかという話になっていく。しかし吉川さんの気持ちは明らかに絶滅の方に、あるいは適応主義 vs 反適応主義の論争において論破されていることになっているスティーヴン・J・グールドの方にある。この本は好評で迎えられていて、私もとてもうれしく感じているのですが、その反面、書評や紹介などを読むと、吉川さんがグールドにこだわっている意味がよく理解されていないことに私はフラストレーションを感じています。吉川さんとしては、きっとグールドを何とか生かしたままにしたいのだけれど、適応主義の反撃はなかなか手強くて、生かすことは難しい。グールドの適応主義批判は適応主義からの返り討ちにあって、殺されてしまう。適応主義vs反適応主義の戦いに関して、適応主義に軍配を上げざるをえないのだけれど、それは、吉川さんとしても不本意なのではないか、と私は推測している。そこで、一種の妥協案として、ややカント主義的な結論になるわけです。しかし、「本当は俺はここに安住していないんだぞ」という感じがこの本にはあるわけです。そこがこの本の面白いところであり、明示的に言っていること以上の含みがあるところです。それを取り出していくと絶滅の話になってくる。

私は「社会性の起原」のなかで、吉川さんが言おうとしてまだ明示的に言っていないところを取り出すためにはどうすればよいのかと考えています。「社会性の起原」は、「人間とは何か」が主題ですが、人間の人間たる条件を取り出す際に、進化論のフォーマットをベースにして考えると、普通は「適応の残余」みたいな形で否定的にしか説明できないのです。進化論の成果をきっちりと踏まえて、それに「人間の条件」を接続するためには、その残余の部分を積極的に言う論理がどうしても必要です。そこで、反適応主義をどう復活させるかが、意味を持っているわけです。

「社会性の起原」のなかでなぜ突然メイヤスーが出てくるのかということを先に述べておきます。私は実はメイヤスーの議論には、やや単純すぎるのではないか、という印象を持っています。ですから、メイヤスーを自分の議論の方に引きつけて、かなり強引に解釈しています。ともあれ、私自身の「社会性の起原」での直接の問題意識としては進化に重心があるのですが、この連載を超えてさらに議論を発展させるにあたっては、究極的には認識論と存在論の一般の方に向かうことになる。そうした発展のための種のようなものを撒いておきたいということがあって、あえてメイヤスーにも言及したわけです。吉川さんの本と関係づければ、その結論が「しかたがないからカント」みたいな感じになっているとすれば、私としては「いやいや、カントで安住しないでくれ」という気持ちがある。そのカントからの究極の出口を示すために、メイヤスーの話を出しておこうと思ったというわけです。いまの仕事（「社会性の起原」）のなかだけでこの話を発展させるのは難しいと思っていますが、今後の自分の狙いというものをこの文脈のなかで示しておきたいという気持ちがあったのです。

千葉　念のため確認しておきたいのですが、吉川さんの本が最後カント主義的な落とし方になるというのは、どういうことでしたか？

吉川　進化と絶滅の理不尽さをめぐるドーキンスとグールドの論争を「説明と理解」という枠組みを用いて提示したという点ですね。これは一九世紀ドイツに始まる実証主義と歴史主義の論争の主要な論点でした。自然科学による因果的説明だけでは歴史を理解することはできないのではないか、と。そこで「説明と理解」という二つのモードを認めるという調停がなされたわけですが、これは明確にカント主義的な図式です。大まかに言って、理性の要求に悟性と感性がどう応えるかという話ですから。

そのうえで言うと、絶滅というのは事件あるいは出来事と言わざるをえないものです。この出来事という概念はなかなか正統的な自然科学としての進化生物学のフォーマットには乗りません。生物進化のプロセスは因果性によって説明できますが、絶滅という出来事そのものはそうはいかない。それを積極的に言おうとしたのがグールドです。しかし、なかなかうまくはいかなかった。

千葉　出来事に反応するのは「理解」であり、因果性を語るのは「説明」である。

吉川　因果性を語る説明には出来事の占める位置がない。

千葉　ええ、出来事は人文的な「理解」の範疇で、自然科学的な因果性の「説明」の圏域にとってそれは語りえない剰余である。

大澤　吉川さんの本の結論は新カント派的ですよね。理系と文系の両方が安心する結論というか。大まかに言えば、グールドはおそらく進化の歴史を見たかったのだと思うんです。進化の持つ歴史性を自然科学的に救おうとしたけれど、そうすればするほど主流派から足許を掬われるような問題が出てきてしまったということだと思います。しかし、適応主義の困難を「絶滅」という主題にまで追い込んでいけば、主流の自然科学の議論の限界を突くことができるということかもしれません。

大澤　吉川さんが冒頭でおっしゃったように、普通、絶滅といえば絶滅危惧種の保全など倫理の問題が出てきます。個々の倫理で見れば絶滅はそういう問題になりますが、それだけではなく、絶滅ということは、倫理一般に対する超越論的条件と関係している。真木悠介さんが『時間の比較社会学』の冒頭で、「人類は消滅するであろうなどと我々が断言するのを、何ものといえども許しません。人各々は死にますが、人類は死ぬべきではないことを我々は知っています」というボーヴォワールの言葉を引用しています。なぜこう主張されるかというと、人類の不死が、倫理一般が可能であるための条件、カント風に言えば超越論的仮象になっているからです。人類が絶滅することがないと想定しておかなくては、あらゆる倫理が無意味になってしまう、というわけです。これを受けて、私たちの方は、今度は、絶滅ということを積極的に視野に入れて、なお倫理が可能か、という問題を立てることができる。

私の理解では、SRはこの問題を倫理だけでなく、認識論・存在論を含めて哲学一般の条件としてさらに拡張していきます。つまり、認識するものが絶滅してしまってなお、実在ということを有意味に言うことが可能なのか、という問いです。人類誕生以前や宇宙誕生以前、あるいは絶滅の後における、存在・実在といった問題が出てくるというわけです。SRも色々なヴァリエーションがあるかとは思いますが。

千葉　メイヤスーの話につなげると、人類の存在と相関するしかたでのみ存在論が立てられてきた、ということを破壊して、その向こう側で人類の存在と無関係な存在を思考する。哲学をするにしても人類が思考するのだから、人類の彼方としての存在を人類の思考のしかたから切り離して思考するなんて無理だ、という話だったわけですが、思弁的転回はその無理をやろうとしている。絶滅というテーマはSRにおいては「哲学の可能性の条件としての人類」を絶滅させて哲学を考えることはできるか、という話になっている。

吉川さんの本を踏まえて言えば、絶滅可能性とは、そのなかで自然淘汰のゲームが行なわれているルールあるいは環境の、変更可能性です。それを言うことが、現に作動中のルールの無根拠性、非必然性を言うことに等しいのならば、メイヤスーの議論にすごく似ているわけです。メイヤスーの場合はライプニッツの充足理由律をあるしかたで批判して、この世界のありとあらゆる物事にはしかるべき存在理由があるということを否定し、結局この世界がこのようにあるのは偶然的だ、と結論している。大澤さんも「社会性の起原」で、その部分を解釈されていました。たとえば、物理学が明らかにしたように、この宇宙で光速度があるところ以上にならないのは、たまたまそう決まっているからとしか言いようがない。メイヤスーはそういうセッティングの偶然性をもっぱら物理法則のレベルで肯定している。そして、いまある宇宙が必然的でないのであれば、宇宙がまったく別様に変わる可能性が残っている。物理法則それ自体が別様に変わりうる。

物理法則がガラッと別様に変わるという話は、日常生活のなかでは考えにくいかもしれない。ところでカトリーヌ・マラブーがある講演のなかで、メイヤスーのガラッと変わるという変化の捉え方は古いものであり、進化論が出てきて以後、我々は、徐々に徐々に変わるという変化を考えるようになったのではなかったか、と論じていました。マラブー自身が駆使する「可塑的」な変化という概念は、進化論的なパラダイムの下でのジワジワと起こる変化のことなんでしょう。このことを吉川さんの話と結びつけると面白いかもしれない。というのは、いまのマラブーの図式では、進化論の話に絶滅的な切断性が入っていないように思われる。そこで、ジワジワ変化しつつ所々でガラッと変わるというふうに考えるなら、それはエルドリッジ&グールド的な「断続平衡説」になってくる。吉川さんのご本で思ったのですが、ある確率論的なゲームが展開しているそのゲーム自体がガラッと変わってしまうというメイヤスーの話は、物理法則に関して考えるより、進化論の問題として考えると、途端に身近なものになるんじゃないでしょうか。

大澤　ただ、量子力学やあるいは超ひも理論、つまり理論物理学の先端では、可能な宇宙は無数にあるという議論がされています。量子力学の可能世界論については素人でもよく知っているでしょう。超ひも理論でも、量子力学とは別の意味で、宇宙は、事実上無限だと言ってよいほどたくさんある、ということになっている。だから、私たちはほとんど無限に近いくらいたくさんある宇宙のなかのひとつにいる。その宇宙では、たまたま、物理法則が、我々人間にとって都合がよい。たとえば、光速がもう少しだけ小さい宇宙というものがあったりするわけですが、そんな宇宙だと、人間や生物が誕生する条件は整わなかったりする。つまり、モラル・ラックのようなもので、「ちょうどいい宇宙に生きていて運がいいね」ということになるのです。こういうことを考えると、メイヤスーの言っていることは、現在の物理学の先端の議論とも整合性があるわけます。

です。そういう意味では、メイヤスーのSRは物理学者とも仲良くしやすいところがあると思います。

しかし、他方で、私にはメイヤスーの議論には、不満もあります。どういうことか少し説明します。もともと超越論的主観を想定して、認識と実在の関係を考えていたわけです。しかし「超越論的主観はどこにいるんだ？」という問題が本当はある。これがメイヤスーの問題提起です。哲学的な公式見解としては、「超越論的主観という場合には物理的にどこかにいるわけではない」ということになるわけですが――何しろ「超越論的（先験的）」なのですから――、よく考えてみれば「お前がここにいなければ超越論的主観はいないんだ」というベタな事実を無視できない。つまり、超越論的レベルと経験的レベルとの間にはある緊張関係が、アンチノミーがあるのです。カント、あるいは現象学者でさえ超越論的主観というとき、どこかあの世にいるかのような説明になってきます。それをストレートに超越論的主観はマテリアルに受肉しているというところに戻してきた。そこはSRや思弁的唯物論（Speculative Materialism）の狙いどころだと思います。

しかし、超越論的主観というときにこの世界のなかに内在している側面と世界から離脱している側面という二重の二律背反的な緊張感があるところが面白い点だったはずです。古典的な哲学はそれを超越論的な側面の方に引っ張っていった。SRや思弁的唯物論は、今度は経験的な側面の方に引っ張っていくわけです。しかし、どちらか一方ではなく、二重性があるからこそ面白かったのです。それなのに、繰り返せば、SRは、あまりにもベタに経験的側面の方に引っ張ってしまう。だから、SRは、問題提起としてはドキッとさせられるのに、誰もが思いつくような当たり前の結論になってしまうわけです。そもそも絶滅について考えていること自体が不思議なわけですよ。思考不可能だと言っているのに思考しているわけですから（笑）。しかし、思考不可能であるにもかかわらず考えられてしまうのは、そこに二重性があるからです。理論的に考えた場合、そこをもう少し繊細に処理する必要があると思います。

この問題は理論理性の問題でもあるし、実践理性の問題でもある。両方にとって意味があるのです。3・11の津波と原発事故があったことをきっかけにして、色々と考えたとき、私は、「未来の他者」という問題についてとくに重視して論じました。普通の倫理学者であれば「将来世代」と言うのですが、私は「未来の他者」という言葉を使いました。そこで未来の他者ということが倫理の地平のなかでどのように問題になるかということを考えていました。そのときははっきりと書きませんでしたが、普通将来世代と言うとき、孫がいて曾孫がいて……というように未来に誰かが存在していることを前提にして考えますが、一万年くらい先になるとそもそも人間がいるかどうかもわからない、むしろいない可能性の方が高いわけです。さらに言えば、人間どころか生物すらいないという可能性もある。そうなると、カントが問題にした実践理性の条件となっている超越論的仮象というか、「霊魂の不滅」のようなタイプの超越論的仮象すらも成立しない状況になるわけです。それでもなお倫理ということが言えるのか、という問題意識が私にはあります。将来の世代がいなかった場合、倫理を考えること自体無意味になるのかというと、そうではない気がしているのですが、そのような倫理をどのように表現するかということはひじょうに微妙な問題です。カントのように超越論的仮象を持ってきても、それ自体がメタフィジカルで、カント自身の言葉を使えば「独断のまどろみ」にある解決になってしまう。かといって単純に経験の方に持っていくと「語ることは無意味だ」というだけの話になってしまう。両面の微妙さをどのように確保していくかということが、まず実践理性の問題として興味があるわけです。でもそれは実践理性だけではなく理論理性、あるいは実在について語る存在論や自然科学にとっても意味のある問題なので、絶滅という問題に興味があるという次第です。

そういうこともあって、まだ咀嚼できているわけではありませんが、SRは問題提起としてはドキッとしますが、この理論が結論をやけにベタなところに持っていく点にフラストレーションを感じます。

千葉　大澤さんのおっしゃったことは、フーコーのあの「経験的＝超越論的二重体」の二重性に依然としてこだわりたい、その二重性をなしにしてシンプルに経験的なもので済ませるのはつまらないだろう、ということですね。「社会性の起原」の場合、まさしく超越論的次元がどのように発生するかの機序を問題にされているようです。この点では、メイヤスーの「四つの世界」説を想起しますね。すなわち、物質の世界、生命の世界、思考の世界、そして全人類が復活する世界、と四つの世界が順次、突然のアドベントで生じるという、身も蓋もないような説明です。三番目である思考の発生は、生命からの飛躍として起こる。これはつまり、絶滅的出来事のように突然起こる。二番目のレジームである生命からジワジワと変化して思考に至るときジャンプがあるのだとしても、そのジャンプの手前に至るまでの生命の変化に説明が与えられていない。そこがご不満なのではないでしょうか。もしかしたら今後メイヤスーはその点を説明するかもしれませんが。

大澤　そこは決定的に不満に思うところです。千葉さんは「アウト・イン・ザ・ワイルズ」のなかで微妙なところを突こうとしている感じがします。経験性と超越論性の両面の極端とは違うところに行きたいんだということを繰り返し論じられているところに私は共感します。

吉川　経験的＝超越論的二重体というもの自体、メイヤスーの言葉で言う相関主義なわけですが、この言葉はメイヤスーのいまのところの最大の発明だと思います。そう言ってしまったからにはそれ以外のことをやらざるをえない、ポイント・オブ・ノー・リターンだぞ、みたいな。

大澤　本当にそうですね。思想や学問の領域には、みんなが密かに気づいているけれど言ってしまったらおしまいだから言わないことがあるわけです（笑）。カント主義がそういう含み、メイヤスーの言う「相関主義」という含みを持つということはある意味でみんな気づいているのだけれど、言っちゃったらどうするんだよということでみんな知らんぷりをしていたのに、ついにメイヤスーは言ってしまった。「王様は裸だ」と言ってしまった以上、これからは裸対策をしなくてはいけない。王様が裸だということに気づかないようにしていればよかったのに、王様に着せる服について何の手だてもないうちにそれを言っていいのか、という感じでしょうか。

吉川　そこがメイヤスーの魅力であり、すごさだと思います。相関主義批判の内容自体はたちどころに理解できるものですよね。

大澤　みんな「やっぱりそうか」と（笑）。『有限性の後で』には、普通に哲学の勉強をしていれば知らないことが書いてあるわけではない。

吉川　そう考えると、ＳＲの野蛮さにはある種の必然性がある。経験的なものと超越論的なものの間の緊張を無視するということですよね。それはメイヤスーの「正しい道」という気がします。

「不可能なもの」としての外部の絶滅

吉川　ただ、私自身まだよく咀嚼できておらず、人間の誕生以前、あるいは絶滅以後、どのような思考が可能かというところがなかなか見えてきません。その言葉自体、我々の現行の言葉を使ってなされるわけですから。

大澤　どんな思考か、あるいはそのように言ったことで実質がどのように違ってくるのかというところをうまく出せると、ひじょうに面白くなりますね。

吉川　絶滅概念の有効性は超越論的主観性の条件そのものを問えるところです。絶滅という概念を考えなければ我々が乗っかっている条件は不可視になりますが、絶滅を持ってくればその条件自体が考察の対象になる。

大澤　普通に考えると生存と絶滅はたんなる表裏一体ということになっていて、適応と適応の失敗は表裏一体なのだと適応主義者は言うわけですが、実は違う。絶滅の方をメインにした瞬間に初めて超越論的条件が（カント的な意味で）批判の対象になる。生存の方を基準にしている間はそれに気がつかなくて済むような、超越論的なものの限界が、絶滅の方に目を向けたときには明らかになる。だから、絶滅の方から考えたときには、より大きな理論的挙証責任を負うことになる反面、それに成功すれば大きな知的利得があると言うことができます。

吉川　そういう意味ではグールドの苦闘とメイヤスーの試みというのは、本人たちは全然意識していなかったかもしれませんが、つながっていると考えることもできると思います。通常科学の観点からすると、絶滅は生存の裏側でしかないので、そもそも絶滅という概念自体が問題にならない。

千葉　因果的秩序に対する剰余＝出来事としての絶滅というふうには、通常の科学では考えないわけですね。それを問題にすると、超越論的レベルが、まさしく因果的秩序あるいは経験的レベルに対する剰余として問題になってくる。

ところで、メイヤスーらがカント主義から離脱しようとやっていることをまた別に言い換えると、それは「不可能なもの」としての外部を絶滅させることだと思うんです。そもそも物自体の概念がそれですが、無限遠点のような理念がカント主義のヴァリエーションにはたいがいあって、それが二〇世紀の現代思想で色々変奏されてきました。レヴィナスにおける他者、デリダ的なトーンでの「未来の他者」もそうでしょう。他方、メイヤスーの場合、不可能なものとしての外部をいわば絶滅させて、それがきれいさっぱり消えた状況下での哲学と倫理学を試みている。不可能なものとしての外部などない。端的に言って皆無である。それは日本の現代思想の言い方にすれば、いわゆる「否定神学的」な外部などないということでしょう。否定神学的ならざる「大いなる外部」に徹底内在（いや、徹底外在？）した思考という思考の位置づけが可能なのだ、つまり、実在としての大いなる外部に一致した思考という思考の位置づけが可能なのだ、と。そこでメイヤスーは「唯一残るのは数学だけだ」と主張する。とはいえ、私としては以上のプログラムに関心があるのであって、最終的に数学論に至ることについては判断留保しておきたい。

この世界がこのようであることの究極的な理由、つまり、ライプニッツの言う「充足理由」は、結局は到達不可能なものです。そういう、何なのか言えないけれどもあるだろうという充足理由を、端的に無化してしまう。この世界はこのようにあるだけである。また、未来方向の目的性も皆無である。人類を生存させるという目的へ向けてがんばろうががんばるまいが、世界は突然まったく無意味に、物理法則レベルから別様に変わりうるというわけなので。しかしメイヤスーの場合、「未来において、これまでは存在しなかった神が偶然に誕生するかもしれない」という独特の divinologie（神論）を立ち上げて、その神の誕生によって全人類が復活することでついに正義が実現されるのだ、という話までしている。このように倫理学の問題を、来たるべき神的な未来を予描することで、維持しようとする。これは明らかに一種のエスカトロジーですから、レヴィナスやデリダのヴァージョンアップであろうと言える。メイヤスーの場合、現状ではそもそも神は存在しておらず、新たに神がそれはそれでまったくの偶然で生まれるとされていますが、これは、ニーチェの「神は死んだ」の後に、神を「いまだ生じていないが生じうるもの」として復活させることですね。こういう神概念へのこだわりに私はどうもついていけない。充足理由の無化という点だけから言えば、新たな神が生じることなしのままで行ってしまう可能性だってあるわけですから。

大澤　メイヤスーは最後に数学へ向かうわけですが、これが問題の解決になっているのか、私には疑問があります。数学的実在の身分は、あらゆる実在的なもののなかで最も危ういじゃないですか。数学が何をやっていることになるのか、ということについて、単純な構成主義で考えることができるかというと、そうもいかない。やはり、数学的真理ということとの関係で、何らかの実在がどこかにあるように思える。かといって、直観主義的な数学理解にも、明らかに何かが不足している……というわけで、結局、数学的実在は、きわめて不思議で謎に満ちている。その謎のかたまりが答えだと言われても、問いよりも答えの方がよりいっそう疑問が多い、ということになってしまう。つまり、数学は経験的実在についての学ではないことは確かですが、そこで主題化されている「実在」はどこにあるのか。超越論的でありかつ経験的であるということの二重性を包み隠さず帯びているのが、数学的実在です。ここに解答を見出しても、結局、「問いの出し方を変えただけ」(マルクス)ということになる。

千葉　そうですね。数学的なもののステータスに踏み込んだ議論は、メイヤスーは少なくとも『有限性の後で』ではしていない。私としては、落としどころとしての数学、それから来たるべき神もいったん脇に置いて、相関主義批判というプログラムと充足理由の消去(偶然性の必然性)という二点に集中するというのは、偏っているにせよひとつの読み方であると思っています。その二点が『有限性の後で』のベーシックな論点でしょうから。落としどころに至るまでメイヤスーを受け入れるのではなく、そのベーシックな論点のみから、メイヤスーとは異なる展開を探ってみよう、と。私の連載(「アウト・イン・ザ・ワイルズ」)にもそういう性格がありました。ところで、広くSRと呼ばれる試みにおいて、メイヤスーから影響を受けるというのは、もっぱら相関主義批判を出発点においてのみ共有することのように見受けられますね（あるいは、非人間的なものへという大きな方向づけ）。

神の死の後に留まること

大澤　もうひとつお二人の意見を伺いたいことがあります。これは座談会ですから、論文では簡単には書けない思いきったことを、話題にしたいと思います。千葉さんがおっしゃった「不可能なもの」とは、要は「神」のことですよね。私はSRや思弁的唯物論が提起した問題の、最もベースの部分は、一神教に関係があると思います。というか、キリストに関係があると思う。つまり、SRや思弁的唯物論は、キリストという問題の現代版ではないか、と思うのです。実際、キリストとは神でもあり、経験的な人間でもある。何と言っても、彼は、いわば「絶滅」しているのです。だから、SRにおいて、神学的問題と同じことが提起されているわけです。キリストは死んで復活するということになっていますが、私がいつも思っていることは、キリスト教が我々にとって意味があるとすれば、つまり、キリスト教を普遍的で合理的な思考のなかに解き放つことができるとすれば、そのポイントは、神が——今日の言葉を使うならば——絶滅するということにある。実のところ復活をしてしまえば、福音書に記されたキリストの話のインパクトは、半減してしまうのです。信仰の立場からすると、いくらなんでも、神が絶滅した（死んだ）というだけでは厳しいので、後で復活させる話をくっつけてしまうわけですが、考えてみれば、後で復活するのならば、十字架の上で神が死ぬ――絶滅する――ということは、どうということもない話になってしまう。神が死んだ＝絶滅したということが重要なのです。

いま、千葉さんが紹介してくれたメイヤスーの議論にしても、いったんは絶滅まで追い込んでおいて、また新たな神学の可能性を語ってしまえば、面白くもなんともない。そうではなく、神学なしでどう考えるか、です。あるいは神がすでに死んだ状態のなかで宗教をするとはどういうことかがポイントなのです。クリスチャンは、キリスト＝神の死に耐えられず、神は復活したことにしていますが、本当は、神は死んでしまったのです。このようなキリスト問題の現代ヴァージョンとして、絶滅の問題、あるいは絶滅の哲学的意味という問題が、したがってSRが提起した問題があるという気がしています。キリストが死んでから二〇〇〇年ほど経った後で、私たちがどのようにそれを受け止めて考えるかということです。

終末論的に本当のことを言えば、キリスト教では、ある意味で、いったん終末を迎えてしまっているのですね。救世主がすでにやってきて、しかも死んでしまったのですから。それ以降は、論理的に考えて、終末後（絶滅後）です。言い換えれば、キリストが復活したということにするのは、「終末後」を、終末以前に差し戻す、まだ終末が来ていないということにする、というのと同じです。これは、絶滅の問題までも「適応」の枠内で処理しようとする適応主義の宗教版です。私たちは、しかし、「終末後」という問題圏に留まるべきではないか。それを、終末以前に戻してしまってはいけない。つまり、何を言いたいかというと、適応主義に回収されない形で絶滅を考えるということは、キリスト論を中核に置く西洋の思想や哲学の全体を巻き込むようなテーマだということです。
いま私たちが話している絶滅の問題をパラフレーズして考えてみると、かつてであれば、「この世界における悪の存在」という問題とも似ている。適応というのは、いわば生物にとっての善ですね。そのことを念頭に置くと、絶滅の問題というのは、神が創ったこの世界になぜ悪があるのか、という一神教の問題と対応します。この問題は、実際、全知全能の神の存在に疑問を投げかけるものですから、神学者は相当、苦戦したわけです。結局、悪というものを、善の影、善の欠如と見なすことができれば、最終的には、神の存在は救われる。しかし、悪がそれ自体で積極的なものだとすれば、神の存在に、決定的な疑問が投げかけられることになります。同じように、絶滅ということを主にして考えると、適応主義は脅かされることになる。
ちなみに、私は「一神教では駄目だから多神教で」というありがちな議論は、後退だと思っています。善と悪があるということが謎になっているとして、このことを、私たちから見て好都合な神様と不都合な神様との二人がいて綱引きをしていると考えたら、あるいは、たくさん神がいて均衡状態を作っていると考えたら、またしても、問いの出し方を変えただけというタイプの謎の置き換えにしかなっていない。これでは、面白味もなくなってしまうでしょう。

千葉　善と悪があるということの謎を手放さない。なるほど。

大澤　この問題を現代風に持ってくれば、適応と絶滅の問題になるのではないでしょうか。善と悪と言っているうちは、「そういう人たちもいるね」という価値観の問題で済ませることができます。しかし、適応と絶滅は私たちの存在に関わる問題ですから、一般性がある。その場合に、多重適応とか、色々な適応があるとかと言ってしまっては、問題は面白くもなんともなくなる。

千葉　多重適応と言い始めたら、適応する／しないをめぐる理論的緊張がなくなる。

大澤　生物に関して適応という概念を考えたとき、「DNAについては都合がよいが、細胞にとっての適応は別にある」とか「遺伝子にとっての適応と個体にとっての適応とは別だ」とかと言うこともできますし、実際そのように言う人もいますよね。生物には色々なレイヤーやレベルがあって、DNAだけでなく細胞もあるのだ、個体もあるのだとか。しかし、進化論に即して原理的に考えれば、究極的には、すべての適応は、遺伝子レベルの適応に還元できなくてはならない。つまり、いわば、一神教です。遺伝子はたくさんありますから、それらの間の均衡はありますが、遺伝子にとっての適応の他に、他の何かにとっての別の適応というわけにはいかない。

吉川　レベルは複数考えられますが、適応度は一個のモデルにつき一個ですからね。

大澤　哲学的に深いことを言わなくても、生物学的に適応は一個でないとまずい状況がある。遺伝子レベルではないところに、別の適応の水準を設定したがる人はいますが、そうしたとたんに、既視感のあるつまらない解決法になってしまう。私は、いま、「社会性の起原」で動物としての人間とは何かを考えているわけですが、そのとき、遺伝子とは異なるテレオノミー的主体としての人間個人とか人間社会とかというものを設定する答えを絶対に避けたいと思っている。だから、吉川さんの問題提起を受けて、適応主義の限界を繰り返し考えるような論文を書いているわけです。

千葉　いまのお話でも、依然として問題なのは、ある因果性の作動するゲームの空間とそれに対する剰余という構図なんだと思うんですね。繰り返すなら、メイヤスーの場合、ゲームの空間は、現にそうであるしかたで存在することに究極の理由があるわけではなく、たまたまこのようにセットされているにすぎない。あるいは、宇宙の諸々の可能性が無数にあるなかで偶然的にこのしかたでの宇宙になっている。しかし、いまたまたま機能しているらしいゲームの空間と、そこに還元できない剰余的外部との緊張関係が、人間というものを考える際にやはり重要であるということが、大澤さんのお話の基調だと思うんです。

あるいは言い換えれば、何らかの否定神学的な構図がなければ人間というものは働かないということになるのでしょうか。あるルールが斉一的に支配している空間と、その斉一性からすれば不可能でしかない非ルール的差異との緊張関係、この後者が、剰余的な出来事であり、否定神学的な彼方である、と。実は、私自身も最近はこの構図がやはり重要であると思い直しているんですね。そこで、少し展開してみます。メイヤスーの場合、法則的に動いているこの世界があり、それはそういうゲームとしてあるだけである。ここでのゲームとは、たまたまそういうものとして動いているだけのゲームという意味で、ウィトゲンシュタインの言語ゲームのようなものでしょうね。そのルールは、きちんと記述されているのではなく、運用が続いているという事実性においてのみある。

さて、絶滅論においては、あるゲームが別のゲームに変わることが問われている。あるゲームの範囲内での適応が、別のゲームに変わったならば不適応になるかもしれない、また逆のことが起こるかもしれない。それが、いまの政治経済的な状況のなかでパフォーマンスを上げるということが必ずしもベストとは限らないという批判意識にもなるでしょう。

しかしそもそも、ゲームが変化するということはどのように考えればよいのか。これは大澤さんの連載で触れられていた、クリプキの「クワス関数」の問題だと思います。いままでは、常識的なプラスの計算で動いていると思っていたのが、実はクワス（ある値までの数同士の場合では通常の足し算で、そこまではプラスと区別がつかず、ある値より大きい数同士の場合では結果が一定の数になるような関数）だったかもしれないという潜在性がつねにある。ドゥルーズの言うvirtualité（潜在性）は、まさにクワス関数的なものの潜在性と言い換えてもよいかもしれません。そうしたものを考えるのであれば、これまでのゲームをそこでシャットダウンする、隕石衝突のような大きな出来事という概念はうまく成立しないかもしれない。というのは、私たちは実はつねに違うゲーム内にいる潜在性があるからです。大きな出来事によって新しいゲームが始まるとは言えなくなる。いつでも、プラス計算とクワス計算の識別不可能性があるわけです。

大澤　色々な問題提起があって面白いですね。前半に話したことの繰り返しになってしまうのですが、まずはなぜ私がメイヤスーの結論に納得がいかない感覚が残るかについて述べます。確かに世界は色々とあるが偶然この形なのだ、という説明は、意外にも現在の物理学と整合性が高い。

正しいかどうかはわかりませんが、超ひも理論では次元は一一あるとされていて、そのなかで時間も入れた四つの次元しか見えないことを説明するためには、残りの七個の次元を畳み込まなければならない。ただ、この畳み込み方はほとんど無限と言えるほどたくさんあって——一説では一〇の五〇〇乗くらいあって——、そのやり方ごとに、その宇宙の物理法則が変わってしまう。だから私たちはたまたま都合のよいところにいたという感じがする。このように、最近の超ひも理論のような物理学の基礎論も、メイヤスーの言うことと合うのです。しかし、だからメイヤスーは素晴らしいということではなく、逆に、物理学のなかにうまく解消されてしまうことこそ彼の限界であるようにも思うのです。メイヤスーの議論がドキッとさせるのは、物理学を成り立たせる前提になっている物質観や存在観や真理観が動揺させられるからですよね。それが物理学とちょうどよく合致するというのでは、そこに取り込まれてしまう。そうではなくて、物理学の存在可能性が問われているはずだと思うわけです。

つまり、絶滅の話にドキッとさせられるのは、絶滅の後だけが気になっているからではないのです。たとえば私たちは何かについて知ったり認識したりします。神保町に市瀬ビルがある、確かに来てみたら存在した、ゆえに認識は正しかった、という具合です。哲学理論の上では、実在は思考と相関しているのに、思考とは独立してあるかのような感じがする。現にそうだと思います。私が考えていなかったときにもおそらく市瀬ビルは存在していたでしょう。「俺なんて超越論的主観じゃない」ということかもしれませんが(笑)。このような素朴な感覚や疑問を徹底的に純化し、その論理的帰結を追究したとき、では認識する者が全部絶滅したらどうなるのかという問題が提起される。つまり、認識とは独立の実在ということを考えたときに、すでに潜在的には、論理的に、絶滅の可能性ということが視野に入っているわけです。そういう意味で、SRの問題提起は、認識一般の可能性の条件に関係しているわけであって、それが、物理学の成果と合致しているかどうかというようなことで考えてしまえば、問題の矮小化になる。つまり、「絶滅」は、何百億年か先に宇宙が熱的死になることを心配して主題化されているわけではなく、日々の私たちの認識や存在について問題になっていることのなかにある背理を劇的に見せるためのひとつの装置として活用されているわけです。このことを、まずは言っておきたいと思います。

それから、鼎談をしながら、吉川さんの本やSRが登場したことの知識社会学的な背景を考えると、千葉さんが最初に指摘されたネオリベラリズムのような、ストレートな社会現象や出来事もあると思うようになりました。私たちの社会はひとつのゲームをやっているわけですよね。ところが、このゲーム自体に対する私たちの不信感も存在しているのではないでしょうか。たとえば今回のギリシャ経済危機について言えば、EUは、あるいは日本を含む他国の人々は、「ギリシャはクワスをやっているのか⁉」ということに驚いているのだと思う。よく考えてみると、ギリシャが借金をしていることが、いけないわけではないのです。日本やアメリカを含めみんな、返せるはずがないほどの借金しているわけですからね。そうではなく、ギリシャが借金をしているのに威張っていることに対してみんなが驚いたり、苛立ったり、怒ったりしているのです。なぜかと言うと、ギリシャが、「このゲーム」そのものを無視している感じがするからです。この場合はグローバルな資本主義というゲームですが、社会科学的に考えれば、これはゲームの最終地平ですよね。ところが、ギリシャのようにそれすらも無視するという選択をしている（ように見える）者がいると、主従が逆転してしまう。つまり、ゲームに内在している限りギリシャは弱い立場です。しかし、そのギリシャが「ゲーム自体が絶滅しても構わない」と思っているかのように振舞うと、急に強い立場に転ずることになる。

この社会のなかでこれだけは絶対に外せないというゲームがある。そのゲームの名前が、資本主義です。しかし、私たちには、そのゲームが絶滅したらどうなるのかという不安がときどき過ぎるわけです。その不安を抽象化し、理論化すれば、進化論における「絶滅」の主題になったり、哲学におけるSRになったりするわけです。しかしそうした学問上のトレンドが現在の私たちの心のなかに強烈にアピールする社会的背景を考えると、「それが破局を迎えたら、人類の絶滅とほぼ等しいのではないか」というようなゲームが、実は破綻の可能性と隣り合わせになっているのではないか、というひじょうに強い不安感があるように思います。

吉川　かつて北田暁大さんが『責任と正義』で「制度の他者」ということを言っていましたね。そういうものを感じます。

大澤　究極の「制度の他者」として絶滅があるという感じですね。SRだけを考えると哲学者の暇な話にも聞こえますが、問題は何重にも重層していて、ギリシャ危機に際して我々が感じる当惑や不安や苛立ちに通ずるエレメントが、ここにはあるように思います。

大澤　しかし、私の感覚では、逆に「絶滅恐れるな」と言えなければならないという気もしています。つまり、未来の他者はいないかもしれない可能性の方が本当は高い。現にいまだって未来の他者は存在しないのですから。というか、いないところが未来の他者の本質でしょう。少なくとも当面はいなくて、やがているという想定を普通は考えるのですが、「やがて」になってすらいない可能性がある。「それでも、我々は認識し、また（倫理的に）行動できるのか」と問われたとき、私は「できる」と答えたいわけです。

千葉　そうでなければ、生殖＝再生産と結びついた形での未来の措定が行動の意義の根拠になり続ける。「再生産的未来主義」としてそれを批判していたのはクィア理論のリー・エーデルマンでしたが、同性愛者のような生殖＝再生産の主役でない者の倫理的位置づけを考えるにあたっては、「未来の子供」というフィギュールが非難の道具として使われてきたことを指摘せねばなりません。そういうイデオロギーと結託的に「未来へ向けて」と叫ぶ倫理が通俗的に機能してきたわけですが、生き残っての未来という繋留点を外してしまったとき、どのように倫理を可能にするかという問いが新たに出てくる。

大澤　それがないときに倫理は可能か、またそれがないときに認識は可能かという二つの問題は、パラレルです。実践理性と理論理性の両方の問題を、同じ地点に追い込むことができる。しかも、この問題は、緊急性というか、アクチュアリティがある。現在の我々は、たとえば生殖との関係で「人口が減ったらどうするか」などと考えながら現在の政策を決めたりしているわけです。こういう考え方だと、絶滅を視野に入れたとたんに、政策や方針について、決定不能に陥ることになる。それを乗り越えるためには、未来の他者が無であっても、我々がなすべきことについて何かが言えるということにならないと、いけない。そうでないと、現在自体が無意味だということになってしまう。

吉川　そう考えると、大澤さんと、メイヤスーやブラシエの問題意識が一気につながりますね。いわゆる「人の道」みたいなものがなかったとしてもなお何が言えるかというところで。

大澤　そうです。

千葉　つまり、「絶滅するんだからどうなっても構わない」というのとまったく同一平面上で利他的でありうることは可能か、という問いになるのではないでしょうか。

大澤　鋭いご指摘ですね。そういうことを考えると、これはすごく基本的な問題だということになります。その意味でも、絶滅の問題提起やSRの問題提起はものすごく重要です。それをまともに受け取りたいのだけれど、うまい答えが出ているのか、いまひとつわからない。

こうした問題意識との関係で、千葉さんの連載「アウト・イン・ザ・ワイルズ」も面白く読ませていただきました。これはおそらく改稿していずれ本になると思うのですが、最終的にはどういう結論になってくるのか、気になるところです。

千葉　「絶滅恐れるな」というのは今回で私においても明確になったのですが、まさしく来たるべき神を想定しないで考えるのが大きなテーマとしてあります。メイヤスーはそもそも博士論文で来たるべき神の話をしていたのですが、そこには触れずに『有限性の後で』を第一作として出版しています。つまり、来たるべき神による全人類の復活が、仕事の核心としてあるんですね。しかし私は、復活の話抜きのメイヤスーを日本に紹介することをやってきました。少なくとも私は、そういう読みに「可能性の中心」を見ている。相関主義を批判する、充足理由はない、まったくの無意味で世界の持続がたまたま途切れる、そういう話にです。これは、私がドゥルーズに関して、無根拠に関係が途切れるとはどういうことかという問いを中心に読んでいることと関連している。

第二点として、否認論という関心があることも言っておきたいと思います。メイヤスーも一部のSRの論者も、剰余（不可能なもの）を蒸発させ、実在と思考の一致を考えようとするわけですが、そうした言説は、剰余に目を伏せる形になっている、実は「否認」の構造になっているのではないか、ということを連載で考えていました。フロイト－ラカン的に言うと、これは倒錯の論理に当たるのではないか。ところで大澤さんの「社会性の起原」では、ネズミを人間的に欲望するようにさせる実験を紹介していました。欲望とは、どれだけ貪っても満ち足りない、何らかの「＋α」を求め続けてしまうことである。そういう「＋α」の次元に蓋をするような言説類型があって、SRはそのように見なせるのではないかという気がしています。しかし、人間がそういう「＋α」なしの存在になることはできないのではないか。そこを見ないことにするという文化の構造が、ますます強まっているように思う。それが「動物化」等々と言われる事態への私なりの解釈で、動物化の傾向というのは、尽きせぬ「＋α」へのラカン的な意味での欲望がなくなって、満足すればそれでOKという、欲望ならざる欲求のレベルにすべてが本当にフラット化していくという話ではなく、欲望の機構に覆いがかけられることで、あたかも欲求レベルで済んでいるかのような文化状況になってきていることなのではないか、と思うのです。

大澤　メイヤスーを復活よりも絶滅の方に引っ張ったのは、今日の私たちの鼎談の筋から言っても正解かもしれませんね。復活でよいのだったら初めから問題などないということになりますから。様々な宗教を見渡せば、復活する神は、いくらでもいます。しかし、キリスト教の特異なところは、神がはっきり死んでしまう点にある。そういう意味で言うと、千葉さんの紹介のしかたは、メイヤスー本人の意識を超えて、最も面白い部分を見ているということになるのではないでしょうか。

「すべてではない」潜在性の次元としての外部

千葉　吉川さんは、先ほど言及した「いつ別のゲームになったのか」という問題についてはどうお考えですか？

吉川　ゲームAからゲームBへの移行において、AもBも十全に記述できるし、そうするのが通常科学の仕事です。そのとき、AからBへという移行そのものは記述しないし、記述できない。他方でグールドは、そのAからBへの移行こそが歴史なのだと考えたように思います。

千葉　絶えずゲームのルールは変わっていると考えられるわけですよね。そしてそう考えたら、適応主義は成立しなくなりますよね。グールドはそう考えたから危険だった？

大澤　そういう含みがあったのだけれど、グールド自身それをうまく説明できないんですよね。グールドも説明しようとするとき、結局、適応主義的になってしまうのです。適応主義者が「そんなの俺たちだって十分できるぜ」と言うような説明になってしまう。

千葉　こう言うといかにもポストモダン的でダメなのかもしれないけれど、絶えずルールが変わっているのだったら適応を一義的に言えなくなるはずです。しかし適応主義的には、大局的に考えたとき、絶えず変わっているとしてもルールにはある程度の継続性があるから、そのなかで適応ということは言えるだろう、ということですか？

吉川　一面ではそうです。同じくポストモダン風に言い換えれば、ゲームのルールはt1あるいはt2における適応度によって遡及的に見出される、と。

千葉　瞬間瞬間のゲームにおけるベスト。

吉川　スナップショットですね。ルールの変更は生成変化としてではなく、t1におけるスナップショットとt2におけるスナップショットの差異として見出されるのだと思います。クリプケンシュタイン的な剰余の問題は残りますけれど。

大澤　総体的にはゲームにはかなりの安定度があるので、「おおむね適応と言えるだろう」というのが主流だとすれば、「厳密に見れば絶えず絶滅していると考えた方がよいのだ」というのがグールドです。普通の科学のパラダイムに乗りやすいのは適応という考え方ですが、原理的に考えれば、どの瞬間を見てもプラスをやっているのかクワスをやっているのか決定できないという状況が本当はあるわけです。しかし、めったにクワスであることは露呈しないわけだから、「プラスでいいんじゃない?」としてしまうのが適応主義です。しかし、厳密には、プラスをやっているとは言えない。つまり、「原理的に言えば適応しているとは言えず、つねに絶滅し続けていると言うべきだ」みたいなことを、本当はグールドは言いたかったのではないか。しかし、実際には、グールドが提起していることは、具体的な事例としての面白さはあるのですが、それを理論へと一般化しようとすると、普通の適応主義的な説明のなかに回収されて、主流派からは「痛くも痒くもないぞ」と反批判されてしまう。しかし、「絶えず絶滅している」と見るのと「おおむね適応している」と見るのとは実は同じことではないというところが重要ではないでしょうか。

「アウト・イン・ザ・ワイルズ」のなかにラカンの女性の公式、「すべてではない」の公式が出てきますよね。これを使えば、いわば「適応がすべてではない」のです。あるいは「プラスがすべてではない」という留保がつねに残り続ける。「プラスがすべてではない」というのは、しかし「クワスをやっている」とも言えないということです。

千葉 そう、実はクワスをやっているときがある、という判定を確実にしてしまうと、唯一の例外を認めることになり、ラカン的には、男性の論理の方になってしまいますね。

大澤 それだと例外のゲームになってしまうのだけれど、「プラスとは言えない」というだけの状態がずっと続く。あるいは「最終的な絶滅に向かっているのだ」とはっきり言ってしまうと、男性の論理になってしまう。

千葉　まさしくそうです。たとえば白亜紀の最後に隕石が落ちたとか、絶滅を決定的な出来事として語る絶滅論と、実は絶えず潜在的に絶滅し続けているのだという話は、精神分析的には、欲望の形式が違うのだと言える。おそらく、例外としての隕石衝突を取り出すのは、崇高なタイプのものの見方になってくる。

大澤　本当のことを言えば、グールドは、女性の公式風のしかたで絶滅を問題にしたかったわけです。SRについても同じことが言える。絶滅とか破局が「宇宙史のなかの特異点だ」みたいなことだったら男性の公式の論理になるのですが、実はつねに存在には尽くされない形で絶滅が伴なっているというように考えればよい。

SRが面白いのは、問題提起を聞いたときには私たちは無意識に女性の公式のヴァージョンでこれを聞いているからです。しかし、SRは、いまのところ、それを男性の公式に転換して、答えを出している。たとえば、メイヤスーが「数学なら許される」みたいにしてしまうときが、それにあたります。

千葉　そこなんですよね、そこにもったいなさを感じるのです。男性的な結論の手前に留まるような倒錯性を考えるというのが、私の連載のテーマだったのだと思います。「すべてではない」潜在性の次元としての外部を描こうとしたというわけです。

大澤　繰り返しになりますが、絶滅の話やSRの話にびっくりするのは、私たちが何十億年後かに滅びるかもしれないから心配になっているわけではなくて、この瞬間の任意の実在に関して、「これはすべてではない」という感覚がつきまとっていることを思い知らされるからです。この女性の公式的な感覚を組み込んだ世界観が出せると、哲学にも存在価値があると思ってもらえるのではないでしょうか。

吉川 グールドにしても、おそらく「すべてではない」という形で提起したかったはずなのだけれど、科学的に説明しようとしたとき、まさにノーマルサイエンスっぽくやるか、例外として絶滅に特権的な地位を与えてやるかしかなかった。絶滅を男性的な論理によって例外化するとドーキンスやデネットから「ロマンに満ちた巨大な空虚」と批判され、普通に言うと「なんだ俺たちと一緒じゃないか」と言われる。ただ、グールドの魅力を「すべてではない」と言おうとしたというところに感じることは確かにありますね。

千葉 グールドって、珍妙なものを愛した人ですよね。珍妙なものに対する細々とした記述をする。それは崇高な一撃というよりも、もっと装飾的な美への着目なんじゃないかな。そういう趣味は、ある種の倒錯かなと思います。

吉川 そういう人なのに……。

千葉 あえて全体的な議論を立てようとするんですよね。

吉川 それが悲劇の一因だったのでしょうね。

大澤 いずれにしても、こうして話してみて、絶滅を扱うということが女性の公式的な問題であるということは新鮮な発見でしたね。

＊

吉川　今日の前半の議論では、絶滅というファクターを考えること自体が、これまで我々がたんに前提としてきた超越論的主観性の条件を対象化して検討するきっかけになるという話をしました。そして後半では、絶滅はある種「すべてではない」という女性の公式として思想的な課題になりうるという話が出ました。これまでもっぱら男性的な崇高によって語られてきた絶滅を、女性的かつ倒錯的に語るという突破口が見えてきた。今後のお二人の仕事の展開がひじょうに楽しみです。また、今回は環境問題や生物種の保全といった「現実的」なトピックをいったん脇に置いて大きな話をしましたが、こうした「野蛮」な思考を可能にしてくれることも絶滅というテーマの魅力だと思います。その意味でも、思考の野蛮さにかけては比類のないお二人にお話を伺えてよかったです。ありがとうございました。

初出一覧

序（書き下ろし）

第Ⅰ部　思弁的実在論

1　×小泉義之「思弁的転回とポスト思考の哲学」（『現代思想』二〇一三年一月号）
2　×清水高志「ポスト・ポスト構造主義のエステティクス」（『現代思想』二〇一四年一月号）
3　×岡嶋隆佑「思弁的実在論と新しい唯物論」（『現代思想』二〇一五年一月号）
4　×A・ギャロウェイ「権威（オーソリティ）の問題——思弁的実在論から出発して」（『現代思想』二〇一六年一月号）

第Ⅱ部　現代について

5　×いとうせいこう「装置としての人文書——文学と哲学の生成変化論」（『文藝』二〇一四年夏号）
6　×阿部和重「中途半端に猛り狂う狂気について」（『新潮』二〇一四年三月号）
7　×墨谷渉×羽田圭介「「後ろ暗さ」のエコノミー——超管理社会とマゾヒズムをめぐって」（『早稲田文学』二〇一五年春号）
8　×柴田英里×星野太「イケメノロジーのハードコア」（『ユリイカ』二〇一四年九月臨時増刊号）
9　×松本卓也「ポスト精神分析的人間へ——メンタルヘルス時代の〈生活〉」（『ａｔプラス』30号、二〇一六年一一月）
10　×大澤真幸×吉川浩満「絶滅とともに哲学は可能か」（『現代思想』二〇一五年九月号）

千葉雅也（ちば・まさや）

1978年生まれ。東京大学大学院総合文化研究科博士課程修了。哲学、表象文化論。立命館大学大学院先端総合学術研究科准教授。著書に『動きすぎてはいけない――ジル・ドゥルーズと生成変化の哲学』（河出書房新社、2013年／河出文庫、2017年）、『別のしかたで――ツイッター哲学』（河出書房新社、2014年）、『勉強の哲学――来たるべきバカのために』（文藝春秋、2017年）、『メイキング・オブ・勉強の哲学』（文藝春秋、2018年）。また訳書に『有限性の後で――偶然性の必然性についての試論』（共訳、人文書院、2016年）など。

対談者略歴

小泉義之（こいずみ・よしゆき）

1954 年生まれ。立命館大学大学院先端総合学術研究科教授。東京大学大学院人文科学研究科博士課程哲学専攻退学。専攻は、哲学・倫理学。主な著書に『兵士デカルト』（勁草書房）、『弔いの哲学』『生殖の哲学』『ドゥルーズと狂気』（いずれも河出書房新社）、『デカルト哲学』『ドゥルーズの哲学』（いずれも講談社）、『生と病の哲学』『あたらしい狂気の歴史』（いずれも青土社）。訳書にドゥルーズ『意味の論理学』（河出書房新社）など。

清水高志（しみず・たかし）

東洋大学総合情報学部教授。哲学専攻。名古屋大学博士後期課程情報科学研究科満期退学。主な著書に『セール、創造のモナド』『来るべき思想史』（いずれも冬弓社）、『ミシェル・セール』（白水社）、『実在への殺到』（水声社）。訳書にミシェル・セール『作家、学者、哲学者は世界を旅する』（水声社）など。

岡嶋隆佑（おかじま・りゅうすけ）

1987 年生まれ。慶應義塾大学大学院文学研究科哲学専攻博士課程単位取得退学。同大学通信教育部他非常勤講師。論文に「ベルクソン『物質と記憶』におけるイマージュ概念について」（『フランス哲学・思想研究』22 号、pp.100-111、2017 年）など、訳書にグレアム・ハーマン『四方対象』（監訳、人文書院）、カンタン・メイヤスー『亡霊のジレンマ』（共訳、青土社）がある。

アレクサンダー・ギャロウェイ（Alexander R. Galloway）

1974 年生まれ。ニューヨーク大学メディア・文化・コミュニケーション学部准教授。哲学者、プログラマー、アーティスト。主な著作に Gaming: Essays on Algorithmic Culture（University of Minnesota Press）、The Interface Effect（Polity）、Laruelle: Against the Digital（University of Minnesota Press）。邦訳に『プロトコル』（北野圭介訳、人文書院）。

小倉拓也（おぐら・たくや）訳者

1985 年生まれ。大阪大学未来戦略機構特任助教。大阪大学大学院人間科学研究科博士後期課程修了。著書に『カオスに抗する闘い』（人文書院）、共著に『発達障害の時代とラカン派精神分析』（晃洋書房）、共訳書にローズ『生そのものの政治学』（法政大学出版局）、サール『意識の神秘』（新曜社）、フィンク『後期ラカン入門』、フィンク『「エクリ」を読む』（いずれも、人文書院）など。

いとうせいこう

1961年生まれ。編集者を経て作家、クリエーターとして、活字・映像・音楽・舞台など多方面で活躍。『ボタニカル・ライフ』（紀伊國屋書店、のちに新潮文庫）で第15回講談社エッセイ賞、『想像ラジオ』（河出書房新社）で第35回野間文芸新人賞を受賞。主な著書に『ノーライフキング』（河出文庫）、『鼻に挟み撃ち』（集英社文庫）、『どんぶらこ』（河出書房新社）、『「国境なき医師団」を見に行く』（講談社）、『小説禁止令に賛同する』（集英社）など。

阿部和重（あべ・かずしげ）

1968年生まれ。小説家。「アメリカの夜」で第37回群像新人文学賞を受賞し、デビュー。『無情の世界』（講談社、のちに新潮文庫）で第21回野間文芸新人賞、『シンセミア』（朝日新聞社、のちに講談社文庫）で第15回伊藤整文学賞・第58回毎日出版文化賞、『グランド・フィナーレ』（講談社）で第132回芥川賞、『ピストルズ』（講談社）で第46回谷崎潤一郎賞を受賞。主な著作に『アメリカの夜』『ミステリアスセッティング』『クエーサーと13番目の柱』（いずれも講談社文庫）、『キャプテンサンダーボルト』（伊坂幸太郎との共著、文春文庫）など。

墨谷渉（すみたに・わたる）

1972年生まれ。小説家。「パワー系181」で第31回すばる文学賞受賞、「潰玉」で第140回芥川賞候補。著書に『パワー系181』（集英社）、『潰玉』（文藝春秋）。

羽田圭介（はだ・けいすけ）

1985年生まれ。小説家。明治大学卒業。『黒冷水』（河出書房新社）で第40回文藝賞、『スクラップ・アンド・ビルド』（文藝春秋）で第153回芥川賞を受賞。主な著書に『御不浄バトル』（集英社文庫）、『メタモルフォシス』（新潮文庫）、『コンテクスト・オブ・ザ・デッド』（講談社）、『成功者K』（河出書房新社）、『5時過ぎランチ』（実業之日本社）など。

柴田英里（しばた・えり）

1984年生まれ。現代美術作家、文筆家。主な論考に「“やさしさ”によって見棄てられる総ての者に捧げるあいらぶゆー」（『ユリイカ』2017年4月号所収）、「いつまで“被害者”でいるつもり？」（『早稲田文学増刊　女性号』所収）。

星野太（ほしの・ふとし）

1983年生まれ。金沢美術工芸大学講師。東京大学大学院総合文化研究科博士課程修了。専攻は、美学／表象文化論。著書に『崇高の修辞学』（月曜社）、共著に『コンテンポラリー・アート・セオリー』（イオスアートブックス）、共訳書にカンタン・メイヤスー

『有限性の後で』（千葉雅也・大橋完太郎との共訳、人文書院）など。

松本卓也（まつもと・たくや）

1983年生まれ。高知大学医学部医学科卒。自治医科大学大学院医学研究科修了。博士（医学）。京都大学大学院人間・環境学研究科准教授。専攻は精神病理学。著書に『人はみな妄想する』（青土社）、『享楽社会論』（人文書院）。共著に『天使の食べものを求めて』（三輪書店）、『〈つながり〉の現代思想』（明石書店）など。

大澤真幸（おおさわ・まさち）

1958年生まれ。社会学者。東京大学大学院社会学研究科博士課程単位取得満期退学。千葉大学文学部助教授、京都大学大学院人間・環境学研究科教授を歴任。『ナショナリズムの由来』（講談社）にて第61回毎日出版文化賞、『ふしぎなキリスト教』（橋爪大三郎氏との共著、講談社現代新書）で新書大賞2012大賞、『自由という牢獄』（岩波書店）で第3回河合隼雄学芸賞受賞。主な著作に『性愛と資本主義』（青土社）、『世界史の哲学　近世篇』（講談社）、『サブカルの想像力は資本主義を超えるか』（KADOKAWA）など。

吉川浩満（よしかわ・ひろみつ）

1972年生まれ。国書刊行会、ヤフーを経て、フリーランス。慶應義塾大学総合政策学部卒業。主な著書に『理不尽な進化』（朝日出版社）、『脳がわかれば心がわかるか』（山本貴光との共著、太田出版）、『問題がモンダイなのだ』（山本との共著、ちくまプリマー新書）。翻訳にメアリー・セットガスト『先史学者プラトン』（山本との共訳、朝日出版社）、ジョン・R・サール『マインド』（山本との共訳、朝日出版社）など。

思弁的実在論と現代について

千葉雅也対談集

2018年8月10日　第1刷印刷
2018年8月20日　第1刷発行

著者――千葉雅也

発行人――清水一人
発行所――青土社
〒101-0051　東京都千代田区神田神保町1-29　市瀬ビル
［電話］03-3291-9831（編集）　03-3294-7829（営業）
［振替］00190-7-192955

印刷・製本――シナノ印刷

装幀――水戸部功

ISBN978-4-7917-7080-9　C0010